Gymnasium Baden-Württemberg

Deutschbuch

Arbeitsheft
mit interaktiven Übungen

5

Herausgegeben von
Margret Fingerhut und
Bernd Schurf

Erarbeitet von
Margret Fingerhut, Christoph Fischer,
Michael Germann, Cordula Grunow,
Angela Mielke, Deborah Mohr,
Irmgard Schick, Sandra Simberger,
Andrea Wagener und Manuela Wölfel

scook

Deine **interaktiven Übungen** findest du hier:

1. Melde dich auf scook.de an.
2. Gib den unten stehenden Zugangscode in die Box ein.
3. Hab viel Spaß mit deinen interaktiven Übungen.

Dein Zugangscode auf
www.scook.de

Die Nutzungsdauer für die Online-Übungen beträgt nach Aktivierung des Zugangscodes zwei Jahre. In dieser Zeit speichern wir deine Lernstandsdaten für dich; nach Ablauf der Nutzungsdauer werden sie gelöscht.

ggwca-s4jqf

Cornelsen

Inhaltsverzeichnis

Die Übersicht auf diesen Seiten hilft dir, **die Arbeit mit dem Arbeitsheft zu planen und zu überprüfen**. Nach dem Bearbeiten einer Übung musst du deine Ergebnisse sorgfältig mit dem Lösungsheft abgleichen. Trage ein, wann du die Seiten bearbeitet hast, und kreuze an, wie dir die Übungen gelungen sind:

☺ Gut gelungen! 😐 Das Meiste richtig. ☹ Manchmal unsicher.

Kennzeichnungen in diesem Arbeitsheft:

1 Aufgabe

●●● knifflige Aufgabe oder Aufgabe für die Schnellen

Information / Methode Zusammenfassung des Grundwissens

Tipps und Arbeitshilfen

► Der Pfeil sagt dir, auf welcher Seite du etwas nachschlagen kannst.

Mit dem beiliegenden Lösungsheft kannst du deine Ergebnisse selbst überprüfen.

Informationen recherchieren und präsentieren

Methode **Gezielt im Internet recherchieren**

1 Mit Hilfe der Lexikonartikel in der frei verfügbaren **Internet-Enzyklopädie** „Wikipedia" kannst du dir einen **Überblick über ein Thema** verschaffen und sinnvolle Schlagwörter festlegen. Rufe die URL *http://de.wikipedia.org* auf und gib dort im Suchfeld ein Schlagwort ein.

2 So kannst du mit einer **Suchmaschine** (z. B. *Google, Bing)* gezielt Informationen erschließen:
- **Verbinde** bei der Eingabe des Suchbegriffs mehrere **treffende Schlagwörter,** z. B.: *Vorstellungsgespräch vorbereiten,* dann erscheinen alle Websites, in denen es um *Vorstellungsgespräche* und *vorbereiten* geht. Setzt du Anführungszeichen, z. B. *„Vorstellungsgespräch vorbereiten",* erscheinen alle Websites, auf denen diese Schlagwörter zusammen vorkommen, was die Suche genauer macht.
- **Filtere die Suchergebnisse,** z. B. indem du sie über die Navigationsleiste der Suchmaschine auf einen Zeitraum einschränkst oder gezielt nach Bildern suchst.

1 **Du sollst ein Kurzreferat zum Thema „Ein Vorstellungsgespräch vorbereiten" vortragen. Notiere stichwortartig, was du bereits über dieses Thema weißt.**

---

2 **a Markiere im folgenden Lexikonartikel wichtige Schlagwörter für die weitere Recherche.**
b Unterstreiche Links zu weiteren Websites grün, Angaben zur Herkunft der Informationen (Quellen) blau und Literaturhinweise schwarz.

Ein Lexikonartikel in „Wikipedia" stellt meist weiterführende Schlagwörter sowie Literaturhinweise bzw. Links bereit, die bei der weiteren Recherche helfen.

Vorstellungsgespräch

Ein **Vorstellungsgespräch** (auch: Bewerbungsgespräch, Jobinterview) findet in der Regel als persönliches Gespräch zwischen einer Organisation (Unternehmen, Universität usw.) und einer Bewerberin/einem Bewerber statt. [...]

Einleitung eines Vorstellungsgesprächs
In großen Organisationen wird ein Vorstellungsgespräch oft von einem Testverfahren (Persönlichkeitstest, Intelligenztest) begleitet. [1] In einem Vorstellungsgespräch werden fachliche Qualifikationen erfasst, aber auch soziale Kompetenzen. Sie sollen zeigen, wie ein/e Bewerber/-in auftritt, ob sie/er zu den Anforderungen passt und sich in das bestehende Team einfügt. Das äußere Erscheinungsbild der Bewerberin/des Bewerbers findet große Beachtung. [...]

Verlauf eines Vorstellungsgesprächs
Themen eines Vorstellungsgesprächs sind für gewöhnlich:
- Arbeitgeber/-in: Vorstellung von Unternehmen, Abteilung, der zu besetzenden Position
- Bewerber/-in: Präsentation der eigenen Person [...]

Weiterführende Literatur
J. Hesse, H.-C. Schrader: Training – Vorstellungsgespräch. Vorbereitung. Fragen und Antworten. Körpersprache und Rhetorik. Hallbergmoos: Stark. 2014. ISBN 978-3-8666-8973-2 [...]

Weblinks
Vorstellungsgespräch → Vorbereitung | bwt.planet-beruf.de [Bundesagentur für Arbeit]

Quellennachweise
1. ↑ Intelligenztests sind besser als Assessment-Center, ZEIT-Online, 26. Februar 2013 [...]

Methode — Informationen beurteilen und auswerten

Die Ergebnisse einer Internetrecherche sind besonders **zuverlässig,** wenn

- Informationen von einer **seriösen Organisation** stammen, die vor der Veröffentlichung alles genau prüft. Zuverlässig sind Universitäten und Ministerien, aber auch namhafte Zeitungen oder Zeitschriften.
- eine Information sich **mehrfach in vergleichbarer Weise** auf seriösen Internetseiten findet.
- es sich um einen Beitrag eines **Experten** handelt, der z. B. auf der Seite einer Behörde veröffentlicht ist.

Wichtiger Hinweis: Informationen aus Blogs, sozialen Netzwerken oder Hausaufgabenportalen solltest du grundsätzlich durch weitere Quellen überprüfen.

3 a **Markiere die Schlagwörter, die in einer Suchmaschine die folgenden Links erzeugt haben.**
b **Umkreise den gewählten Suchzeitraum grün und den Button zur Suche von Bildern blau.**
c **Trage rechts am Rand jeweils ein, um welchen Teil des Textes es sich handelt:**
_L_ = mit Link unterlegter Titel der Website, _T_ = Auszug aus dem Text, _A_ = Adresse der Website (URL).

4 **Beurteile, ob die Informationen, die du auf den Internetseiten von Aufgabe 3 angeboten bekommst, zuverlässig sind, und begründe dein Urteil im Heft.**

5 **Markiere in den vier folgenden Textauszügen (S. 5–6) mit verschiedenen Farben Informationen. Notiere in der Randspalte Oberbegriffe, zu denen die Informationen Auskunft geben.**

Text 1, aus: bwt.planet-beruf.de

Die perfekte Vorbereitung auf dein Vorstellungsgespräch

Du bist zu einem Vorstellungsgespräch eingeladen? Herzlichen Glückwunsch, du bist in der engeren Auswahl! Das musst du jetzt wissen, damit alles gut klappt: Vorbereitung ist alles! Überlege dir, was man dich fragen könnte, und stelle eigene Fragen über das Unternehmen zusammen. Gut informiert sein ist halb gewonnen! Informiere dich genau über das Unternehmen. Zeitschriften, Broschüren oder die Website des Unternehmens helfen dir dabei. [...]

Fragen an mich

Folgende Unterlagen solltest du zum Vorstellungsgespräch mitbringen: Einladungsschreiben; Bewerbungsunterlagen (Anschreiben, Lebenslauf, Zeugnisse, Praktikumsbescheinigung), sofern du sie noch nicht geschickt hast; ausgefüllter Personalfragebogen, falls dir einer zugeschickt wurde; Liste mit eigenen Fragen; eventuell Arbeitsproben; Block und Stift.

Text 2, aus: www.ihk-nordwestfalen.de

Tipps zum Vorstellungsgespräch

Das Outfit

1. Dein Äußeres sollte sich vom Freizeitlook abheben und zur Branche passen. Wenn du Kfz-Mechatronikerin werden willst, brauchst du im Vorstellungsgespräch kein Kostüm zu tragen. Möchtest du Bankkaufmann werden, ist ein Anzug hingegen Pflicht.
2. Frage deine Eltern oder eine/n Lehrer/-in, was sie dir raten würden anzuziehen.
3. Im Zweifel lieber etwas overdressed!

▶ Tipps zur Bewerbung im Video

Text 3, aus: www.arbeitsagentur.de

Vorbereitung auf das Gespräch:

Ein Vorstellungsgespräch kann 20 oder auch 90 Minuten dauern. Um herauszufinden, wie gut Sie für die Ausbildungsstelle geeignet sind, wird der Gesprächspartner über weite Teile des Gesprächs Fragen stellen. Auf häufig gestellte Fragen kann man sich vorbereiten.

Fragen zu Lebenslauf, Schule, Freizeit und Berufspraxis:

– Was sind Ihre Lieblingsfächer? Welche Fächer liegen Ihnen/liegen Ihnen nicht?
– Warum haben Sie gute Noten in diesem Fach bzw. schlechte Noten in jenem Fach?
– Können Sie uns die Bemerkungen auf Ihrem Zeugnis etwas näher erläutern?
– Wie kommen Sie mit den Lehrern aus? Wie kommen Sie mit den Mitschülern aus?
– Welche Zeitungen, Zeitschriften oder Bücher lesen Sie?

Oft werden Sie auch mit einer offenen Frage aufgefordert, z. B. „Erzählen Sie doch einmal etwas über sich". Was Sie dann erzählen, können Sie sich gut im Vorhinein überlegen.

Fragen zur Berufswahl und zur Firma:

– Warum haben Sie sich für diesen Beruf entschieden?
– Haben Sie ein Praktikum oder einen Ferienjob in diesem Beruf gemacht?
– Welche Vorstellungen haben Sie von diesem Beruf/von der Ausbildung bei uns?
– Kennen Sie auch Nachteile des Berufes? Warum sind Sie dafür geeignet?
– Warum haben Sie sich bei unserer Firma beworben? Was wissen Sie über unseren Betrieb?

Text 4, aus: bwt.planet-beruf.de

Typische Frage	Bedeutung der Frage
Warum haben Sie sich gerade bei uns beworben?	Dein Gegenüber möchte wissen, ob du dich gut vorbereitet hast und genauestens über den Betrieb informiert bist.
Wieso haben Sie sich gerade für diesen Ausbildungsberuf entschieden? Welche Fähigkeiten bringen Sie dafür mit?	Diese Frage prüft, ob du dich auch wirklich über das Berufsbild informiert hast. Außerdem will der/die Personalverantwortliche wissen, ob du deine Fähigkeiten einschätzen und darstellen kannst.
Nennen Sie mir zwei Ihrer Stärken und zwei Schwächen.	Dein/e Interviewer/-in testet, ob du dich aus der Ruhe bringen lässt oder gelassen und sicher reagierst. Beantworte die Frage so, dass du dich überzeugend präsentierst.

6 **Lege im Heft eine Tabelle nach folgendem Muster an. Trage oben drei weitere Oberbegriffe ein und notiere die in den Texten von Aufgabe 4 und 5 markierten Informationen in den richtigen Spalten.**

Unterlagen	...	...	...
...	...	...	...

7 ●●● **Recherchiere weitere Informationen, z. B. in den bei Aufgabe 3 angegebenen Websites. Gehe vor wie auf Seite 4 bis 5 vorgeschlagen und ergänze in der Tabelle von Aufgabe 6 im Heft weitere Informationen.**

Methode **Das Referat gliedern („roter Faden")**

Plane den **Aufbau:** Achte darauf, dass dein Vortrag einen „roten Faden" hat.
- Wecke in der **Einleitung** das Interesse deiner Zuhörer/-innen und führe in das Thema ein, z. B. durch Bilder, treffende Zitate oder persönliche Bemerkungen. Gib einen Überblick über die Gliederung.
- Gliedere den **Hauptteil** sorgfältig. Lege für die wichtigen sachlichen Gesichtspunkte Oberbegriffe mit dazu passenden Unterpunkten fest. Bringe sie in eine sinnvolle Reihenfolge und verknüpfe sie sachlich. Ordne die Informationen aus deiner Materialsammlung zu und streiche Überflüssiges.
- Greife am **Schluss** die Frage/das Problem vom Anfang noch einmal auf: Du kannst Wichtiges zusammenfassen, deine Meinung zum Thema formulieren oder einen Ausblick auf weitere Entwicklungen geben.

8 a **Lege die Gliederung für den Hauptteil des Vortrags zum Thema „Ein Vorstellungsgespräch vorbereiten" fest: Füge die vier Oberbegriffe von Aufgabe 6 unter „Hauptteil" in das folgende Struktur-Diagramm ein.**

Einleitung → **Hauptteil** → **Schluss**

Hauptteil:
1.
2.
3.
4.

b **Begründe die für den Hauptteil gewählte Reihenfolge.**

Ich möchte mit _______________ *beginnen, weil* _______________

_______________ *und dann* _______________

____

Am Schluss _______________

9 **Notiere in der linken Spalte des Struktur-Diagramms oben Ideen für die Einleitung, z. B.:**
- **Möchtest du über persönliche Erfahrungen in einem Vorstellungsgespräch berichten?**
- **Hast du bei deinen Recherchen ein geeignetes Zitat gefunden?**
- **Willst du mit einem Foto beginnen? Was sollte darauf zu sehen sein?**

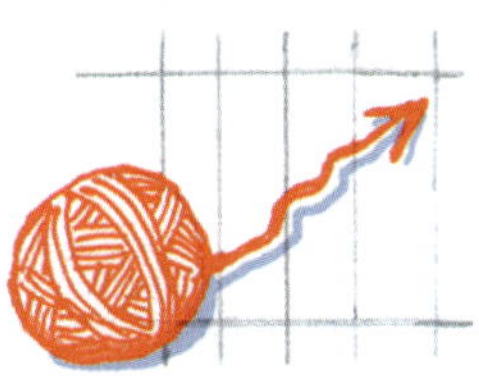

10 **Notiere in der rechten Spalte des Struktur-Diagramms oben, ob du am Schluss wichtige Informationen zusammenfassen, deine persönliche Meinung zum Thema formulieren oder einen Ausblick geben möchtest.**

11 **Erstelle als Gedächtnisstütze beim Vortrag zu jedem Gliederungspunkt eine Moderationskarte.**

Eine **Moderationskarte** enthält die wichtigsten Informationen zu einem Gliederungspunkt als Stichwörter. Nummeriere diese Karten in der Reihenfolge der Gliederung.

Methode **Folien für den computergestützten Vortrag gestalten**

In einem computergestützten Vortrag haben Folien folgende **Aufgaben:**
- **strukturieren:** Nach der Überschrift fassen wenige Stichpunkte die Informationen als Gedächtnisstütze für Vortragende und Publikum zusammen.
- **Beispiele geben:** z. B. Fotos, Zitate ...
- **visualisieren:** komplizierte Sachverhalte oder Daten anschaulich darstellen (z. B. Grafiken, Diagramme).
- **auflockern:** besondere Zitate, Abbildungen o. Ä. helfen, die Aufmerksamkeit des Publikums zu erhalten.

Tipp: Beschränke dich bei der Gestaltung der Folie auf das Wesentliche, ein Zuviel an Informationen oder Gestaltung verwirrt nur. Verwende eine gut lesbare und große Schrift.

12 a **Betrachte die drei folgenden Folien für einen Vortrag zum Thema „Ein Vorstellungsgespräch vorbereiten“. Kreuze an und begründe: Welche Folie hältst du für gelungen?**
b **Notiere für jede der anderen beiden Folien stichwortartig Verbesserungsvorschläge.**

A

Fragen zu Berufswahl und Firma

Warum haben Sie sich für diesen Beruf entschieden? Haben Sie ein Praktikum oder einen Ferienjob in diesem Beruf gemacht?
Welche Vorstellungen haben Sie von diesem Beruf/ von der Ausbildung bei uns?
Kennen Sie auch Nachteile Ihres Wunschberufs?
Warum halten Sie sich für diesen Beruf für geeignet?
Warum haben Sie sich bei unserer Firma beworben?
Was wissen Sie über unseren Betrieb?

B

Wichtige Unterlagen

- *Einladungsschreiben*
- *Bewerbungsunterlagen*
- *ausgefüllter Personalfragebogen*
- *Liste mit eigenen Fragen*
- *Block/Papier und Stift*

C

Angemessene Kleidung

Gelungen ist ☐ Folie A, ☐ Folie B, ☐ Folie C, weil ______________________________

____

Verbesserungsvorschlag für Folie ____ : ______________________________

Verbesserungsvorschlag für Folie ____ : ______________________________

13 **Erkläre mit Hilfe des Methodenkastens oben auf der Seite, welche Aufgaben die verbesserten Folien von Aufgabe 12 im Vortrag haben könnten.**

Folie **A:** ______________________________

Folie **B:** ______________________________

Folie **C:** ______________________________

Eine Folie kann deinen Vortrag anschaulich unterstützen, sie ersetzt ihn aber nicht: Du musst zu jeder Folie auch erklären, was darin gezeigt wird, damit dein Vortrag lebendig und informativ wird.

14 **Erstelle weitere Folien zum Thema „Ein Vorstellungsgespräch vorbereiten“.**
●●●

15 **Trage den vollständigen Vortrag einer Lernpartnerin/einem Lernpartner vor und lasse dir ein Feedback geben: Was ist gut gelungen, was könntest du verbessern?**

Einen Informationstext schreiben

Information **Schreibplan für einen Informationstext**

In einem Informationstext erklärst und beschreibst du Sachverhalte gut verständlich. Gehe so vor:

1 Die Aufgabenstellung verstehen
- Was genau wird verlangt? Worauf musst du beim Auswerten der Materialien achten?

2 Die Materialien erschließen (Stoffsammlung)
- Verschaffe dir einen ersten Überblick über die Materialien, indem du sie zügig liest.
- Kläre unbekannte Wörter und Textstellen durch Nachdenken oder Nachschlagen.
- Lies die Materialien erneut. Mache nach jedem Sinnabschnitt eine kurze Pause und frage dich: Was steht in diesem Abschnitt? Was ist für die Bearbeitung der Aufgabe wichtig, was überflüssig?
- Unterstreiche wichtige Informationen und notiere am Textrand Stichpunkte.

3 Die Gliederung erstellen (Schreibplan)
- Entwirf eine Gliederung für deinen Informationstext (Einleitung, Hauptteil, Schluss). Orientiere dich dabei an der Struktur der Aufgabenstellung.

4 Den Informationstext schreiben und überarbeiten
- Verfasse einen zusammenhängenden Text: Schreibe mit eigenen Worten und formuliere sachlich.
- Achte darauf, dass dein Text dem Schreibplan folgt, also eine klare gedankliche Struktur hat.
- Mache Zusammenhänge auch sprachlich deutlich, z. B. durch Satzverknüpfungen und Überleitungen *(weil, obwohl, daher, ein anderer Punkt ...)*.
- Schreibe vorwiegend im Präsens und verwende – wenn nötig – die indirekte Rede (▸ S. 60).

Das Schreiben eines Informationstextes kann Aufgabe in einer Klassenarbeit sein.

Worüber sollst du informieren? – Die Aufgabenstellung verstehen

1 **a** **Lies die folgende Aufgabenstellung.**
b **Markiere in unterschiedlichen Farben: den Anlass für das Schreiben des Textes orangefarben, das gewünschte Thema und die vorgegebenen inhaltlichen Aspekte gelb, die Adressaten blau und die Textsorte grün.**

An deiner Schule findet ein Informationstag zum Thema „Wie geht es nach der Schule weiter?" statt. Eure Klasse erstellt aus diesem Anlass für eure Mitschülerinnen und Mitschüler eine Informationsmappe über verschiedene Möglichkeiten, die Zeit zwischen Schule und Ausbildung bzw. Studium sinnvoll zu nutzen. Verfasse auf Grundlage der Materialien 1 bis 4 einen zusammenhängenden Informationstext zum Thema „Internationaler Jugendfreiwilligendienst" (IJFD). Gehe darin auf folgende Aspekte ein:
- Erkläre, was ein IJFD ist und unter welchen Bedingungen man daran teilnehmen kann.
- Stelle Lara Langenberg knapp vor und erläutere an ihrem Beispiel Chancen und Probleme eines IJFD.
- Schlussfolgere anhand der Materialien und eigener Überlegungen, für welche Schülerinnen und Schüler die Teilnahme an einem IJFD sinnvoll wäre.

c **Kreuze für jede Aussage an, ob sie richtig oder falsch ist.**

	richtig	falsch
A Ich soll in meinem Text alles aufschreiben, was ich in den Materialien über den IJFD erfahre, und schreiben, wie ich den IJFD beurteile.	☐	☐
B Ich soll in meinem Text den IJFD und die Teilnahmebedingungen erklären, am Beispiel von Lara Langenberg Chancen und Probleme des IJFD erläutern und am Schluss schreiben, für welche Schülerinnen und Schüler ein IJFD geeignet wäre.	☐	☐
C Ich soll Mitschülerinnen und Mitschüler mit einem spannenden Text unterhalten.	☐	☐
D Der Text soll sachlich sein und meine Mitschülerinnen und Mitschüler und ihre Eltern davon überzeugen, dass der IJFD sinnvoll ist.	☐	☐

Die Materialien erschließen: Texte und Grafiken

2 **Lies die folgenden Materialien zügig und notiere für jedes Material stichwortartig, welche Art von Informationen es enthält.**

Material 1: Bericht über ______

Material 2: ______

Material 3: ______

Material 4: ______

Material 1:

Mein Lebensabenteuer Kenia

Lara Langenberg ist 20 Jahre alt. Sie absolvierte von 2013 bis 2014 einen Internationalen Jugendfreiwilligendienst in einer Grundschule für Mädchen in Kenia. In ihrem Blog findet sich u. a. ihr Abschlussbericht:

Wenn ich auf meine Zeit als Volontärin in Kenia zurückblicke, wird mir klar, wie unglaublich dankbar ich bin, dass ich die Möglichkeit hatte, so viele aufregende Momente zu erleben und so viele wahnsinnig interessante und warmherzige Menschen zu treffen, die mich mit ihren Geschichten berührt haben. Chancen

Aber natürlich waren diese sechs Monate nicht nur einfach. Direkt am Anfang musste ich einige Probleme bewältigen, die ich so nicht erwartet hätte. Da passt das Sprichwort „Erstens es kommt anders und zweitens als man denkt!" wie die Faust aufs Auge. Die einzigen Informationen, die ich über mein Projekt und meine Wohnsituation hatte, waren, dass ich an einer Grundschule für Mädchen unterrichten soll, und zwar in Manga, das nur eine halbe Stunde von Kisii entfernt liegen sollte. Diese Informationen wurden ganz schnell über den Haufen geworfen, als ich mit meiner Gastmutter nach Manga gefahren bin, das 1,5 Stunden von Kisii entfernt liegt, und auf dem Schultor lesen musste: Manga Girls Highschool. Mädchen zu unterrichten, die gleichaltrig oder sogar älter sind und Englisch teilweise besser können als ich, war das genaue Gegenteil von dem, was ich während meines Freiwilligendienstes machen wollte. Da ich an dieser Situation erst einmal nichts ändern konnte, habe ich die ersten zwei Monate in der Highschool gearbeitet, währenddessen aber versucht, Kontakt zu einer Primary School nebenan herzustellen, und es nach einigen Wochen auch geschafft, an beiden Schulen zu unterrichten. Diese ganze Zeit war nicht wirklich einfach für mich. Dazu kam, dass in der Highschool mit großer Selbstverständlichkeit der Stock benutzt wurde, obwohl es gesetzlich verboten ist. [...] In diesen ersten Monaten habe ich manchmal gezweifelt, ob es die richtige Entscheidung war, diesen Freiwilligendienst zu absolvieren. Doch wenn ich jetzt darüber nachdenke, hätte mir nichts Besseres passieren können. Außerdem war ich nicht allein. Wenn ich nach der Arbeit nach Hause kam, verschwand der Zweifel meistens sofort. Ich habe eine unglaublich freundliche, lustige und verständnisvolle Gastfamilie gehabt, die mich mit offenen Armen empfangen hat. An die anderen Lebensumstände, wie kein Strom, kein fließendes Wasser, Dusche unter freiem Himmel und Kochen in der Feuerküche, habe ich mich sehr schnell gewöhnt und es eher als abenteuerlich empfunden.

Häufig werde ich gefragt: „Hast du etwas mit deinem Freiwilligendienst bewirkt?" Darauf weiß ich ganz klar eine Antwort: „Ja, auf jeden Fall!" Ob ich etwas bei den Menschen vor Ort bewirkt habe, muss man sie selbst fragen. Aber ich selbst habe in dieser Zeit unglaublich viel gelernt, neue Denkweisen kennen gelernt und mich dadurch weiterentwickelt. Mein Bild von Kenia und den Menschen dort habe ich mit neuen Erkenntnissen übermalt.

Quellenangabe: http://lara-karibu.blogspot.de (aufgerufen 09.05.2016)

Material 2:

Der Internationale Jugendfreiwilligendienst

Regenwaldprojekt, Indonesien

Ein Auslandsjahr oder auch nur einige Monate im Ausland zu verbringen, ist der Wunsch vieler Jugendlicher, die ihre Schulausbildung abgeschlossen haben und mit dem Studium oder der beruflichen Ausbildung noch nicht beginnen wollen. Der Internationale Jugendfreiwilligendienst (IJFD) ist eine von mehreren Möglichkeiten, diesen Traum vom Ausland zu verwirklichen. [Er] richtet sich an Jugendliche im Alter von 16 bis 26 Jahren. Es ist unerheblich, welche Schulausbildung und ob bereits eine abgeschlossene Berufsausbildung vorliegt. Auch Jugendliche ohne Schulabschluss können am IJFD teilnehmen. Einsatzstellen des Internationalen Jugendfreiwilligendienstes sind gemeinwohlorientierte Einrichtungen, die in folgenden Einsatzbereichen arbeiten:

- im sozialen Bereich, also mit Kindern und Jugendlichen, mit alten, kranken und behinderten Menschen,
- im Sport, in der Kultur sowie der Denkmalpflege,
- auf ökologischem Gebiet, vor allem im Naturschutz, in der Umweltbildung oder in der nachhaltigen Entwicklung,
- im Bildungswesen, also in Schulen oder Kindergärten,
- in den Bereichen Frieden und Versöhnung sowie Demokratieförderung.

Quellenangabe: www.internationaler-jugend-freiwilligendienst.de/ijfd/ (aufgerufen 24.10.2014)

Material 3:

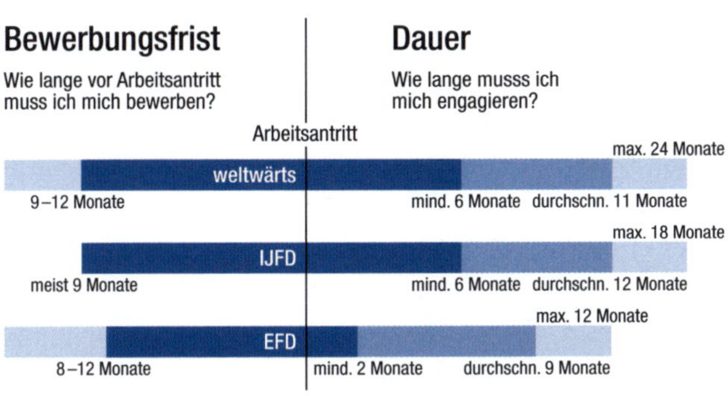

Dunkelblau stellt die kürzeste Zeit zwischen Bewerbung/Anmeldung und Ende des Projekts dar.

Mittelblau bildet den Regelfall ab.

Hellblau stellt seltene Fälle dar.

Quellenangabe: www.wegweiser-freiwilligenarbeit.com/wp-content/uploads/2013/11/bewerbungsfristen-dauer-freiwilligendienste1.png (aufgerufen 24.10.2014)

Material 4:

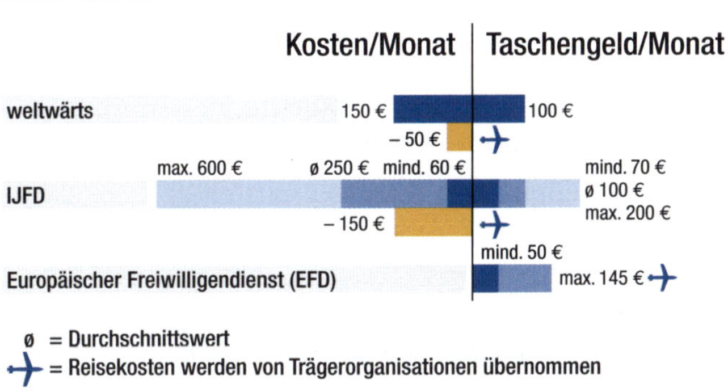

Bei *weltwärts* und *IJFD* bekommen die Freiwilligen ein Taschengeld, werden aber gleichzeitig auch angehalten, einen Spenderkreis aufzubauen. Der Saldo fällt in der Regel negativ aus (orangefarben dargestellt), wenn das Spendenziel erreicht wird. Sowohl Taschengeld als auch Spendenziel werden in bestimmten Grenzen von den Trägerorganisationen festgelegt und sind deshalb nicht einheitlich.

Quellenangabe: www.wegweiser-freiwilligenarbeit.com/wp-content/uploads/2013/11/kosten-taschengeld-freiwilligendienste.png (aufgerufen 24.10.2014)

3 **Lies die Materialien 1 und 2 auf den Seiten 10 und 11 genauer:**

a **Kläre unbekannte Begriffe aus dem Zusammenhang oder mit Hilfe eines Wörterbuchs.**

b **Markiere in den Texten wichtige Informationen, die du zur Bearbeitung der Aufgabenstellung (S. 10) benötigst.**

c **Notiere am Rand, zu welchem Aspekt (z. B. Teilnahmebedingungen, Chancen …) die jeweiligen Informationen passen.**

In einen Informationstext gehören keine persönlichen Schilderungen und Gefühle. Gib nur Informationen wieder, die zum Thema bzw. zur Aufgabenstellung passen.

4 **In einem der Materialien finden sich Aussagen, die für einen Informationstext nicht geeignet sind. Erkläre im folgenden Lückentext, welche dies sind und warum sie nicht verwendet werden sollten.**

Material ______ enthält detaillierte Aussagen über ______________________________

____

____

Diese Art von Aussagen sollten in einem Informationstext nicht verwendet werden, weil ______________

____

____

5 **a** **Untersuche die beiden Grafiken (S. 11). Erkläre, welche Balken für deinen Informationstext relevant sind.**

____

____

____

____

____

b **Welche Informationen liefern die Grafiken zum IJFD? Vervollständige die folgenden Sätze.**

Für den IJFD sollte man sich ______________________________ bewerben.

Die Dauer beträgt ________ bis ________ , im Durchschnitt ______________ Monate.

Die Kosten für den IFJD werden finanziert durch ______________________________

______________________ . Vorausgesetzt, dass ______________________________ ,

muss nichts dazugezahlt werden. Sollte dies nicht gelingen, können die monatlichen Kosten zwischen ________

und ________ Euro liegen. Das Taschengeld pro Monat liegt zwischen ________ und ________ Euro, im

Durchschnitt bei ________ Euro. Die Reisekosten ______________________________ .

Eine Gliederung erstellen

6 **a** **Erarbeite eine Gliederung für den Hauptteil deines Textes. Notiere dafür in der linken Spalte der Tabelle, über welche Aspekte du in welcher Reihenfolge informieren möchtest.**
b **Ordne jedem Punkt deiner Gliederung in der rechten Spalte der Tabelle die Informationen aus den Materialien zu. Notiere Stichpunkte.**

> Beachte bei der **Gliederung** deines Textes die Aufgabenstellung: Die Abfolge der Teilaufgaben gibt dir den Textaufbau vor.

Einleitung	
JJFD	
Hauptteil	*Alter:*
	Kosten:
	Einkommen:
	Bedingungen:
Schluss	*Teilnahme sinnvoll für:*

Den Informationstext schreiben und überarbeiten

7 **Verfasse einen Informationstext zum Thema „Internationaler Jugendfreiwilligendienst". Beachte den Schreibplan von Aufgabe 6 (S. 13) und schreibe ins Heft. Gehe so vor:**

a Wecke in der Einleitung das Interesse deiner Leser/-innen und führe in das Thema ein. Beginne z. B. so:

Viele Schülerinnen und Schüler wünschen sich, nach ihrer Schulzeit …

Mit dem Internationalen Jugendfreiwilligendienst (IJFD) …

Es handelt sich dabei um eine Organisation, die …

b Arbeite mit Hilfe deiner Gliederung (▶ Aufgabe 6) den Hauptteil deines Textes aus:
- **Schreibe mit eigenen Worten und formuliere knapp und sachlich.**
- **Zeige die Zusammenhänge der Informationen sprachlich durch Satzverknüpfungen, z. B.:**

Die Kosten bleiben relativ gering, wenn man einen großen Spenderkreis aufgebaut hat.

Der IJFD kann eine große Chance sein, weil … Außerdem …

Allerdings können auf die Teilnehmenden auch Probleme zukommen …

- **Schreibe vorwiegend im Präsens und gib Äußerungen anderer in indirekter Rede wieder (▶ S. 60), z. B.:**

Die Schülerin Lara Langenberg erklärt nach ihrem IJFD in …, sie habe …

c Folgere am Schluss, für welche Schülerinnen und Schüler die Teilnahme am IJFD sinnvoll wäre, z. B.:

Der IJFD ist lohnend für Schülerinnen und Schüler, die …

d Formuliere eine treffende Überschrift.

---

8 ●●● **Erstelle Fragen für eine Checkliste zum Überarbeiten eines informierenden Textes.**
Tipp: Der Methodenkasten auf Seite 9 hilft dir dabei.

> Nutze die Checkliste für die Überarbeitung deines Informationstextes.

Enthält der Text alle Informationen zu ______________________________?

Wurden unwichtige Informationen oder persönliche Aussagen aus den Materialien ______________?

Ist der Text für Mitschülerinnen und Mitschüler ______________?

Ist der Text klar gegliedert in ______________________________?

Orientiert die Gliederung sich an ______________________________?

Ist der Text ______________ und mit ______________ formuliert?

Wurde vorwiegend das ______________ verwendet und Äußerungen anderer in der ______________

______________________________ wiedergegeben?

Sind Zusammenhänge ______________________________?

Eine Bewerbung verfassen

Information **Schreibplan für ein Bewerbungsanschreiben**

Das Bewerbungsanschreiben ist ein **sachlicher Brief** mit folgenden Bausteinen:
- Briefkopf (Absender, Datum, Anschrift), Betreffzeile (in Stichworten, worum es geht),
- Anrede, Text (Aufbau: Einleitung, Hauptteil, Schluss),
- Briefschluss mit Bitte um Einladung zum Vorstellungsgespräch,
- Grußformel und Unterschrift,
- Hinweis auf Anlagen (ggf. aufzählen).

Wichtig: Achte auf eine saubere äußere Form und einen angemessenen Sprachstil. Dein Bewerbungsanschreiben soll aussagekräftig sein und **im Hauptteil** das Interesse an deiner Person wecken:
- Stelle überzeugend dar, warum du dich auf die konkrete Stelle bewirbst.
- Erkläre, welche besonderen Fähigkeiten und Erfahrungen dich für genau diese Stelle empfehlen.

Tipp: Vermeide vorgefertigte Standardschreiben.

1 **Untersuche die folgende Stellenanzeige für einen Ausbildungsplatz.**

a **Markiere alle wichtigen Fakten gelb: Berufsbezeichnung, Name des Ausbildungsbetriebs, Adresse, Ansprechpartner, Ausbildungsbeginn.**

b **Markiere die genannten Anforderungen an Bewerberinnen und Bewerber grün.**

Auf dem richtigen Weg – mit der WürttembergBahn

Mit der WBG fahren Sie vornweg – auch im Beruf. Wir schaffen Verbindungen und setzen die Region in Bewegung. Mit Weitblick investieren wir in Mobilität und bieten ein dynamisches, modernes Arbeitsumfeld. Steigen Sie mit Ihrer Ausbildung bei uns ein!

Ausbildung zum/zur Fahrdienstleiter/-in

Zum 1. September 20xx suchen wir Sie als Azubi (w/m) zum Eisenbahner im Betriebsdienst der Fachrichtung Fahrweg. Sie steuern und kontrollieren vom Stellwerk aus das Schienennetz und den reibungslosen Zugverkehr. Sie verschaffen sich die Übersicht über Weichen und Signale, rangieren Züge und lernen, die Sicherheit von Fahrgästen und Transportgütern zu gewährleisten. Sitzen Sie gerne an den entscheidenden Schaltstellen? Dann sind Sie bei uns genau richtig.
Wichtig ist uns, dass Sie die Schule erfolgreich abgeschlossen haben und sich durch ein hohes Verantwortungsbewusstsein auszeichnen. Neben Zuverlässigkeit und Organisationstalent sollte Besonnenheit in hektischen Situationen zu Ihren Stärken zählen. Wenn Sie belastbar und teamfähig sind, passen Sie zur WBG.

Interessiert? Dann senden Sie Ihre Unterlagen an: WürttembergBahn GesellschaftmbH, Bereich Personal, Phillipp Gaißmeyer, Postfach 12 32 05, 70569 Stuttgart. Weitere Infos: www.wbg.info
Für evtl. Fragen steht Ihnen Herr Gaißmeyer, Tel. (07 11) 123 – 45 67, gern zur Verfügung.

2 **Kreuze für jede Aussage an: Gibt sie die genannten Erwartungen an die Auszubildenden zutreffend wieder?**

Der Ausbildungsbetrieb sucht Jugendliche, ...

	zutreffend	nicht zutreffend
A die sorgfältig und zuverlässig arbeiten.	☐	☐
B die kreative und originelle Ideen entwickeln und umsetzen können.	☐	☐
C die eine hohe Risikobereitschaft haben.	☐	☐
D die auch bei Problemen und Störungen einen ruhigen Kopf bewahren.	☐	☐
E die Entscheidungen besonnen und verantwortungsvoll treffen.	☐	☐

3 **a** Lies die beiden Kurzsteckbriefe und prüfe: Passen die Interessen und Fähigkeiten von Carina und Matthias zum angebotenen Ausbildungsplatz?

b Markiere in jedem Kurzsteckbrief Angaben, die zu den Anforderungen in der nachfolgenden Übersicht passen. Trage diese dort ein.

Carina

liest gern Krimis, arbeitet beim Schulsanitätsdienst mit, besucht jeden Freitag ihre Oma, war bereits fünfmal in Italien in Urlaub, führt in ihrem Fußballverein die Mannschaftskasse, trainiert die F-Jugend, hört Jazzmusik, ist ein Fan von Sherlock-Filmen, nimmt im Moment am Schiedsrichterlehrgang teil, isst kein Fleisch, bezeichnet Mathematik als ihr Lieblingsfach, plant für die Herbstferien ein Zeltlager mit den beiden anderen F-Jugend-Mannschaften, kann toll singen, kocht gern mit Freundinnen

Matthias

nimmt seit Klasse 6 an der Schach-AG teil, ist Besitzer eines Salzwasseraquariums, liest am liebsten den Sportteil der Zeitung, hört oft Radio, trägt am Wochenende Zeitungen aus, sammelt Schachfiguren, spielt Schlagzeug, tritt mit Freunden in einer Band bei Partys auf, kennt alle James-Bond-Filme in- und auswendig, kümmert sich um das Schulaquarium in der Mensa, hat ein Praktikum bei einem Versandhandel für Tierfutter absolviert, Lieblingsfächer: Informatik und Musik, dreimonatiger Auslandsaufenthalt in Namibia

Carina	Anforderungen	Matthias
______	Verantwortungsbewusstsein	______
______		______
______	Belastbarkeit	______
______		______
______	Teamfähigkeit	______
______		______

4 Lies den folgenden Auszug aus einer Bewerbung für einen Fantasieberuf.

a Kreuze an, welcher Textteil eines Bewerbungsanschreibens hier ausformuliert ist (► Methode S. 15).

☐ A Einleitung ☐ B Hauptteil ☐ C Schluss

b Unterstreiche Formulierungen, die für eine ernsthafte Bewerbung geeignet sind.

Die Ausbildung zur Sitzbezugmustertesterin ist eine sinnvolle Fortführung meiner mehrjährigen Mitarbeit im Strickclub der Schule. Dort habe ich gelernt, die Qualität des Materials sowie die Wirkung von Mustern sicher zu beurteilen. Außerdem zeigen meine hervorragenden Leistungen im Fach Kunst sehr gute Kenntnisse in Fragen der Gestaltung. Meine vielfältigen Erfahrungen mit Polsterbezügen als Kinogängerin hoffe ich, in die Ausbildung einbringen zu können.

5 ●●● Erkläre für Carina oder für Matthias, welche besonderen Fähigkeiten und Erfahrungen sie oder ihn für die Ausbildung zum Fahrdienstleiter/zur Fahrdienstleiterin empfehlen. Du kannst auf die unterstrichenen Formulierungen von Aufgabe 4 b zurückgreifen, aber auch frei formulieren. Schreibe ins Heft.

6 **Vervollständige den Briefkopf des Bewerbungsanschreibens mit den fehlenden Angaben.**

Carina Klöcker
Blaustr. 27
70234 Hoflingen
Tel.: 07 15/12 34 56
Mail: carina.kloecker@gmx.de

____

____

Bereich Personal

Herrn ______________________
Postfach 12 32 05
70569 Stuttgart

Bewerbung um ______________________

Bei Firmenbezeichnungen und Namen musst du sehr genau auf die **Schreibweise** achten.

7 **Gib zusammenhängend Auskunft über deine persönliche schulische Situation.**

Ein Bewerbungsanschreiben für einen Ausbildungsplatz muss über die **schulische Situation** informieren: vollständige Bezeichnung der Schule (keine Kurzform), Klassenstufe, Zeitpunkt und Art des angestrebten Abschlusses.

____

____

____

____

8 a **Verbessere Matthias' Begründung für die Bewerbung: Markiere unangemessene Formulierungen.**
b **Formuliere seine Begründung in Schriftsprache aus. Schreibe ins Heft.**

VORSICHT FEHLER!

Das Interesse an der Tätigkeit als Fahrdienstleiter ist während meines Praktikums geweckt worden. Das Verschicken von Hundefutter war öde, aber durch Einblicke in den Vertrieb wurde ich auf das Berufsfeld der Transportlogistik aufmerksam. Bei der Schach-AG und im Informatikunterricht finde ich es voll gut, komplizierte Systeme zu verstehen und zu gestalten. Züge im Stellwerk zu dirigieren, wäre bestimmt genau mein Ding.

9 a **Kreuze an, welche der folgenden Schlussformulierungen geeignet ist.**
b **Begründe deine Wahl: Trage den Buchstaben ein und streiche Unpassendes.**

Nenne überzeugende **Gründe für die Wahl** des Ausbildungsberufs und des Ausbildungsbetriebs.

A ☐ Ich wäre überglücklich, wenn ich mich Ihnen persönlich vorstellen dürfte. Mit den allerbesten Grüßen ...

B ☐ Über ein persönliches Vorstellungsgespräch würde ich mich sehr freuen. Mit freundlichen Grüßen ...

C ☐ Ein persönliches Vorstellungsgespräch überzeugt Sie sicher von mir. Rufen Sie mich an! Bis bald ...

Begründung: Schluss ____ ist geeignet, weil er umgangssprachlich / sprachlich angemessen formuliert ist und einen höflichen / persönlichen Ton wahrt.

Information **Den Lebenslauf verfassen**

Der Lebenslauf wird in **tabellarischer Form** verfasst und übersichtlich (mit Zwischenüberschriften) gegliedert. Er schließt mit Ort, Datum und Unterschrift. Ein Bewerbungsfoto in angemessener Kleidung (vom Fotografen!) ist üblich. Achte darauf, dass der Lebenslauf fehlerfrei und aktuell ist.

10 **Links siehst du das Muster eines Lebenslaufs. Vergleiche damit Carinas Lebenslauf rechts und markiere darin alle Fehler.**

VORSICHT FEHLER!

Lebenslauf

Persönliche Daten

Name:	Eva Groten
Adresse:	Grünstr. 7, 70123 Stuttgart
Telefon:	0711/56...
E-Mail:	e-groten@stuttgart.com
Geburtsdatum:	11. 04. 2002
Geburtsort:	Stuttgart

Schulbildung

vorauss. 07/2017	Abschluss: Fachoberschulreife
ab 08/2012	Erich-Kästner-Gymnasium, Stuttgart
08/2008-07/2012	Gemeinschaftsgrundschule Uferweg

Praktische Erfahrungen

04/2016	Schülerpraktikum: Flughafen Stuttgart, *Aufgaben: Einsatz am Informationsschalter*
6/2015	Schüleraustausch GB
seit 03/2012	Freiwillige Feuerwehr Stuttgart-Wangen

Besondere Kenntnisse und Interessen

Computerkenntnisse	MS-Office (gute Grundkenntnisse)
Sprachkenntnisse	Englisch (sehr gut in Wort und Schrift) Französisch (gute Grundkenntnisse)
Persönliche Interessen	Reisen und Zumba

Stuttgart, 13. Mai 2016

Eva Groten

Lebenslauf

Persönliche Daten

Name:	C. Klöcker
Adrese:	Blaustraße, 70234 Hoflingen
Geburtsdatum:	März 2002

Schulbildung

Schulabschluss:	Mittlerer Schulabschluss 07/2017
Weiterführende Schule:	Gymnasium Hoflingen, ab 08/2012
Grundschule:	KGS Merten, 08/2008 bis Juli 2012

Praktische Erfahrungen

Betreuerin F-Jugend-Mannschaft (Fußball), ab 04/2015
Schulpraktikum, März 2016

Englisch (sehr gut); MS-Office (gut)
Französisch (gut), Ausbildung
Schulsanitätsdienst,
Schiedsrichterlehrgang

Persönliche Intressen

Fußball, Kochen, Sherlock-Filme, Shoppen

Hoflingen, 13. Mai 2016

11 **Schreibe den Lebenslauf mit dem Computer verbessert auf.**

12 **Kreuze die beiden ungeeigneten Bewerbungsfotos an und begründe deine Wahl rechts stichwortartig.**

A ☐

B ☐

C ☐

____

____

____

____

Einen Praktikumsbericht verfassen

Information **Aufbau eines Praktikumsberichts**

Ein Praktikumsbericht informiert über die Kenntnisse und Erfahrungen, die du während eines Praktikums gesammelt hast. In der Einleitung nennst du die **Gründe für die Wahl** des Praktikums und deine **Erwartungen** daran. Anschließend musst du ...

- kurz über deine **Suche** nach einem Praktikumsplatz berichten (Recherche, Bewerbung ...),
- über den **Praktikumsbetrieb** informieren (Branche, Produkte/Dienstleistungen, Anzahl der Mitarbeiter/-innen ...),
- deinen **Arbeitsplatz** beschreiben (evtl. mit Skizze, Fotos),
- den **Ablauf** des Praktikums beschreiben (Tätigkeitsfelder, Tätigkeiten, Tagesbericht ▸ S. 21 ...),
- den gewünschten **Beruf/das Berufsfeld** vorstellen: Voraussetzungen, Tätigkeiten, Arbeitsmarktsituation ...,
- das Praktikum zusammenfassend bewerten (**Reflexion:** Wurden deine Erwartungen erfüllt?),
- einen **Ausblick** auf deine weitere Berufsorientierung geben (geplante weitere Recherchen, Praktika ...).

Schreibe sachlich, verwende Fachbegriffe und achte auf Verständlichkeit. Konzentriere dich bei der Darstellung auf deine berufliche Tätigkeit.

Geomatiker/-in – Über den Arbeitsplatz und die Tätigkeit(en) informieren

Mediha hat ein Praktikum in einem Ingenieurbüro für Vermessung und Kartografie absolviert und dort ihre beiden wichtigsten Arbeitsplätze fotografiert.

1 **Schau dir die Fotos genau an: Was wird hier gemacht? Verbinde jedes der Fotos links mit den dazu passenden Tätigkeiten rechts. Ziehe Linien.**

A

B

1 technische Geräte bedienen und überwachen
2 Material von Hand be- oder verarbeiten
3 etwas zusammenbauen oder reparieren
4 etwas untersuchen, messen, kontrollieren
5 etwas zeichnen, berechnen, entwerfen
6 etwas dokumentieren und archivieren
7 Pläne und Vorgaben lesen und verwalten
8 etwas entwerfen oder gestalten
9 Waren verkaufen
10 Menschen betreuen und versorgen

2 **Notiere für jeden der Arbeitsplätze stichwortartig Unterschiede in den Rahmenbedingungen.**

Rahmenbedingungen	Foto A	Foto B
Arbeitsumgebung		
Kleidung		
Anforderungen		

Einen Tagesbericht verfassen

Information **Schreibplan für einen Tagesbericht**

Der Tagesbericht informiert **sachlich** und **in chronologischer Reihenfolge** über die Tätigkeiten, die du an einem Praktikumstag ausgeführt hast. Ein Tagesbericht wird im **Präteritum** verfasst und beantwortet die **W-Fragen.**

- Fasse im Einleitungssatz knapp zusammen, welche/n **Arbeitsschwerpunkt/e** der beschriebene Tag hatte.
- Verwende **Fachbegriffe** und erkläre diese, wenn nötig.
- Wechsle die Satzanfänge ab und verdeutliche die **Reihenfolge der Ereignisse** (z. B. *zuerst, danach).*
- Verbinde Sätze durch treffende **Verknüpfungswörter** (z. B. *weil, obwohl).*

1 a **Unterstreiche in Medihas Notizen zu einem Praktikumstag im Ingenieurbüro die Informationen, die sie in ihrem Tagesbericht verwenden sollte. Umkreise Fachbegriffe, die darin erklärt werden müssen.**
b **Formuliere unten den Einleitungssatz aus.**

9:30 Uhr: Bus verspätet, ich muss total rennen, um pünktlich zu sein
9:45 Uhr: gerade Computer hochgefahren
→ soll nach draußen mit einem Betreuer (Vermessungsingenieur)
ins Auto geladen: Tachymeter, GPS-Gerät, Protokollblock, Absperrband, Warnweste
10:00 Uhr: Los geht's. Der fährt so schnell!
10:30 Uhr: vor Ort, Weste an, Geräte vorbereiten, Gelände uneben, mühsam zu justieren
Betreuer redet viel, dabei hat er alles schon gestern erklärt
heute zum ersten Mal allein am Tachymeter, kalte Finger!
süßer Hund verheddert sich in Tachymeter-Beinen, Schmidt kennt Frauchen
11:00 Uhr: Baustellenautos stören wiederholt, wir sperren ab mit Band ..

Tagesbericht für Dienstag, den ____________________

____

____

____

2 **Im folgenden Auszug aus Medihas Notizen sind drei Namen unterlegt. Notiere neben jedem Namen den Buchstaben der richtigen Funktionsbezeichnung.**

In einer Praktikumsmappe empfiehlt es sich, die Personen nur mit **Funktionsbezeichnungen** zu nennen, z. B.: „mein Praktikumsbetreuer" statt „Peter Sch." oder „Herr Schmidt".

☐ A Büroleiterin ☐ B Kundin/Auftraggeberin ☐ C Praktikumsbetreuer

13:30 Uhr: letzte Vorbereitungen für Termin mit Frau Falke (____): (holt heute interaktive Karte ab, die sie für Touristen-Infobüro in Auftrag gegeben hat)
Herbert (____) (betreut mich jetzt seit Do) testet, ob Programm startet, ich plotte Infobroschüre in DIN A3 aus,
Frau Groß (____) kommt vorbei, will Infos zum Auftrag für die Rechnung, beeindruckend, wie gut sie über alles auf dem Laufenden ist, obwohl sie das ganze Büro leitet
14:00 Uhr: Frau Falke ist sehr zufrieden mit unserer Präsentation und dem Programm

3 **Verbinde je zwei Sätze zu einem Satzgefüge:**
Verwende dabei die vorgegebenen Verknüpfungsarten (▶ S. 68)
und achte auf das richtige Tempus für einen Tagesbericht.
Tipp: Vorvergangenes steht im Plusquamperfekt.

Durch **treffende Verknüpfungswörter** kannst du die logischen Zusammenhänge deutlicher machen.

A 14:30 Uhr: Ich gebe die heute Morgen gemessenen Daten in den Computer ein. Das Programm kann die Daten der alten Karte mit den aktuellen Ergebnissen vergleichen. final

____

____

B Mein Praktikumsbetreuer überprüft die Eingaben. Als Praktikantin soll ich keine Verantwortung tragen. kausal

____

____

C Der Übertrag der Daten in das 3D-Programm gelingt mir. Ich bitte eine Mitarbeiterin um Hilfe. temporal

____

____

D 15:00 Uhr: Der Leiter des Ingenieurbüros bittet mich, zwischendurch einem Kunden einen Vorschlag für eine 3D-Karte zu unterbreiten. Der Kunde will eine normale Karte beauftragen. konzessiv

____

____

4 **Dieser Abschnitt aus Medihas Tagesbericht muss noch überarbeitet werden.**
a **Streiche Gefühle und persönliche Wertungen durch.**
b **Markiere umgangssprachliche Wendungen grün und notiere Formulierungen in angemessener Sprache am Rand.**
●●● **c** **Verfasse im Heft eine Verbesserung. Achte dabei auch auf das richtige Tempus.**

Jeden Dienstag um 16:30 Uhr gibt's hier eine Teamsitzung im Besprechungsraum. Ich konnte nicht glauben, was da an Kaffee weggehauen wurde. Heute war der Projektleiter auf Kundengespräch, deshalb hat mein Betreuer versucht, das Gerede halbwegs sinnvoll zu strukturieren. Es ging drum, ob es ein bestimmtes neues Computerprogramm für das Team bringt. Zwei Mitarbeiter fahren total darauf ab, zwei andere hatten, glaube ich, keine Ahnung, worum es überhaupt geht, und eine konnte nichts an dem neuen Programm finden. Entschieden wurde nichts, weil der Projektleiter fehlte. Ich habe mich, ehrlich gesagt, gefragt, warum sie sich dann überhaupt getroffen haben. Danach wurde bis Dienstschluss um 17:00 Uhr noch über den normalen Kram der Woche gesprochen, wer was machen muss und so ...

stattfinden

5 **Schreibe einen vollständigen Tagesbericht über Medihas Praktikumstag in dein Heft.**

Eine kritische Beurteilung (Reflexion) ausformulieren

1 Nicht alle der folgenden Fragen gehören in eine kritische Beurteilung der Praktikumserfahrungen. Streiche ungeeignete Fragen durch.

Füge am Schluss deiner Praktikumsmappe eine Reflexion ein. Werte die Arbeitssituation und deine persönlichen Erfahrungen in dieser Situation kritisch aus: Was ist gelungen? Was nicht?

A In welchem Bereich musste ich meine Erwartungen an das Berufsfeld weitreichend ändern?

B Welches war meine wichtigste Erfahrung während des Praktikums?

C Waren meine Eltern mit dem Praktikum zufrieden?

D Welche Tätigkeiten habe ich schnell gelernt? Welche haben mir zu viel abverlangt?

E Worüber hätte ich im Praktikum gerne mehr erfahren?

F Wie war der Austausch mit meinen Mitschülern während des Praktikums?

G Ist es mir schwergefallen, statt in die Schule zur Arbeit zu gehen?

H Wie sah meine Verpflegung während des Praktikums aus?

I Hat sich mein Berufswunsch durch das Praktikum bestätigt oder verändert?

J War die Vorbereitung bzw. Betreuung des Praktikums durch die Schule hilfreich?

2 Notiere zu jedem Gliederungspunkt die Buchstaben der dazu passenden Fragen von Aufgabe 1.

1 Wichtige persönliche Erfahrungen (Was habe ich gelernt?): ____________________

2 Persönliche Auswertung (Wurden meine Erwartungen erfüllt?): ________________

3 Kritik/Verbesserungsvorschläge (Was ist gut/weniger gut gelaufen?): ___________

4 Auswirkungen auf Ausbildungsziel (Könnte ich mir vorstellen, in diesem Beruf zu arbeiten?): ____________

3 Verfasse im Heft eine Reflexion für Medihas Praktikumsmappe: Lies zuerst den folgenden Dialog und unterstreiche alle für die Auswertung sinnvollen Aussagen.
Tipp: Achte beim Schreiben auf eine sachliche Sprache.

Achte auch in der kritischen Beurteilung auf **genaue und angemessene Formulierungen,** also z. B. nicht „Das Praktikum war echt locker", sondern: „Ich konnte meine Aufgaben in der verfügbaren Zeit gut bewältigen."

Linus: Hallo, Mediha, wie war dein Praktikum?

Mediha: Hi, insgesamt voll gut. Mein Betreuer war super nett und auch die anderen Mitarbeiter waren echt lässig. Ich hatte immer was zu tun und konnte alles fragen, was mir unklar war.

Linus: Super. Ja, das war bei mir auch so. Nur die ersten paar Tage war ich total gestresst. Der einzige Jugendliche zu sein, fiel mir echt schwer. In der Schule hänge ich halt immer mit meinen Freunden zusammen. Aber dann haben mich vor allem die verschiedenen Datenverarbeitungsprogramme mega fasziniert.

Mediha: Ja, mich auch. Obwohl ich auch gemerkt habe, dass ich in Mathe ziemliche Lücken habe. Und insgesamt war mir vor meinem Praktikum nicht klar, wie viel Technikwissen man als Geomatikerin so braucht. Ich hatte nur überlegt, dass man da viel draußen ist. Stimmt ja auch! Gelernt habe ich, wie man mit Kunden spricht. Das hat mir Spaß gemacht.

Linus: Spannend. Das habe ich leider gar nicht mitbekommen. Ich war nur am Computer oder draußen bei den Vermessungen. Aber ich weiß jetzt jedenfalls, dass der Job was für mich wäre.

Mediha: Da bin ich mir noch nicht so sicher. Ich mach vielleicht noch ein Praktikum ganz woanders.

Argumentieren

Eine Pro-und-Kontra-Erörterung verfassen

Information **Argumentieren: These, Argument, Stützung**

In einer Erörterung argumentierst du zu einer **Streitfrage,** die zu einem bestimmten Thema gestellt ist, z. B.: *Soll in der Schulmensa Fastfood angeboten werden?* Bist du **dafür (pro) oder dagegen (kontra)?** Formuliere dazu eine These und untermaure diese durch überzeugende Argumente (Begründungen) und Stützungen, z. B.:

- **These** (Behauptung, Wunsch, Forderung): *Fastfood darf in Schulen keinesfalls angeboten werden, ...*
- **Argument:** ... *weil es der Gesundheit Heranwachsender in besonderer Weise schadet.*
- **Stützung:** *Pommes Frites beispielsweise enthalten zu viel schädliches Fett und fördern Übergewicht.* **Überzeugende Stützungen** sind z. B. genauere Erläuterungen zu einem Argument, Beispiele aus der eigenen Erfahrung, Belege (z. B. aus der Zeitung) oder Zitate (z. B. von Experten).

Bewusst ernähren: Fastfood oder lieber kein Fastfood?

1 **Lies die folgenden Kommentare aus einem Internetforum für Schüler/-innen, die sich auf die in der Überschrift genannte Streitfrage beziehen.**

17. 03. 20xx — Eingestellt von **MaX_1** um 19:15 Uhr

Hipper Lifestyle oder Risiko für die Gesundheit?

Habt ihr das auch schon einmal bemerkt? Wo man geht und steht: Fastfood-Angebote. Vor dem Kaufhaus steht eine Bude mit Currywurst, Kebab gibt's an jeder Ecke und auch im Fernsehen flimmert ständig Fastfood-Werbung. Natürlich habe ich auch schon Fastfood gegessen! Manche meiner Freunde sagen, Fastfood schade der Gesundheit, aber auch der Umwelt. Andere behaupten, dass sie sich davon ernähren und mindestens einmal pro Woche in ein Fastfood-Restaurant essen gehen. Also, was nun? Soll man auf Fastfood verzichten oder nicht?

Kommentar schreiben

Milli (17. 03. 20xx, 19:17 Uhr) — ☐ pro ☐ kontra

Ich finde Fastfood gut, weil es uns Schülern, aber auch Berufstätigen, die Möglichkeit gibt, in einer kurzen Mittagspause zu essen. In unserer schnelllebigen Welt haben viele doch kaum noch Zeit fürs Essen. Dann doch lieber Fastfood als nichts. Außerdem gilt: Geht schnell und kostet wenig!

Fast-NoGo 17. 03. 20xx, 19:40 Uhr — ☐ pro ☐ kontra

Ich halte Fastfood für gefährlich, weil es meist ungesund und oft von schlechter Qualität ist. Es ist einfach nicht dasselbe wie frische Lebensmittel, die mit Sorgfalt zubereitet wurden. Ich habe z. B. die Erfahrung gemacht, dass ich mich nach dem Essen von Fastfood einfach nicht mehr gut fühle und schnell wieder Hunger bekomme. Wissenschaftliche Studien der Universität Ulm bestätigen dies: Fastfood kann gerade bei Heranwachsenden Allergien auslösen und liefert kaum wertvolle Nährstoffe.

Maria 17. 03. 20xx, 20:01 Uhr — ☐ pro ☐ kontra

Ich bin froh, dass es Fastfood gibt. Die unterschiedliche Auswahl bei den verschiedenen Ketten ermöglicht mir abwechslungsreiche Mittagessen. Ich genieße es aber trotzdem in Maßen, dann ist es nicht wirklich ungesund. Der bekannte Ernährungswissenschaftler Udo Pollmer hat in mehreren Zeitungsinterviews hervorgehoben, dass Fastfood-Esser nicht dicker oder kränker seien als andere.

Heinzelmann 17.03.20xx, 20:14 Uhr ☐ pro ☐ kontra

Ich lehne Fastfood ab, denn es zerstört die Esskultur. Messer und Gabel, eine ordentliche Serviette, eine Tischdecke, Zeit und Gespräche gehören doch auch zu einem schönen Essen dazu. Bei uns setzt man sich gemeinsam mit der Familie oder im Freundeskreis an den Esstisch. Wir reden über den Tag, über aktuelle Ereignisse und haben einfach mal Zeit füreinander. Zudem setzt man sich für Fastfood ja kaum mal hin. Man isst teilweise im Stehen, schnell und allein. Außerdem produziert man Unmengen an Müll.

MaX_1 17.03.20xx, 20:36 Uhr ☐ pro ☐ kontra

@ Heinzelmann: Das sehe ich aber ganz anders. Wir verabreden uns gern in Fastfood-Restaurants. Da trifft man oft die halbe Klasse. In ungezwungener Atmosphäre können wir dort quatschen, solange wir wollen. Außerdem sind da auch viele Familien mit Kindern. Natürlich muss man das Zeug, das dort angeboten wird, nicht andauernd essen. Wie überall gilt auch hier: In Maßen genießen.

2 **a** **Markiere in den Kommentaren Thesen orangefarben, Argumente grün und Stützungen blau.**
b **Kreuze für jeden Kommentar den Standpunkt an: Argumentiert er pro oder kontra Fastfood?**

3 **Nutze die folgende Übersicht zur Stoffsammlung:**
Trage deinen Standpunkt ein und notiere dazu passend in der linken Spalte drei Pro- und in der rechten Spalte drei Kontra-Argumente.

Mein Standpunkt: *Ich bin für/gegen* ______

Pro-Argumente	Kontra-Argumente
-	-
-	-
-	-

4 **a** **Notiere zu jeder Art von Stützung Zeilenangaben für einen passenden Textbeleg aus den Kommentaren von Aufgabe 1.**

A eigene Erfahrung: *Z.* ______

B Erläuterung zu einem Argument: ______

C Beleg (z. B. Zeitung): ______

D Zitat von Experten: ______

b **Verknüpfe jede Stützung sprachlich so mit einem Argument von Aufgabe 3, dass es überzeugend wirkt. Nutze die angebotenen Formulierungen als Anregungen und schreibe ins Heft.**

Dies zeigt/belegt eine Aussage von … • Jeder von uns hat sicher auch schon einmal erlebt, dass … • Dies zeigt/beweist (sich) zum Beispiel (an) … • Unterstützend lässt sich … heranziehen, … • Nicht zuletzt … bestätigt/beweist, … • beispielsweise • Erst neulich las ich in …, • …, wie eine Studie von … darlegt.

Information **Schreibplan: Eine Pro-und-Kontra-Erörterung verfassen**

Aufbau:

- Nenne in der **Einleitung** den Anlass/die Absicht deiner Stellungnahme oder wecke Interesse für das Thema, z. B.: *Mit Interesse habe ich ...; Im Forum wird die spannende Frage diskutiert, ob ...* Leite abschließend zum Hauptteil über, indem du auf die Streitfrage eingehst, z. B.: *Im Folgenden möchte ich das Für und Wider ... darlegen; Deshalb stellt sich die Frage ...; Im Folgenden möchte ich die Vor- und Nachteile ..; Es lohnt sich, darüber nachzudenken, was für und was gegen ...*
- Führe im **Hauptteil** der Erörterung Pro- und Kontra-Argumente (und Stützungen) an und ziehe abschließend ein Fazit, in dem du deinen Standpunkt deutlich darlegst. Die Argumente können unterschiedlich angeordnet werden:

1 **Pro-und-Kontra in Blöcken:** Hier werden die Pro- und Kontra-Argumente (und Beispiele) blockweise gegenübergestellt: zuerst die Gegenposition, dann die der eigenen Position. Das überzeugendste Argument steht am Schluss.

2 **Fortlaufender Pro-und-Kontra-Aufbau:** Hier führst du Argumente (und Stützungen) für und gegen deinen Standpunkt im laufenden Wechsel an. Die Gegenargumente kannst du sofort entkräften. Du kannst aber auch vor einem Wechsel mehrere Pro- oder Kontra-Argumente aufeinanderfolgen lassen.

Pro-und-Kontra in Blöcken
(Sanduhr-Prinzip)

Gegenposition
Argument 1
Argument 2
...
Eigene Position
Argument 1
Argument 2
...
Fazit

Fortlaufender Pro-und-Kontra-Aufbau:
(Pingpong-Prinzip)

Argument **pro**
Argument **kontra**
Argument **pro**
Argument **kontra**
...
Fazit

- **Fazit:** Runde am **Schluss** das Thema mit einem weiterführenden Gedanken ab (z. B. Wunsch, Vorschlag oder Empfehlung). Der Schluss darf keine neuen Argumente enthalten.

5 **Boris und Lena möchten MaX_1 antworten, sie haben bereits Einleitungen verfasst.**

a **Kreuze die Einleitung an, die nicht gelungen ist.**

b **Streiche in der Begründung unten Unpassendes.**

c **Formuliere für die gelungene Einleitung eine Überleitung zum Hauptteil der Erörterung.**

Boris ☐ MaX_1 hat zweifelsfrei Recht, wenn er im Internetforum darauf hinweist, dass es an jeder Ecke eine Currywurst, Döner oder einen Burger zu kaufen gibt.
Ich mag beides nicht, liebe aber Pommes frites. Ich finde, davon kann es gar nicht genug geben. Jeder Widerspruch ist zwecklos!

Lena ☐ Die Beobachtung, die MaX_1 im Internetforum beschreibt, kann ich bestätigen. Burger, Döner oder Pommes gibt es auch hier bei uns an fast jeder Straßenecke. Nicht selten ist dieses Angebot sehr willkommen. Aber man liest oder hört auch oft, dass Fastfood nicht gesund sei. Das schafft tatsächlich Verunsicherung.

Begründung: Die Einleitung von Boris / Lena ist nicht gelungen. Sie geht zwar auf den Sinn / Anlass des Kommentars ein, weckt aber gar kein Interesse daran, über die Vor- und Nachteile / den Nährstoffgehalt des Konsums von Fastfood nachzudenken. Außerdem leitet sie keine / eine Stellungnahme ein, weil sie lediglich eine begründete / unbegründete Behauptung aufstellt.

Überleitung zum Hauptteil: ______________________________

____

____

6 **Nutze die Stoffsammlung zur Streitfrage „Soll man Fastfood essen?“ von Aufgabe 3 (S. 24) und arbeite dazu im Heft eine Gliederung mit fortlaufendem Pro-und-Kontra-Aufbau aus: Nenne zwei überzeugende Argumente (mit Stützungen) für den Verzehr von Fastfood und entkräfte zwei Gegenargumente (mit Stützungen).**

7 **In dem folgenden Ausschnitt aus dem Hauptteil einer Erörterung fehlen sinnvolle Verknüpfungen: Überarbeite den Textauszug, indem du die angebotenen Formulierungen verwendest. Du musst den Text dafür umformulieren. Schreibe die verbesserte Fassung ins Heft.**

Diesem unbestrittenen Vorteil lassen sich deutliche Nachteile gegenüberstellen: ... • weil • Als Beleg lässt sich anführen, dass ... • denn • Untersuchungen ... zeigen zweifelsfrei, dass ...

Liebhaber wissen einen schnellen Happen zwischendurch zu schätzen. Es sind oft Menschen, die wenig Zeit haben. Jn den vielen Fastfood-Ketten und Schnellimbissen bekommt man rasch eine Mahlzeit. Das haben wir alle schon erlebt. Gegner warnen vor dem Genuss von Fastfood. Sie weisen darauf hin, dass es oft keine gute Qualität habe. Wissenschaftliche Studien der Universität Ulm belegen den geringen Gehalt an wertvollen Nährstoffen.

8 **Formuliere ein Fazit aus, das deinen Standpunkt zum Ausdruck bringt: Verwende das folgende Formulierungsbeispiel.**

Obwohl ..., finde ich es dennoch sinnvoll / bin ich dennoch der Meinung, ..., denn ...

9 **Schreibe einen Schluss. Verwende dafür eines der angebotenen Formulierungsbeispiele.**

Wenn ich die Argumente für und gegen den Konsum von Fastfood abwäge, dann komme ich zu dem Schluss, dass ... • Sicherlich kann man einwenden, dass ... Jedoch darf man nicht übersehen, dass ... • Ein sinnvoller Kompromiss könnte sein, dass man ...

10 **Schreibe einen vollständigen Kommentar für das Internetforum (S. 23 f.), der auf die Vor- und Nachteile des Konsums von Fastfood eingeht: Erörtere den Standpunkt, den du für die Gliederung bei Aufgabe 3 auf Seite 24 festgelegt hast. Schreibe in dein Heft. Die folgenden Formulierungen helfen dir dabei.**

Ein Argument für/gegen ... • Ein weiterer Gesichtspunkt ... • Hinzu kommt ... • Dafür/Dagegen spricht ... • Untersuchungen/Umfrageergebnisse zeigen ... • Als Beispiel/Beleg lässt sich anführen, dass ... • Dies bedeutet ... • Viele meinen zwar, ..., aber aus meiner Sicht ... • Es ist zwar nachvollziehbar, wenn ... Aber viel entscheidender ist doch ... • Den positiven/negativen Aspekten (Vorteilen/Nachteilen) steht jedoch eine ganze Reihe ... gegenüber ... • Obwohl das angeführte Argument deutlich zeigt, dass ..., gibt es ebenso gute Gründe für ...

11 ●●● **Verfasse im Heft eine vollständige Pro-und-Kontra-Erörterung, die in Blöcke gegliedert ist (Sanduhr-Prinzip).**

Erörtern im Anschluss an einen Sachtext

Methode **Die Textvorlage analysieren**

Die Erörterung im Anschluss an einen Text verlangt eine **gründliche Auseinandersetzung mit dem Text** (Textanalyse). Erst dann ist eine fundierte Stellungnahme möglich.
Die folgenden **Leitfragen** helfen dir, einen Text zu erschließen:

- Um welches **Thema** geht es? Welche Standpunkte (Thesen) werden vertreten?
- Ist die **Argumentation** überzeugend? Mit welchen Stützungen (Beispielen, Belegen …) werden die Argumente untermauert? Werden Gegenargumente genannt (entkräftet)?
- Werden auffällige **sprachliche Gestaltungsmittel** (z. B. Aufzählungen, Ellipsen/unvollständige Sätze, Pronomen, Appelle) verwendet? Wie wirken sie auf die Leser?
- Welche **Absicht** verfolgt der Text?

1 **Überfliege den folgenden Sachtext und gib stichwortartig wieder, worüber hier informiert wird.**

Thema/Problem: ______________________________

____

Weniger ist mehr: Mehr Fleisches-Lust – statt Billig-Wurst

von Ulrike Höfken

Sommerabend, Freunde und Familie, etwas Schönes zum Trinken, der Grill in der Mitte – für viele von uns ist dieses Szenario ohne Würstchen oder Steak nicht denkbar. Das ist ja auch okay. Über die Konsequenzen, die unser Ernährungsverhalten für Klimaschutz und Hungerbekämpfung hat, müssen wir nicht in jeder Sekunde nachdenken. Aber sie müssen gezogen werden, wenn auch nicht unbedingt durch einen Verzicht aufs Grillen. Dazu bleiben ja auch noch ein paar andere Wochentage. Außerdem sind die Brutzel-Produkte oft mangelhaft, wie ein Test der Stiftung Warentest nachgewiesen hat. Und die Bilder geschundener Schweine oder Hühner, die man häufig in den Medien findet, passen auch nicht recht zum Grillvergnügen. Was ist zu tun?

1. These: Ernährungsverhalten muss Konsequenzen haben

Weniger, aber dafür qualitativ besseres Fleisch und bessere Wurst aus artgerechter oder ökologischer Haltung zu kaufen, ist ein erster Schritt. Artgerechte Tierhaltung steht nicht nur für gute Lebensbedingungen für die Tiere, sie verzichtet u. a. auch auf Antibiotika und minimiert so Rückstände. Eine 2013 im Auftrag der Bundestagsfraktion Bündnis 90/Die Grünen in Auftrag gegebene Studie belegt, dass bereits viele Bakterien infolge des erhöhten Medikamentenkonsums durch Fleischverzehr multiresistent sind. Auf dem Grill kann stattdessen Schafskäse liegen, Tofu, Pilzspieße mit Frischkäsefüllung oder leckeres Gemüse: Dann sind eigentlich alle glücklich.

2. These:

Die zweite Frage ist, ob es immer und jeden Tag Fleisch sein muss. Wir Deutschen essen viel zu viel Fleisch, nämlich viermal so viel, wie Ernährungswissenschaftler empfehlen. Das schadet nicht nur unserer eigenen Gesundheit, sondern auch dem Klima und der biologischen Vielfalt. Laut Weltklimarat und Welternährungsorganisation stammen 18 Prozent der globalen Treibhausgase aus der Tierhaltung. Die Erzeugung von einem Kilo Fleisch setzt bis zu 45-mal mehr Kohlendioxid frei als die Erzeugung der gleichen Menge Gemüse. Importierte Futtermittel wie (gentechnisch verändertes) Soja, Grundlage der Massentierhaltung in Europa, gefährden die grüne Lunge der Erde – das Amazonasgebiet. Fast ein Fünftel der Regenwälder dort ist in den letzten 40 Jahren gefällt worden, vorwiegend für den Futtermittelanbau. Experten befürchten Verluste von weiteren 20 Prozent in den nächsten 20 Jahren. Die Folgen sind, dass weitere riesige Mengen CO_2 freigesetzt werden und eine einmalige Artenvielfalt unwiederbringlich verloren geht.

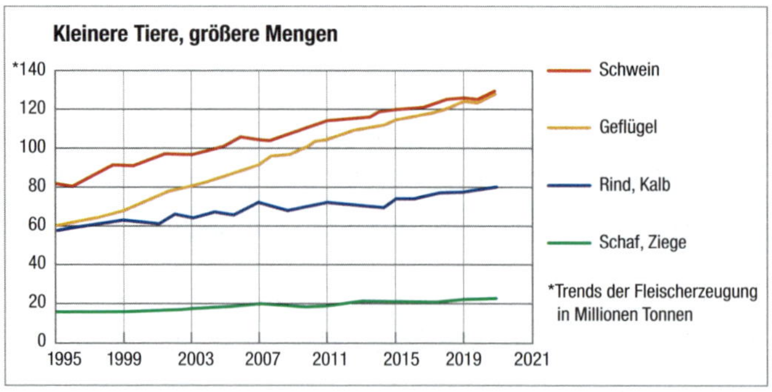

Unser überhöhter Fleischkonsum gefährdet aber auch die weltweite Ernährungssicherheit, viel mehr als z. B. Biotreibstoff. Auf rund einem Drittel der Weltagrarfläche werden heute Futtermittel angebaut. Bis zu neun Kilogramm Getreide sind nötig, um ein Kilogramm Fleisch zu produzieren. Diese Flächen werden dringend zur Versorgung der Bevölkerung vor Ort benötigt. Der agrarindustrielle Futtermittelanbau führt zu Landvertreibungen und Menschenrechtsverletzungen. Immer mehr Masse zu erzeugen, mit Gentechnik oder Pestiziden, ist keine Lösung, sondern führt zu noch mehr Bodenzerstörung und Wasserverseuchung.

Eine internationale neue Lebensstil-Bewegung setzt Zeichen – für Qualität und guten Konsum, mehr Ernährungsgerechtigkeit, gegen Klimazerstörung und Tierquälerei. Ein Tag ohne Fleisch: Den „Veggie-Day" unterstützen viele Jugendliche, Universitäten, Prominente sowie besonders die Städte Bremen oder Gent. Also los: Alle Schul- und Firmenkantinen sollten ihn ebenfalls unterstützen. Und wir alle privat. Ohne Zwang oder erhobenen Zeigefinger, sondern durch ein richtig gutes vegetarisches Angebot, nicht immer nur Milchreis oder Restgemüse. Und durch mehr Bio und bessere Qualität im Gesamtangebot. Wir alle sind zunehmend mehr auf Kantinen angewiesen, da sollten wir stärker darauf achten, was dort angeboten wird und auch, wie und wo die „Lebens-"Mittel denn erzeugt werden.

Ulrike Höfken ist Politikerin und seit 2011 Ministerin für Umwelt, Landwirtschaft, Ernährung, Weinbau und Forsten des Landes Rheinland-Pfalz.

Quelle: www.theeuropean.de/mehr-fleisches-lust-statt-billig-wurst (aufgerufen am 10.11.2014)

2 **Was weißt du bereits über das Thema des Textes „Weniger ist mehr: …"? Hast du z. B. eigene Erfahrungen mit fleischfreien Mahlzeiten gemacht? Notiere stichwortartig.**

3 **Lies den Text ein zweites Mal gründlich:**

a Unterstreiche Thesen orangefarben, Argumente grün und Stützungen blau. Mache in der Randspalte Notizen zu den Kerngedanken der Argumentation, z. B. *1. These, …*

b Erkläre in der Randspalte die Funktion, die die Grafik hat.

c Fasse die Absicht von Ulrike Höfken zusammen.

Arbeite mit dem Text: Unterstreiche oder markiere Informationen und Auffälligkeiten. **Nutze die Randspalte** für Notizen (Beispiel: S. 27, 1. Absatz).

Die Autorin möchte erreichen, dass jede/r Einzelne durch sein Ernährungsverhalten etwas zum Schutz der Umwelt beiträgt, indem sie/er ______

4 **Beschreibe die sprachliche Gestaltung des Textes und deren Wirkung.**

Information **Schreibplan für eine Erörterung im Anschluss an einen Text**

Die Erörterung im Anschluss an einen Text (textgebundene Erörterung) entsteht in Anlehnung an eine Textvorlage (z. B. Zeitungstext), in der eine strittige Frage behandelt oder ein Problem angesprochen wird. Sie kann Aufgabe in einer **Klassenarbeit** sein.

Aufbau einer Erörterung:

- Mache in der **Einleitung** Angaben zur Textvorlage (Titel und Thema des Textes, Autor/-in und Textquelle).
- Beantworte im **Hauptteil** die konkrete Aufgabenstellung: Sie gibt an, unter welchen Gesichtspunkten du dich mit dem Text auseinandersetzen sollst (z. B. *Chancen und Probleme von ..., Vor- und Nachteile von ...).*
  In der Regel besteht der Hauptteil aus zwei Teilen:
  - **Textanalyse** (▶ S. 27 f.),
  - **Erörterung:** Stellungnahme zu den Hauptargumenten des Textes (begründete Darlegung von Zustimmung, Widerspruch oder teilweiser Zustimmung).
- Fasse am **Schluss** deine Position zusammen und ziehe ein **Fazit,** gib z. B. eine Empfehlung.

Schreibe sachlich und im **Präsens.**

5 a **Der Sachtext „Weniger ist mehr: ...“ auf Seite 27 f. wurde im Deutschunterricht gelesen und diskutiert: Lies die Beiträge der Schüler/-innen.**

Ich lasse mir nicht vorschreiben, ob oder wann ich Fleisch essen darf. Es schmeckt mir gut und außerdem liefert es dem Körper Eisen und Vitamin B 12. Miri z. B. lebt vegan, sie muss Nahrungsergänzungsmittel nehmen.

Luise: ☐ pro ☐ kontra

Ich finde, dass Ulrike Höfken Recht hat. Es geht doch gar nicht darum, dass du kein Fleisch mehr essen sollst, sondern einfach weniger, weil dies dem Klima und der biologischen Vielfalt helfen würde.

Marlene: ☐ pro ☐ kontra

Zumindest ein fleischloser Tag könnte doch eine Alternative zum totalen Verzicht sein. Die Deutsche Gesellschaft für Ernährung empfiehlt maximal etwa 300 bis 600 Gramm Fleisch und Wurst pro Woche. Wir hier in Deutschland essen im Schnitt aber etwa viermal so viel.

Valentin: ☐ pro ☐ kontra

Fleischgegner fordern, man solle lieber Getreide für Menschen anbauen statt Futtermittel. Aus Erdkunde weiß ich jedoch, wie kurzsichtig das ist: Eine ökologisch verantwortungsbewusste Rinderhaltung bindet Kohlenstoff und kann durch den Stoffkreislauf ausgelaugte Böden sogar heilen.

Paul: ☐ pro ☐ kontra

b **Formuliere unten die Streitfrage, zu der hier argumentiert wird.**

c **Kreuze für jede Äußerung an, welche Position zur Streitfrage vertreten wird: pro oder kontra?**

Streitfrage: ____

____

6 **Was du als „Chance“ bzw. „Problem“ darstellst sowie die Empfehlung hängen von deiner Position ab. Welche Position vertrittst du? Kreuze an.**

- ☐ Ich **stimme** Ulrike Höfken **völlig zu:** ...
- ☐ Ich **stimme** Ulrike Höfken **teilweise zu:** ...
- ☐ Ich **widerspreche** Ulrike Höfken **vollkommen:** ...

Die **Aufgabenstellung** könnte z. B. so lauten:
Stelle den/die Kerngedanken des Textes dar und erkläre, welche Absicht die Autorin verfolgt. Erörtere dann Chancen und Probleme von ... und sprich am Schluss eine Empfehlung aus.

7 **Ordne die bis hierher zusammengetragenen Argumente für eine Stoffsammlung: Trage stichwortartig je zwei Argumente ein, die deine Position (s. Aufgabe 5, S. 29) stützen oder die du entkräften willst.**

Was spricht für, was gegen einen fleischfreien Tag?	
Gründe (+ Beispiele) **dafür (pro)**	Gründe (+ Beispiele) **dagegen (kontra)**
-	-
-	-

8 **Setze die Einleitung fort, indem du das Thema der Textvorlage von Seite 27 f. zusammenfasst.**

Welche Folgen unser Fleischkonsum für den Rest der Welt hat, ist ein stetiges Diskussionsthema in den Medien und in der Politik. In dem Text „Weniger ist mehr: Mehr Fleisches-Lust – statt Billig-Wurst“, der auf der Website des Debatten-Magazins „The European“ (aufgerufen am 10. 11. 2014) veröffentlicht wurde,

ruft Ulrike Höfken dazu auf, ______________________________

____

____

9 **Setze den Hauptteil fort, indem du unter Verwendung deiner Stoffsammlung die Vor- und Nachteile eines fleischfreien Tages erörterst: Nutze die Verknüpfungsbausteine im folgenden Lückentext.**

Kerngedanken des Textes: Ulrike Höfken vertritt die Position, dass in Deutschland viel zu viel Fleisch gegessen wird. Die Politikerin fordert eine umweltbewusstere Haltung aller Bürgerinnen und Bürger. Ihre Absicht ist es, Zustimmung für die Einführung eines fleischfreien Tages zu gewinnen. Zumindest in Schulmensen und öffentlichen Kantinen sollte dieser ihrer Ansicht nach verpflichtend sein, um den Fleischkonsum dauerhaft zu senken.

Verknüpfungsbausteine für Argumente oder Beispiele/Belege:
Ich stimme ... zu. • Einwenden möchte ich jedoch ... • Wenn ..., ist dies zwar nachvollziehbar, aber viel entscheidender ist doch ... • Richtig ist ..., aber ... • Als Beispiel/Beleg lässt sich anführen, ... • Dies zeigt sich z. B. in ... • Auch meiner Erfahrung nach ... • Das sieht man beispielsweise auch daran, dass ... • Experten haben festgestellt ... • Dies lässt sich auch belegen durch ...

Erörterung (Vor- und Nachteile): Ulrike Höfken hebt zu Beginn des Textes besonders hervor, ______________________

____

____

____

Einwenden möchte ich jedoch, ______________________________

____

____

Wenn im Text ______________________________ als Begründung

für einen fleischfreien Tag angeführt wird, ist dies zwar nachvollziehbar, aber viel entscheidender ist doch ______

____

____

Richtig ist die Aussage der Autorin, derzufolge ______________________________,

aber sie blendet aus, dass ______________________________

____

10 **Fasse am Schluss deine Position zusammen: Ziehe ein Fazit und sprich eine Empfehlung aus.**

____

____

____

11 **Verfasse eine vollständige Erörterung zu folgender Aufgabenstellung:**

Stelle die Kerngedanken des Textes auf den Seiten 27 bis 28 dar und erkläre, welche Absicht die Autorin verfolgt. Erörtere die Vor- und Nachteile eines fleischlosen Tages und sprich am Schluss eine Empfehlung aus.

12 ●●● **Arbeite die Checkliste für die Überarbeitung einer Erörterung im Anschluss an einen Text aus. Streiche im Rahmen jeweils Unpassendes.**

- Enthält deine **Einleitung** Angaben zur Argumentation / Textvorlage und führt ins Thema ein?
- Beinhaltet dein **Hauptteil** zuerst / abschließend eine Textanalyse (Kerngedanken, Absicht) und dann / oder eine Erörterung (kritische / zusammenfassende Auseinandersetzung mit den Argumenten der Textvorlage)?
- Stellst du am **Schluss** den Standpunkt des Autors / deinen Standpunkt in einem Fazit dar?
- Hast du den Zusammenhang der Argumentation sprachlich durch Verknüpfungen / Zitate gezeigt?
- Sind Rechtschreibung und Textlänge / Zeichensetzung in Ordnung?

Einen Sachtext analysieren

Methode **Einen Sachtext analysieren**

Erschließe den Sachtext zunächst, indem du ihn genau liest, unbekannte Wörter klärst, dir das Thema des Textes klarmachst und Sinnabschnitte sowie Schlüsselwörter und zentrale Aussagen markierst. Untersuche (analysiere) dann folgende Aspekte des Textes:

1 **Aussageabsicht (Intention)**
Sachtexte können verschiedene Aussageabsichten (Intentionen) haben. Sie wollen ihre Adressaten z. B. informieren, überzeugen, beeinflussen, zu etwas aufrufen (appellieren) oder zu etwas verpflichten. Mit der Aussageabsicht ist oft eine bestimmte Textart verbunden (z. B.: Nachricht → Informieren, Vertrag → Verpflichten ...). Prüfe:
- Welche **Intention(en)** hat der Text?
- Liegt eine bestimmte **Textart** vor (z. B. Reportage, Nachricht, Kommentar, Rede ...)?

2 **Thema / Inhalt und Gedankengang / Argumentation**
- Auf welches **Thema** konzentriert sich der Text? Was sind die **Hauptaussagen/Thesen?**
- Wie ist der **Gedankengang** des Textes?
Bei argumentierenden Texten: Welche Argumente und Stützungen werden angeführt?

3 **Sprachliche Gestaltungsmittel und ihre Wirkung**
- Wortwahl, z. B. umgangssprachliche Formulierungen, Anglizismen, Fachbegriffe/Fremdwörter,
- sprachliche Mittel wie z. B. Metaphern, Vergleiche, Wiederholungen, rhetorische Fragen.

Schritt 1: Den Text lesen und verstehen

1 a **Lies die Überschrift der folgenden Reportage und überfliege die ersten beiden Absätze.**
b **Formuliere kurz und prägnant, mit welchem Thema sich der Autor befasst.**

____

____

____

Die neuen Internationalisten

Viele junge Deutsche helfen in der Dritten Welt: Dient es dem Guten – oder bloß der Karriere?

Von Rudolf Novotny

Als das Gespräch im Szene-Café schon zu Ende ist, hält Marett Klahn einen Augenblick inne, lächelt, und sagt: „Geld ist eben nicht alles. Für mich. Und eigentlich für alle.“ Marett Klahn ist Teil einer neuen Jugendbewegung. Einer, die ganz anders ist als ihre Vorgänger. Die nicht gegen die Regierenden auf die Barrikaden geht, sondern sich massenweise für ein Regierungsprogramm begeistert. Die 68er hatten Sit-ins, die 80er Friedensdemonstrationen, die 90er

die Love-Parade. Die Jugendbewegung des neuen Jahrtausends in Deutschland hat „Weltwärts“.

„Weltwärts“ schickt Jugendliche zwischen 18 und 28 Jahren in die Welt, zu einem unbezahlten, aber zumindest kostenlosen entwicklungspolitischen Freiwilligendienst. Private Hilfsorganisationen stellen die Plätze in ihren Projekten, die Bundesregierung übernimmt die Kosten. Gestartet wurde das Programm 2008 vom Entwicklungshilfeministerium. Kurz darauf brach die Internetseite des Deutschen Entwicklungsdienstes (DED) wegen des Ansturms interessierter Jugendlicher zusammen. Drei Monate später hatten sich allein dort 700 von ihnen ins Blaue auf noch nicht existierende Praktikumsplätze beworben. Bereits nach einem knappen Jahr sind mehr als 10.000 Bewerbungen eingegangen.

Es sind Zahlen, die andeuten, dass „Weltwärts“ mehr ist als ein erfolgreiches Behördenkonzept. Dass es das Lebensgefühl einer neuen Jugendbewegung widerspiegelt: pragmatisch bis zum Opportunismus, unideologisch, global, aber auch mit dem vielleicht etwas naiven Glauben an eine bessere Welt. Einer Jugend, die sich einerseits weltweit engagiert, deren kreativer Elan aber offensichtlich nur bis zum Ausfüllen der Bewerbung für ein Regierungsprogramm reicht.

Doch was treibt so viele junge Deutsche dazu, ein Jahr lang in Problemgebiete der Welt zu gehen? Wer den Erfolg von „Weltwärts“ begreifen will, muss das Lebensgefühl dieser Jugend verstehen. Den Versuch, Karriere und Helfen zu vereinen.

Wie zum Beispiel Lucas Rosenthal. Rosenthal wohnt in Birkenwerder, im Norden Berlins, im Einfamilienhaus bei den Eltern mit Erker und kleinem Teich. Der 18-Jährige geht nach Rio de Janeiro, Straßenkinderprojekte koordinieren. Der Abiturient ist ein höflicher junger Mann, holt den Besuch am Bahnhof ab und fragt, ob duzen okay sei. Zu trinken gebe es leider nur Apfelsaftschorle. Er könne sich vorstellen, später in einer Nichtregierungsorganisation zu arbeiten, sagt Lucas, und dass er die Ellenbogengesellschaften ablehnt. Würde er sich politisch als links einordnen? Lucas überlegt, dann sagt er: „Nicht links, ich würde mich als liberal-sozialdemokratisch bezeichnen.“ Er habe „generell Probleme mit Extremen. Außerdem hat man in der Geschichte gesehen, dass es nicht funktioniert.“

Für Erwin Wilde von Wildemann, Leiter der Entsendegruppe „Weltwärts mit dem DED“, sind Leute wie Lucas „der Grund, warum diese Generation mich sehr stark an meine eigene erinnert“. Wildemann, seit 33 Jahren in der Entwicklungshilfe, hatte in den Jahren vor „Weltwärts“ Nachwuchsprobleme, als die Generationen „Was geht mich das an?“ und „Wie viel Geld gibt's?“ den Ton bestimmten. Und jetzt? Es sei wie damals, „der Gedanke, einfach mal loszuziehen und Solidarität zu üben“.

Als Abiturientin und Frau repräsentiert Marett Klahn etwa 70 Prozent der „Weltwärts“-Teilnehmer. Sie sitzt in einem Café im alternativen Hamburger Schanzenviertel und erzählt aus ihrem Leben. Von Anti-Nazi-Demos, Kraftwerksbesetzungen und unbezahlten Gasrechnungen ihrer Eltern, beide Freie in der Filmbranche. Es hört sich an wie der linksalternative Gegenentwurf zur gediegenen Bürgerlichkeit von Lucas Rosenthal, wie Schanzenviertel gegen Birkenwerder. Aber auch Klahn sagt: „Ich bin Mittelinks, linksliberal. Aber nicht im wirtschaftlichen Sinne, sondern kulturell und gesellschaftlich.“ Wieso nicht links? „Kein Extrem ist gut." Marett Klahn nippt an ihrer Cola light.

Wahrscheinlich ist der wirkliche Unterschied zwischen Marett und Lucas nicht der zwischen bürgerlich und alternativ, sondern eher der zwischen Cola light und Apfelsaftschorle. Ein Unterschied nur in der äußeren Form. Der Unterschied in einer Generation, die sich „in der Mitte zusammenkuschelt", wie es Klaus Hurrelmann, Sozialwissenschaftler und Mitautor der Shell-Jugendstudie, formuliert. Einer Generation, die, so sagt Ulrich Heise, bei der Deutschen Gesellschaft für Technische Zusammenarbeit (GTZ) für Nachwuchsförderung zuständig, „keinen ideologischen Überbau mehr hat". In den Achtzigern geboren, nach dem 11. September 2001 politisiert, hat sie keine Erinnerung an Kommunismus und Sozialismus. Sie war auch zu jung für die Jubelfeier der Marktliberalen in den Neunzigern. Die „Weltwärts"-Jugend ist gerade alt genug, um zu sehen, wie Finanzspekulanten die Weltwirtschaft als Selbstbedienungsladen benutzen. Nur die Unsicherheit der Globalisierung scheint sicher. „Diese Jugend hat keine Garantien mehr", sagt Hurrelmann, „das prägt die Mentalität." Immer später träten die Jugendlichen in die Erwachsenenphase ein. Unentschiedenheit sei die vorherrschende Haltung, ein „Tasten, Fühlen und wenig Bindungsbereitschaft".
Diese Suchbewegung unterscheidet die „Weltwärts"-Jugend von vorherigen Generationen. Die 68er wollten, so viel war klar, eine andere Gesellschaft. Die 90er wollten Spaß. Die neue Jugend hält sich am Pragmatismus fest. Er hat die Ideologie ersetzt, findet sich in der Sprache, den Zielen der Bewegung. „Es ist wichtig, mir bewusst zu machen, dass ich nicht die ganze Welt verändere, aber trotzdem etwas im kleinen Rahmen bewege", sagt Marett, die in einem Kinderdorf in Südindien arbeiten wird. Sie nennt das „Ansprüche nicht aufgeben, aber realistisch bleiben". Andere drücken es drastischer aus. Daniel Erk, Student aus Berlin, selbst kein „Weltwärts"-Teilnehmer, hat für die GTZ in Malawi ein Projekt betreut. „Früher war Entwicklungshilfe ein Abenteuer", sagt Erk, „heute vereint sie drei reizvolle Aspekte: Sinnstiftung, Weltgewandtheit und die Sicherheit einer bürgerlichen Karriere."

Unpolitisch und inkonsequent sei das, kritisieren Altvordere, für die Engagement und Rebellion eins waren. Forscher Hurrelmann warnt: „Dieser starke Pragmatismus kann auch zu Prinzipienlosigkeit führen." Zwar sei das soziale Engagement so hoch wie fast nie zuvor, dabei sei aber auch immer der Gedanke: „Wenn ich mich sozial engagiere, dann will ich auch etwas davon haben."
Hans-Peter Baur ficht das nicht an. Er mag die Jugendlichen, ist begeistert von dem Programm. Kein Wunder: Baur ist Referatsleiter im Entwicklungshilfeministerium, sein Referat hat „Weltwärts" aufgebaut. Vor allem in Deutschland soll das Programm helfen, so Baur, der Entwicklungshilfepolitik eine breitere Unterstützung zu sichern. Über die Teilnehmer sagt er: „Das sind richtig gute Leute. Du denkst, die könnten auch in einer Bank arbeiten – aber sie wollen Armutsbekämpfung machen." Geld ist nicht alles – zumindest nicht am Anfang der Karriere.

2 **Lies die Reportage auf S. 32 ff. Markiere besonders wichtige Textstellen und unterstreiche dir unbekannte Fremdwörter oder Fachbegriffe.**

3 **Die folgenden Fremdwörter werden in der Reportage verwendet. Ordne ihnen die richtigen Erklärungen zu, indem du Verbindungslinien ziehst.**

A Sit-in	a jemand, der in der Wirtschaft oder an der Börse Gewinne erzielt, indem er Wertsteigerungen und -verluste abschätzt
B Opportunismus	b Weltanschauung, von der jemand überzeugt ist, ohne die Grundannahmen zur Diskussion zu stellen
C Ideologie	c das Zunehmen internationaler Verflechtungen in Wirtschaft, Politik, Kultur, Kommunikation
D liberal	d Anpassung von Meinungen und Verhalten aus eigennützigem Interesse
E Finanzspekulant	e freiheitlich, gegen starke staatliche Regulierung
F Globalisierung	f Sitzblockade als Demonstrationsform

4 **Kreuze an, welche der folgenden Aussagen Informationen und Behauptungen aus dem Text richtig wiedergeben.**

A ☐ Jugendliche, die sich bei „Weltwärts“ engagieren, sind stark ideologisch geprägt.

B ☐ Eine Teilnahme am Programm „Weltwärts“ kann bei der Karriere helfen.

C ☐ „Weltwärts“ will die Globalisierung bremsen.

D ☐ Finanzspekulanten helfen dabei, „Weltwärts“zu finanzieren.

E ☐ Teilnehmer bei „Weltwärts“ unterstützen die Entwicklungshilfe.

5 a **Beantworte folgende W-Fragen zu „Weltwärts“.**

Was ist „Weltwärts“? ____________________

____

Wer nimmt hauptsächlich an diesem Programm teil? ____________________

Wann wurde „Weltwärts“gegründet? ____________________

Wo kann man Entwicklungshilfe leisten? ____________________

____

b **Verfasse einen kurze Zeitungsmeldung (Nachricht) über das Programm „Weltwärts“. Verwende die Informationen im Tippkasten. Schreibe in dein Heft.**

Die Nachricht
Eine Nachricht in einer Zeitung informiert **knapp** und **sachlich** über ein Ereignis. Sie **berichtet Fakten.** Die wichtigsten Informationen werden gleich zu Beginn gegeben (z. B. Antworten auf die W-Fragen: Wer, Wo, Wann, Was, Warum). Später im Text folgen die weniger zentralen Informationen.

Schritt 2: Den Text analysieren

Information **Die Reportage**

Eine Reportage **berichtet anschaulich** und **lebendig** über ein Ereignis oder Geschehen und greift dabei oft auch eine allgemeine Fragestellung auf. Im Gegensatz zu rein sachlich informierenden Texten enthalten Reportagen meist auch **detaillierte Schilderungen** und/oder **subjektive Eindrücke** und **Kommentare** des Verfassers.
Die Reportage beginnt oft mit der Wiedergabe einer interessanten Szene (szenischer Einstieg), die den Leser in den Text hineinziehen soll.

1 **Welches sind die Hauptintentionen des Textes „Die neuen Internationalisten"? Kreuze die richtigen Antworten an:**

A ☐ Der Text will Jugendliche beeinflussen: Sie sollen bei „Weltwärts" teilnehmen.
B ☐ Die Reportage will über den Freiwilligendienst „Weltwärts" informieren.
C ☐ Absicht des Textes ist es, Jugendliche für ihre unideologische Haltung zu kritisieren.
D ☐ Der Text will eine begründete Einschätzung zur Lebenshaltung heutiger Jugendlicher vermitteln.

2 **Zeige im Text „Die neuen Internationalisten" Merkmale der Textart „Reportage" auf. Nenne Belegstellen.**

Bericht (sachliche Information): *Z. 12–25: knappe sachliche Information zu den W-Fragen zu „Weltwärts"; Z.* ____

Schilderungen: ____

____

subjektive Eindrücke, Kommentare: ____

____

3 a **Fasse zusammen, wie der Autor in den Zeilen 26–40 das Lebensgefühl heutiger Jugendlicher charakterisiert.**

____

____

____

____

b **Untersuche, welche Begründungen Rudolf Novotny für seine Charakterisierung der Jugend (s. Aufgabe a) anführt und notiere deine Ergebnisse im Heft.**

Im Absatz Z. 41–56 präsentiert der Verfasser ein konkretes Beispiel für die politische Haltung Jugendlicher, das er als typisch ansieht: Ein 18-Jähriger …

Ein weiteres Beispiel wird im Absatz Z. 67–80 ausgeführt. Auch hier …

Zusätzlich zieht der Autor Expertenmeinungen heran: …

4 **Untersuche, inwiefern der letzte Abschnitt des Textes (Z. 124–142) eine Stellungnahme des Autors enthält. Kreuze die am besten zutreffende Aussage an und begründe deine Entscheidung.**

A ☐ Novotny kritisiert, dass die Jugendlichen bei „Weltwärts“ unter dem Deckmantel der Hilfsbereitschaft nur ihren Eigennutz verfolgen.

B ☐ Der Autor stellt die Teilnahme bei „Weltwärts“ als vorbildhaft und lobenswert heraus.

C ☐ Der Verfasser bewertet die Motivation der „Weltwärts“-Teilnehmer weder eindeutig positiv noch negativ.

5 **Untersuche und beschreibe die sprachliche Gestaltung der Reportage und deren Wirkung. Du kannst Formulierungen aus dem Wortspeicher verwenden.**

leicht verständlich • anspruchsvoll • Fremdwörter • Zitate • Satzbau eher einfach/komplizert/ parataktisch/hypotaktisch

Schritt 3: Stellung nehmen

Information **Der Leserbrief**

Der Leserbrief nimmt Bezug auf eine Veröffentlichung in einer Zeitung oder Zeitschrift oder z. B. in einem Blog im Internet. Leserbriefe argumentieren meist für die Meinung des Verfassers oder der Verfasserin. Die Intention des Briefes kann z. B. sein, einem Beitrag zuzustimmen oder ihm zu widersprechen, weitere Informationen zu vermitteln oder/und zu einem bestimmten Verhalten aufzufordern (Appell).

1 a **Bereite einen Leserbrief zu dem Artikel „Die neuen Internationalisten“ vor, in dem du zu Rudolf Novotnys Zeitungsartikel und zu seiner Charakterisierung und Bewertung der Lebenshaltung von Jugendlichen Stellung nimmst. Notiere, welche Ansicht du vertreten willst, und sammle in Stichworten Argumente für deine Meinung.**

b **Schreibe den Leserbrief in dein Heft.**

Eine Kurzgeschichte analysieren und interpretieren

Methode **Leitfragen für die Analyse eines literarischen Textes**

1 **Thema/Inhalt:**
- Was ist das **Thema** des Textes? Gibt es zentrale Motive?

2 **Aufbau der Handlung:**
- Wie sind Ausgangssituation und Schluss (offen/geschlossen) gestaltet?
- Gibt es einen Höhe- bzw. Wendepunkt (Pointe)? Wird Spannung erzeugt?
- Wird linear erzählt oder gibt es Rückblenden und/oder Vorausdeutungen (Zeitgestaltung)?

3 **Figuren:**
- Welche **Figuren** kommen vor? Wie werden sie charakterisiert? In welcher Beziehung stehen sie zueinander? Erfahrt ihr etwas über die Gedanken und Gefühle (innere Handlung) der Figuren oder liegt der Schwerpunkt auf der Darstellung der äußeren Handlung?

4 **Erzähler:**
- Welche **Erzählform** (Ich-Erzähler/-in oder Er-/Sie-Erzähler/-in) liegt vor? Wie wirkt dies?
- Welches **Erzählverhalten** (auktorial oder personal) liegt vor? Wie wirkt dies?

5 **Sprachlich-stilistische Auffälligkeiten:**
- Gibt es Besonderheiten im **Satzbau,** z. B. einfache, kurze Sätze (Parataxe) oder längere Satzgefüge (Hypotaxe)?
- Werden Sätze oder Wörter **wiederholt?** Gibt es ein **Leitmotiv?**
- Gibt es Besonderheiten bei der Sprache/Wortwahl (z. B. Jugendsprache, sachliche Sprache)?
- Werden **sprachliche Bilder** (Personifikationen, Metaphern, Vergleiche) gebraucht?

Besonderheiten: Gibt es Textstellen, die **Andeutungen** enthalten, **Fragen** aufwerfen? Welche Fragen bleiben ungeklärt? Ergeben sich **Deutungsmöglichkeiten** daraus?
Die Analyse einer Kurzgeschichte kann Aufgabe in einer Klassenarbeit sein.

Schritt 1: Die Kurzgeschichte verstehen

1 **Lies die folgende Kurzgeschichte.**

Gabriele Wohmann

Du kriegst nichts geglaubt (2006)

Was ich bei Johanna und Lee, Lee ist mein amerikanischer Stiefvater, außerdem beobachte: Du kriegst nichts geglaubt, nicht in der Ehe, nichts, was nicht total plausibel klingt. Ich habe, anders als Lee und als vorher mein Vater, einen Blick dafür, speziell für Johanna, und ich weiß, wann sie schummelt, wann aber auch ganz und gar nicht. Und ganz und gar nicht den geringsten Anlass, dran zu zweifeln, gabs, als sie Lee zum ich weiß nicht wievielten Mal erklärte: Ich hab mit Carlos einen saublöden Abend verbracht. Ich schwörs dir. Sie setzte die Wörter voneinander ab, wie eine Lehrerin, die in der ersten Klasse ein Diktat gibt.

Ich wußte, sie hatte sich diesen Carlos endgültig abgeschminkt. So was merke ich ihr einfach an, für mich wars sonnenklar, aber Lee blieb stur, wie es Jahre zuvor mein Vater geblieben wäre, stur und bitterböse. Männer kapieren überhaupt nichts. Männer und Frauen, dazwischen liegen Welten, ich meine, wenn es hart auf hart kommt. Oder so: Diese Welten liegen immer zwischen ihnen, aber in Friedenszeiten fällts keinem auf.

Lee konnte nur immer wieder fragen: Und warum bist du so ewig mit ihm in diesem Bistro hängengeblieben, wenns so saublöd war?

Sie sehen nur Fakten, Uhrzeiten, sie sind Vermesser, die Männer. Unser Familienleben regt mich wirklich nicht zu der Absicht an, jemals zu heiraten. Nicht, wenn ich an meinen Vater denke, und durch Lee hat sich daran weniger als wenig geändert.

Und alles andere als hellsichtig benahm Lee sich, als Johanna noch wirklich an Carlos interessiert war. Ich sah auch das sofort, sie machte sich was aus ihm – hat mir übrigens nicht gefallen, sie führte sich albern auf –, aber Lee war arglos wie ein Mistkäfer, der in der Mitte vom Waldweg krabbelt und nicht am Rand, wo die Radfahrer und die Fußgänger ihn mit geringerer Wahrscheinlichkeit niederwalzen.

Jetzt, bei Johannas gräßlicher Rückkehr – sie hatte eine Freundin besucht, aber hauptsächlich, um bei der Gelegenheit Carlos zu treffen –, jetzt sprachen sämtliche Indizien gegen sie. Männer lieben Indizien. Da war zum Beispiel Johannas Fahrlässigkeit. Sie hatte in einem Taxi ihre Plastiktasche liegengelassen, mit nichts Wichtigem drin, aber immerhin. So was passiert ihr sonst nicht. Johanna ist in manchen Dingen eher überkorrekt, mein Lieber, hätte ich beinah zu Lee gesagt, aber das hätte die Sache erst recht verdächtig gemacht. Und dann: Seit wann verschläft eine Frau, die so selten mal lang und gut schläft wie Johanna? Sie hat anrufen und eine spätere Ankunft mit dem Bus ankündigen müssen. Als Lee sie immer wieder darauf festnagelte und Johanna wegen ihres guten langen Schlafs beargwöhnte – ist er gut im Bett, der Schuft, und so weiter –, schrie Johanna plötzlich: Mein Gott, ich war so nervös und auf der ganzen Fahrt im Bus so, ich weiß auch nicht, so entfremdet, ich hab nichts mehr verstanden, ich hatte Angst, und die Gegend war, als wäre ich nie dort gewesen, ich hab immer noch Angst, daß ich geisteskrank werde.

Oder daß ichs schon bin, geisteskrank.

Lee lachte, es hörte sich furchtbar feindselig an. Aber er war so todunglücklich wie sie, das muß ich zu seiner Ehrenrettung sagen. Daß er ihr niemals glauben würde, in all den kommenden Jahren, nie und nimmer, das ist für ihn so schlimm wie für sie. Das kapierte ich plötzlich. Ich haßte sie beide, und beide liebte ich. Aber lang werde ich hier nicht mehr bleiben. R

2 **Beschreibe deine ersten Leseeindrücke.**

____

____

3
a **Lies die Geschichte ein zweites Mal und kennzeichne dabei die im Text nicht herausgehobene wörtliche Rede mit Anführungszeichen.**
b **Erkläre im Heft: Warum hat die Autorin keine Anführungszeichen eingefügt?**
c **Schreibe auf, welche Erzählform und welches Erzählverhalten vorliegen.**
d **Notiere in Stichworten: Ist der Erzähler männlich oder weiblich? Gibt der Text Hinweise dazu?**

____

____

4 a **Worum geht es? Jede der folgenden Aussagen beschreibt inhaltliche Aspekte der Kurzgeschichte. Kreuze zwei Aussagen an, die gemeinsam das Thema genau wiedergeben.**

Ein gutes Verständnis des Themas führt zu einer sogenannten **Verstehens- oder Deutungshypothese.** Diese hilft dir, den Text genau zu analysieren.

A ☐ Das zentrale Thema der Kurzgeschichte ist die Untreue einer Frau namens Johanna.

B ☐ In der Kurzgeschichte geht es darum, was typisch für Männer und was typisch für Frauen ist.

C ☐ Die Kurzgeschichte zeigt, wie familiäre Erfahrungen das Menschenbild eines jungen Menschen prägen.

D ☐ Im Mittelpunkt der Kurzgeschichte steht eine junge Ich-Erzählerin, die sich aus ihrer Familie löst.

E ☐ Thema der Kurzgeschichte ist ein Ehestreit, verursacht durch einen Vertrauensverlust.

b **Erläutere, in welcher Weise sich der Titel auf die Kurzgeschichte bezieht.**

____

____

____

Information **Die Zeitgestaltung in einer Erzählung: Rückblende und Vorausdeutung**

Wird chronologisch erzählt, folgen die Ereignisse in der zeitlich richtigen Reihenfolge (linear) aufeinander. Der Erzähler kann aber auch die aktuelle Handlung unterbrechen:

- **Rückblenden** erzählen von vergangenen Ereignissen und können zusätzliche Informationen enthalten, die zum Verständnis der Handlung wichtig sind oder sie in einem neuen Licht erscheinen lassen.
- **Vorausdeutungen** nehmen zukünftige Ereignisse vorweg, z. B. um die Spannung zu steigern.

Tipp: Die Tempora der Verben sowie Zeitangaben (z. B. *damals, bald)* geben Hinweise auf die Zeitebenen.

5 **Trage die wichtigen Handlungsschritte chronologisch in die folgende Zeitleiste ein (Stichworte).**

Vorgeschichte (Rückblende)	Gegenwart (aktuelle Handlung)	Zukunft (Vorausdeutung)
→	→	→

6 **Was erfährst du über die Figuren Johanna und Lee?**
a **Verwende zwei Farben und unterstreiche im Text Informationen, beziehe auch die wörtliche Rede ein.**
b **Notiere Stichworte, die Johanna und Lee charakterisieren.**

Johanna	Lee

7 **Untersuche die sprachlich-stilistische Gestaltung des Textes: Notiere zu jedem Punkt Textbelege.**

umgangssprachliche Formulierungen: ____________________

____

auffällige Vergleiche: ____________________

____

allgemeingültige Aussagen: ____________________

____

für mündlichen Sprachgebrauch typischer Satzbau: ____________________

____

8 a **Markiere im Text Informationen, die die Ich-Erzählerin über sich selbst gibt.**
b **Wie wirkt die Figur der Ich-Erzählerin? Kreuze an.**
c **Schreibe zu jedem Aspekt der Charakterisierung eine kurze Begründung in dein Heft.**

A Das Alter der Ich-Erzählerin liegt vermutlich
☐ zwischen 10 und 16 Jahren. ☐ zwischen 17 und 20 Jahren. ☐ zwischen 20 und 25 Jahren.

B Die Ich-Erzählerin wirkt
☐ verstört. ☐ selbstsicher. ☐ kindlich. ☐ ohne Illusionen. ☐ voreingenommen.

C Das Verhältnis der Ich-Erzählerin zu Johanna ist
☐ verständnislos. ☐ distanziert. ☐ vertraut. ☐ besserwisserisch. ☐ zugeneigt.

D Die Ich-Erzählerin befindet sich
☐ in einer verzweifelten Situation. ☐ in einer stabilen Lebensphase. ☐ an einem Wendepunkt.

9 ●●● **Inwiefern beeinflussen die familiären Erfahrungen der Ich-Erzählerin ihre Ansichten über Männer, Frauen und Familie? Notiere deine Beobachtungen mit Angabe von Textbelegen im Heft.**

Schritt 2: Die Kurzgeschichte schriftlich interpretieren

Methode **Schreibplan für die Interpretation eines literarischen Textes**

Aufbau:
- Nenne in der **Einleitung** den Namen des Autors/der Autorin, den Titel, die Textsorte (z. B. Kurzgeschichte, Erzählung) und das Thema bzw. die Kernaussage des Textes.
- Lege im **Hauptteil** die Ergebnisse deiner Texterschließung dar und stütze alle Aussagen mit geeigneten Textbelegen (▶ S. 99). Je nach Aufgabenstellung solltest du eingehen auf:
  - Inhalt und Aufbau der Geschichte (Handlung chronologisch, auch: äußere, innere Handlung),
  - Figuren und ihre Beziehungen zueinander,
  - Erzähler und Erzähltechnik, sprachlich-stilistische Gestaltung,
  - evtl. Besonderes im Hinblick auf die Textsorte (z. B. Kurzgeschichte, Parabel).
- Nimm am **Schluss** kurz Stellung zum Text (z. B. Inhalt, Problem) oder bewerte persönlich.

Verfasse die Analyse im **Präsens** und drücke dich fachlich angemessen aus (Fachbegriffe).

1 **Formuliere eine Einleitung. Greife dazu auch auf die Ergebnisse von Aufgabe 4 auf Seite 40 zurück.**

____

____

____

2 **Gib im Hauptteil deiner Interpretation Inhalt und Aufbau der Kurgeschichte wieder, indem du die folgenden Satzanfänge zu Ende führst. Verwende auch deine Ergebnisse von den Aufgaben 3 (S. 39) und 5 (S. 40).**

Die Ich-Erzählerin erzählt von ____________________

Vermutlich ist die Ich-Erzählerin die Tochter von Johanna, denn ____________________

____

Über Johanna und ihre Beziehungen erfährt man, dass ____________________

____

____

Während sich in der Vergangenheit also einiges ereignet hat, besteht die äußere Handlung zum Zeitpunkt des Erzählens ____________________

____

Die Ich-Erzählerin erwartet für die Zukunft ____________________

____

Sie kommt zu dem Schluss, ____________________

3 Nur eine der Überleitungen zur Charakterisierung der Hauptfiguren der Kurzgeschichte ist gelungen:
a Kreuze sie an und begründe deine Wahl anschließend.
b Setze die Charakterisierung der Hauptfiguren im Heft fort. Verwende deine Vorarbeiten von den Aufgaben 6 bis 8 (S. 41) und stütze deine Aussagen durch geeignete Textbelege (richtig zitieren ▸ S. 99).

A ☐ *Insbesondere der letzte Satz der Kurzgeschichte macht deutlich, dass die Ich-Erzählerin die eigentliche Hauptfigur der Kurzgeschichte ist. Denn was und wie sie von ihrer Familie und den Ereignissen erzählt, dient letztlich dazu, ihre Lebenssituation, ihre Gefühle, ihre Ansichten zu vermitteln. Diese stellen sich im Einzelnen so dar: …*

B ☐ *Ich charakterisiere jetzt die Personen in dem Text. Ich beginne mit der Ich-Erzählerin, denn um sie dreht sich eigentlich alles: Sie ist vermutlich zwischen 15 und 20 Jahre alt. Sie lebt noch bei ihren Eltern, zieht aber wahrscheinlich bald aus.*
…

Gelungen ist die Überleitung ______, weil ____

____

____

4 Untersuche, welche Merkmale von Kurzgeschichten du am Text belegen kannst, und fasse diese im Heft kurz zusammen.

Merkmale von Kurzgeschichten: geringer Umfang; alltägliches Geschehen (Ausschnitt); unmittelbarer Einstieg; zielstrebiger Handlungsverlauf hin zu einem Höhe- oder Wendepunkt; offener Schluss, der viele Deutungsmöglichkeiten zulässt; Alltagssprache mit einfachem Satzbau und umgangssprachlichen Elementen in direkter Rede.

5 Schließe deine Interpretation mit einer kurzen Stellungnahme ab. Du kannst dafür auf deine ersten Leseeindrücke (S. 39, Aufgabe 2) zurückgreifen und/oder die folgenden Fragen als Anregung nutzen:
- Inwiefern ist die dargestellte Situation typisch für Familien?
- Was könnte man kritisch gegen das Männer-/Frauen-/Familienbild der Ich-Erzählerin einwenden?
- Gelingt es der (über 80-jährigen) Autorin Gabriele Wohmann, die Innensicht einer jungen Frau überzeugend zu gestalten?

____

____

____

____

6 Verfasse im Heft eine vollständige Analyse der Kurzgeschichte (S. 38–39). Beachte den Schreibplan von Seite 42 und verwende alle Ergebnisse der Textuntersuchungen von den Seiten 39 bis 43.

7 ●●● Formuliere den Schreibplan im Informationskasten auf Seite 42 in Fragen für eine Checkliste zur Textüberarbeitung um, z. B.: *Habe ich in der Einleitung alle Angaben genannt: Name des Autors/der Autorin, …?* **Schreibe ins Heft und nutze die Checkliste anschließend, um deine Interpretation zu überarbeiten.**

Ein Gedicht analysieren und interpretieren

Methode **Leitfragen für die Gedichtanalyse (Teil I)**

1 Inhalt, Thema:
- Wird eine Handlung oder Situation/Szene beschrieben? Oder werden Gefühle, Eindrücke, Gedanken oder eine Stimmung dargestellt?
- Was bedeutet der Titel des Gedichts? Welchen Bezug hat er zum Gedicht?

2 Der Sprecher/die Sprecherin:
- Gibt es einen Sprecher (lyrisches Ich/Wir) oder ist dieser im Text nicht direkt greifbar?
- Welche Haltung hat der lyrische Sprecher/das lyrische Ich (z. B. begeistert, traurig, preisend, kritisch)?
- Gibt es einen Adressaten (du/ihr) oder spricht das lyrische Ich mit sich selbst?

3 Formaler Aufbau:
- Ist das Gedicht in Strophen (regelmäßig/unregelmäßig) gegliedert?
- Ist das Gedicht gereimt? Liegt eine besondere Reimform vor?
- Ist ein Metrum (z. B. Jambus, Trochäus, Daktylus) erkennbar? Gibt es Abweichungen?

Die Analyse eines Gedichts kann Aufgabe in einer Klassenarbeit sein.

Schritt 1: Das Gedicht verstehen

1 a **Lies das folgende Gedicht von Georg Heym: Überfliege es zunächst und lies dann genau.**
b **Markiere Auffälliges und notiere rechts Überlegungen zu Inhalt, Form und sprachlicher Gestaltung.**

Georg Heym

Der Abend (1910)

	Reimform	Notizen
Versunken ist der Tag in Purpurrot,	a	Blick in die Natur
Der Strom schwimmt weiß in ungeheurer Glätte.	b	ruhige Flusslandschaft
Ein Segel kommt. Es hebt sich aus dem Boot	a	
Am Steuer groß des Schiffers Silhouette.		Dämmerung – Umrisse
Auf allen Inseln steigt des Herbstes Wald		Enjambements
Mit roten Häuptern in den Raum, den klaren.		
Und aus der Schluchten dunkler Tiefe hallt		
Der Waldung Ton, wie Rauschen der Kitharen[1].		Vergleich: Musik
Das Dunkel ist im Osten ausgegossen,		
Wie blauer Wein kommt aus gestürzter Urne.		
Und ferne steht, vom Mantel schwarz umflossen,		
Die hohe Nacht auf schattigem Kothurne[2].		

Strophen: ______ Verse je Strophe: ______

Reimform: ____________________

1 Kitharen: Plural von Kithara, Saiteninstrument im Altertum
2 Kothurn: hoher Stelzschuh altgriechischer Schauspieler

2 **Erschließe den Inhalt des Gedichts genauer:**

a Umkreise eine Formulierung, die das Thema genau trifft.

Einsamkeit | glückliche Heimkehr von einer Schiffsreise | Sehnsucht nach Fernreisen | Inseltourismus | Naturerleben an einem herbstlichen Abend | religiöse Erfahrung am Fluss

b Gib kurz den Inhalt jeder Strophe wieder: Trage die angebotenen Formulierungen passend ein.

Anbrechen der dunklen Nacht in der Ferne • ruhige Flusslandschaft mit Segelboot • Blick auf Herbstwald mit rot gefärbtem Laub • Umrisse des Bootsführers

Die erste Strophe schildert ______________________________

Im roten Licht des Sonnenuntergangs sind ______________________________ erkennbar.

In der zweiten Strophe richtet sich ______________________________ ,

Waldesrauschen ist zu hören. Schließlich wird in der **dritten Strophe** ______________________________

______________________________ thematisiert.

c Stelle einen Bezug zwischen Inhalt und Titel her. Kreuze die passende Erläuterung an.

Der Titel „Der Abend" verweist auf ...

A ☐ das Ende der Lebensreise, an dem die Nacht alles Schöne bedrohlich überschattet.

B ☐ den Wechsel vom Tag zur Nacht, der im Gedicht als „Zwischen-Zeit" ausgestaltet wird.

C ☐ ein starkes Gefühl der Trauer, das auf die pessimistische Weltsicht Georg Heyms hinweist.

3 **Untersuche den Sprecher/das lyrische Ich: Streiche im Text Unzutreffendes.**

Es gibt ein lyrisches Ich, das dem Leser entgegentritt. / Das lyrische Ich tritt nicht direkt in Erscheinung, denn nirgendwo werden die Pronomen *ich, mein, mir* oder *wir, uns* verwendet. Der Sprecher ist ein Beobachter / Mitfühlender, der seine Wahrnehmungen genau schildert. Die Haltung des lyrischen Ichs ist berichtend / preisend, aber auch ein wenig melancholisch.

4 **Erarbeite einige formale Gestaltungsmittel.**

a Notiere Strophen- und Verszahl sowie Reimform neben dem Gedicht (S. 44).

b Bestimme das Metrum, indem du die Betonungszeichen setzt, z. B.
„Versúnken íst der Tág in Púrpurrót ..."

Metrum: ______________________________

c Welcher Gesamteindruck ergibt sich dadurch? Kreuze zwei Begriffe an.

☐ expressiv ☐ disharmonisch ☐ harmonisch ☐ monoton ☐ geordnet ☐ ungeordnet

Methode **Leitfragen für die Gedichtanalyse (Teil II)**

4 Sprachliche Mittel
- Welche **sprachlichen Bilder** (Metaphern, Personifikationen, Vergleiche) werden verwendet?
- Liegen besondere **Stilfiguren** vor, z. B. Alliteration (Wiederholung von Anfangsbuchstaben), Parallelismus (paralleler Satzbau) oder Anapher (Wiederholung von Wörtern am Versanfang)?
- Welche **Wörter** oder Wortarten fallen auf? Gibt es Neologismen (Wortneuschöpfungen)?
- Hat das Gedicht einen bestimmten **Klang,** z. B. durch vokalreiche Wörter? Liegt eine Häufung von hellen/dunklen Vokalen oder „harten" Konsonanten vor?

5 **Erschließe die sprachlichen Bilder: Lege im Heft eine Übersicht nach folgendem Muster an und notiere darin Textbelege. Erkläre für diese, um welches Bild es sich handelt und wie es wirkt.**

Textbeleg (mit Vers)	Sprachliches Bild (Art)	Wirkung (Deutung)
– „Der Strom schwimmt weiß […]" (V. 2)	– Personifikation	– Naturszene, der Fluss ist aktiv/wird vermenschlicht, (Farb-)Assoziation: Wasseroberfläche steht in scharfem Kontrast zum Abendrot, Stimmungsbild
– „Ein Segel kommt […]" (V. 3)	– …	– …

6 a **Lies das Gedicht laut und achte beim Vortrag auf seinen Klang.**
b **Kreuze Zutreffendes an und schreibe passende Beispiele mit Versangaben heraus.**

A ☐ Passend zu dem harmonischen Gesamteindruck des Gedichts finden sich zahlreiche vokalreiche, klangvolle Wörter.

B ☐ Im Kontrast zu dem harmonischen Gesamteindruck des Gedichts fällt eine Häufung von „harten" Konsonanten auf.

Wortbeispiele: ______________________________

7 a **Markiere im Gedicht die Farben, die darin vorkommen.**
b **Markiere für jede Farbe passende Beschreibungen ihrer Wirkung im Gedichtzusammenhang.**

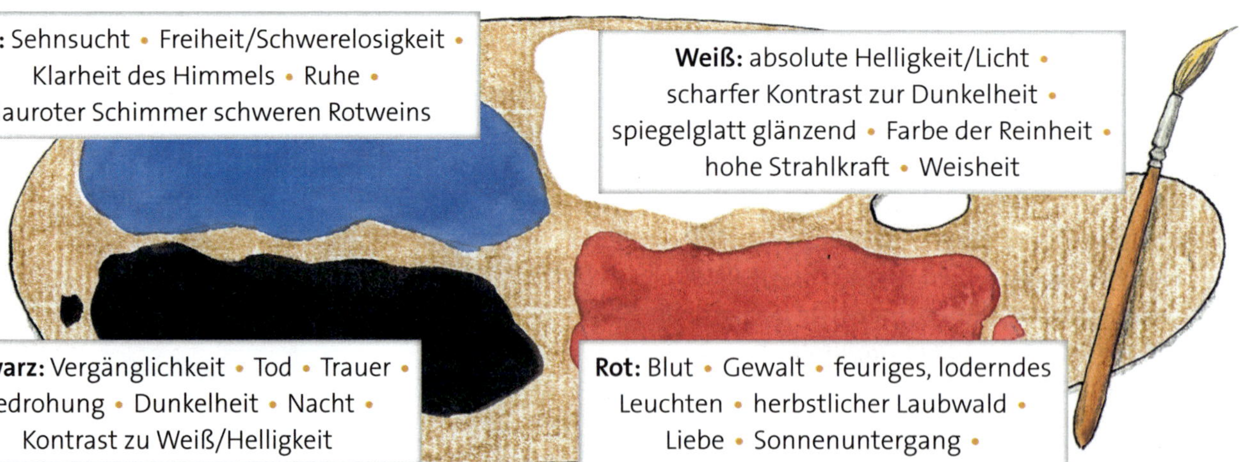

Blau: Sehnsucht • Freiheit/Schwerelosigkeit • Klarheit des Himmels • Ruhe • blauroter Schimmer schweren Rotweins

Weiß: absolute Helligkeit/Licht • scharfer Kontrast zur Dunkelheit • spiegelglatt glänzend • Farbe der Reinheit • hohe Strahlkraft • Weisheit

Schwarz: Vergänglichkeit • Tod • Trauer • Bedrohung • Dunkelheit • Nacht • Kontrast zu Weiß/Helligkeit

Rot: Blut • Gewalt • feuriges, loderndes Leuchten • herbstlicher Laubwald • Liebe • Sonnenuntergang • Kontrast zur Abenddämmerung

c **Betrachte die Farben im Zusammenspiel: Welche Wirkung entsteht? Setze den Satz unten fort.**

Der Farbwechsel bewirkt, dass der Leser/die Leserin ______________________________

Schritt 2: Das Gedicht schriftlich interpretieren

Information **Schreibplan für eine Gedichtinterpretation**

Aufbau:
- In der **Einleitung** nennst du die Art des Textes, den Titel, den Namen des Autors/der Autorin, das Entstehungsjahr und das Thema des Textes.
- Im **Hauptteil** fasst du die wichtigsten Ergebnisse deiner Analyse in einer geordneten Reihenfolge zusammen: Beginne mit einer **kurzen Inhaltsangabe** (am besten strophenweise). Beschreibe dann den **formalen Aufbau** des Gedichts (Strophe, Verse, Reimform, Metrum) und die **sprachlichen Gestaltungsmittel.** Erläutere die Funktion und die Wirkung der Gestaltungsmittel.
  Wichtig: Stelle immer wieder einen Bezug zum Inhalt und zur Aussage des Gedichts her.
- Fasse zum **Schluss** die Gesamtaussage des Gedichts zusammen oder beschreibe, wie das Gedicht auf dich wirkt oder wie es dir gefällt.

Verfasse die Analyse im **Präsens.**

1 a **Jeder der folgenden Einleitungssätze enthält zwei Fehler. Streiche sie an.**
b **Wähle einen Satzanfang aus, korrigiere ihn und setze den Satz fort. Schreibe ins Heft.**

VORSICHT FEHLER!

A Das Thema des Gedichts „Abends“ von Georg Heym ist ...

B Das Gedicht mit dem Titel Der Abend von Georg Heim aus dem Jahr 1910 beschreibt ...

C In dem Gedicht „Abend“, 1910 verfasst, wird dargestellt ...

2 **Der folgende Beginn des Hauptteils fasst den Inhalt des Gedichts zusammen.**
a **Notiere im Heft für jedes Fragezeichen ? passende Textstellen mit Angabe des Verses.**
b **Setze die Zusammenfassung des Inhalts für die beiden weiteren Strophen fort. Schreibe ins Heft.**

Belege die Ergebnisse deiner Untersuchung **mit Zitaten (Vers angeben!).**

Das Gedicht von Georg Heym gibt eine Situation wieder: Der Sprecher befindet sich an einem Herbsttag („des Herbstes Wald“, V. 5) in einer hügeligen, bewaldeten Landschaft A ? am Ufer eines großen Flusses B ? und betrachtet die Abendstimmung C ? . In der ersten Strophe schaut er über den Strom hinweg in Richtung der untergehenden Sonne D ? . Ein Segelboot nähert sich E ? . In der zweiten Strophe ...

3 **Fasse zum Schluss die Gesamtaussage des Gedichts zusammen oder beschreibe, wie es dir gefällt.**
Wähle einen Satzanfang aus und ergänze den Satz im Heft.

Zusammenfassend kann man sagen, dass das Gedicht ... • Insgesamt wirkt das Gedicht auf den Leser ... • Das Gedicht hat mich (nicht) angesprochen, weil ... • Mir gefällt das Gedicht (nicht), da ...

4 **Verfasse im Heft eine vollständige Gedichtinterpretation.**

5 **Formuliere den Schreibplan im Informationskasten oben in Fragen für eine Checkliste zur Textüberarbeitung um, z. B.:** *Habe ich in der Einleitung auf alle notwendigen Angaben geachtet?* **Schreibe ins Heft und nutze die Checkliste anschließend, um deine Gedichtinterpretation zu überarbeiten.**

Eine Dramenszene analysieren und interpretieren

Methode **Leitfragen für die Dramenanalyse**

1 **Stellung der Szene im Handlungsverlauf** (sofern das gesamte Drama bekannt ist):
- Wo steht die Szene, was ist ihr vorausgegangen, was folgt ihr?

2 **Inhalt und Thema der Szene:**
- Was geschieht in der Szene und im Verlauf des Gesprächs? Welche Figuren treten auf?

3 **Figuren- und Gesprächsanalyse:**
- Wie stehen die auftretenden Figuren zueinander? **(Figurenkonstellation)**
- Welche offensichtlichen und/oder verborgenen **Absichten** verfolgen die Figuren?
- Wie verhalten sich die Figuren? Verändert sich ihr **Verhalten** im Laufe des Gesprächs?
- Welche **Gedanken und Gefühle** werden deutlich? Achte z. B. auch auf Regieanweisungen.
- Wie sind die **Redeanteile** der Figuren verteilt? Wer ergreift die Initiative, wer reagiert?
- Welche **Sprache** verwendet jede Figur (Sprachstil, Wortwahl, Andeutungen, Argumente usw.)?
- Welche **sprachlichen Mittel** gibt es (z. B. rhetorische Fragen, Wiederholungen, Übertreibungen)?
- Welche Rolle spielen die **Regieanweisungen?**

Schritt 1: Die Dramenszene verstehen

1 **Lies die folgende Szene aus dem Drama „Der Besuch der alten Dame".**

Friedrich Dürrenmatt

Der Besuch der alten Dame – vor der Gemeindeversammlung (3. Akt)

Güllen, eine verarmte Kleinstadt, bekommt Besuch von der Milliardärin Claire Zachanassian, die dort aufgewachsen ist. Die Einwohner bereiten der alten Dame einen großen Empfang, da sie sich von ihr eine Spende zur Sanierung der Stadt erhoffen. Und tatsächlich verspricht sie ihnen eine Milliarde – allerdings unter der Bedingung, dass Alfred Ill, ein angesehener Bürger der Stadt, getötet wird. Mit Ill verband sie eine Jugendliebe, doch als sie dann ein Kind erwartete, verleugnete er sie. Claire fordert „Gerechtigkeit", sie will Vergeltung für diesen Verrat. Zunächst reagieren die Güllener empört und halten zu Ill, verstricken sich jedoch in Erwartung der Spende zunehmend in Schulden. Eine Zustimmung zum Mord wird wahrscheinlicher, während Claire einfach abwartet. Ill spürt die nahende Bedrohung: Niemand will ihn töten, aber alle hoffen, dass er bald stirbt. Vergeblich bittet er die verantwortlichen Amtsträger um Schutz. Kurz vor der entscheidenden Gemeindeversammlung sucht der Bürgermeister Alfred Ill auf.

Der Bürgermeister: Guten Abend, Ill. Lassen Sie sich nicht stören. Ich schaue nur schnell bei Ihnen herein.

Ill: Aber bitte.

Schweigen.

Der Bürgermeister: Ich bringe ein Gewehr.

Ill: Danke.

Der Bürgermeister: Es ist geladen.

Ill: Ich brauche es nicht.

Der Bürgermeister lehnt das Gewehr an den Ladentisch.

Der Bürgermeister: Heute abend ist Gemeindeversammlung. Im Goldenen Apostel. Im Theatersaal.

Ill: Ich komme.

Der Bürgermeister: Alle kommen. Wir behandeln Ihren Fall. Wir sind in einer gewissen Zwangslage.

Ill: Finde ich auch.

Der Bürgermeister: Man wird den Vorschlag ablehnen.

Ill: Möglich.

Der Bürgermeister: Man kann sich freilich irren.

Ill: Freilich.

Schweigen.

Der Bürgermeister *vorsichtig:* In diesem Fall, würden Sie den Urteilsspruch annehmen, Ill? Die Presse ist nämlich dabei.

Ill: Die Presse?

Der Bürgermeister: Auch der Rundfunk, das Fernsehen, die Filmwochenschau. Eine heikle Situation, nicht nur für Sie, auch für uns, glauben Sie mir. Als Heimatstädtchen der Dame und durch ihre Heirat im Münster sind wir so bekannt geworden, daß eine Reportage über unsere alten demokratischen Einrichtungen gemacht wird.

Ill *beschäftigt sich mit der Kasse:* Sie geben den Vorschlag der Dame nicht öffentlich bekannt?

Der Bürgermeister: Nicht direkt – nur die Eingeweihten werden den Sinn der Verhandlung verstehen.

Ill: Daß es um mein Leben geht.

Schweigen.

Der Bürgermeister: Ich orientiere die Presse dahin, daß – möglicherweise – Frau Zachanassian eine Stiftung errichten werde und daß Sie, Ill, diese Stiftung vermittelt hätten als ihr Jugendfreund. Daß Sie dies waren, ist ja nun bekannt geworden. Damit sind Sie rein äußerlich reingewaschen, was sich auch ereignet.

Ill: Das ist lieb von Ihnen.

Der Bürgermeister: Ich tat es nicht Ihnen, sondern Ihrer kreuzbraven, ehrlichen Familie zuliebe, offen gestanden.

Ill: Begreife.

Der Bürgermeister: Wir spielen ein faires Spiel, das müssen Sie zugeben. Sie haben bis jetzt geschwiegen. Gut. Doch werden Sie auch weiterhin schweigen? Wenn Sie reden wollen, müssen wir das Ganze eben ohne Gemeindeversammlung machen.

Ill: Verstehe.

Der Bürgermeister: Nun?

Ill: Ich bin froh, eine offene Drohung zu hören.

Der Bürgermeister: Ich drohe Ihnen nicht, Ill, Sie drohen uns. Wenn Sie reden, müssen wir dann eben auch handeln. Vorher.

Ill: Ich schweige.

Der Bürgermeister: Wie der Beschluß der Versammlung auch ausfällt?

Ill: Ich nehme ihn an.

Der Bürgermeister: Schön.

Schweigen.

Der Bürgermeister: Daß Sie sich dem Gemeindegericht unterziehen, freut mich, Ill. Ein gewisses Ehrgefühl glimmt noch in Ihnen. Aber wäre es nicht besser, wenn wir dieses Gemeindegericht gar nicht erst versammeln müßten?

Ill: Was wollen Sie damit sagen?

Der Bürgermeister: Sie sagten vorhin, Sie hätten das Gewehr nicht nötig. Vielleicht haben Sie es nun trotzdem nötig.

Schweigen.

Der Bürgermeister: Wir könnten dann der Dame sagen, wir hätten Sie abgeurteilt, und erhielten das Geld auch so. Es hat mich Nächte gekostet, diesen Vorschlag zu machen, das können Sie glauben. Es

wäre doch nun eigentlich Ihre Pflicht, mit Ihrem Leben Schluß zu machen, als Ehrenmann die Konsequenzen zu ziehen, finden Sie nicht? Schon aus Gemeinschaftsgefühl, aus Liebe zur Vaterstadt. Sie sehen ja unsere bittere Not, das Elend, die hungrigen Kinder ...

Ill: Es geht euch jetzt ganz gut.

Der Bürgermeister: Ill!

Ill: Bürgermeister! Ich bin durch eine Hölle gegangen. Ich sah, wie ihr Schulden machtet, spürte bei jedem Anzeichen des Wohlstands den Tod näher kriechen. Hättet ihr mir diese Angst erspart, dieses grauenhafte Fürchten, wäre alles anders gekommen, könnten wir anders reden, würde ich das Gewehr nehmen. Euch zuliebe. Aber nun schloß ich mich ein, besiegte meine Furcht. Allein. Es war schwer, nun ist es getan. Ein Zurück gibt es nicht. Ihr müßt nun meine Richter sein. Ich unterwerfe mich eurem Urteil, wie es nun auch ausfalle. Für mich ist es die Gerechtigkeit, was es für euch ist, weiß ich nicht. Gott gebe, daß ihr vor eurem Urteil besteht. Ihr könnt mich töten, ich klage nicht, protestiere nicht, wehre mich nicht, aber euer Handeln kann ich euch nicht abnehmen.

Der Bürgermeister *nimmt das Gewehr wieder zu sich:* Schade. Sie verpassen die Chance, sich reinzuwaschen, ein halbwegs anständiger Mensch zu werden. Doch das kann man von Ihnen ja nicht verlangen.

Ill: Feuer, Herr Bürgermeister. *Er zündet ihm die Zigarette an.*

Der Bürgermeister ab. R

2 **Fasse den Inhalt der Szene knapp zusammen: Nutze auch die Informationen aus dem Vorspanntext.**

Die Szene handelt von ______________________

____

____

3 **Untersuche das Gespräch mit Hilfe der folgenden Fragen. Kreuze an.**

Welche Figur ...	Der Bürgermeister	Alfred Ill
A veranlasst das Gespräch?	☐	☐
B hat den größeren Redeanteil?	☐	☐
C bestimmt die Themen des Gesprächs?	☐	☐
D erklärt eine persönliche Entscheidung ehrlich?	☐	☐
E beruft sich auf „Ehrgefühl“, „Pflicht“, „Gemeinschaftsgefühl“?	☐	☐
F spricht von „Tod“ und gibt „Angst“ und „Furcht“ zu?	☐	☐
G setzt ihr Interesse in diesem Gespräch durch?	☐	☐

4 **Wie versucht der Bürgermeister, Alfred Ill zu einem bestimmten Verhalten zu bringen?**

a **In den ersten Redebeiträgen des Bürgermeisters (S. 48) sind Pronomen markiert. Erkläre, wie sich die Pronomen verändern und warum.**

Stelle in deiner Analyse offensichtliche, aber vor allem auch **verborgene Absichten** dar und beschreibe, mit welchen Mitteln eine Figur diese verfolgt.

____

____

b **Notiere für jede der folgenden Aussagen des Bürgermeisters, wie er seine Absicht sprachlich verbirgt.**

„Ich orientiere die Presse dahin, daß [...] Frau Zachanassian eine Stiftung errichten werde.“ (Z. 42–44)

Der Bürgermeister nennt die Mordprämie beschönigend wohltätige Stiftung.

A „Ich drohe Ihnen nicht, Ill, Sie drohen uns.“ (Z. 62 f.)

Der Bürgermeister verdreht ______________________

B „Wenn Sie reden, müssen wir dann eben auch handeln. Vorher.“ (Z. 63 f.)

Er droht ______________________

C „Es wäre doch nun eigentlich Ihre Pflicht, mit Ihrem Leben Schluss zu machen, als Ehrenmann [...]“ (Z. 84–86)

____

c **Fasse zusammen, welche verborgene Absicht der Bürgermeister verfolgt.**

____

5 **Wie reagiert Alfred Ill auf die Vorschläge des Bürgermeisters?**
a **Markiere seine Äußerungen ab Zeile 42.**
b **Notiere zu jedem der folgenden Zitate, was Ill in diesem Moment wirklich denkt oder empfindet.**

Gib in deiner Analyse wieder, welche **Gedanken und Gefühle** eine Figur leiten: Sie kann diese offen äußern, aber auch verbergen.

A ______________________________

____

B ______________________________

____

C ______________________________

____

6 **Alfred Ill erklärt in seinem einzigen längeren Redebeitrag ausführlich, welchen Entschluss er aus welchen Gründen gefasst hat (Z. 93–108).**
Gib seine Kernaussagen im folgenden Flussdiagramm wieder.

A Z. 93–99: *Jll beschreibt zunächst seine Gefühle, als er den neuen Wohlstand der Güllener bemerkt hat:*

Er ______________________________

„Aber […]" (Z. 99 f.) ▼

B Z. 99–107: *Er stellt anschließend klar,* ______________________________

____

„aber […]" (Z. 107 f.) ▼

C Z. 107 f.: *Abschließend macht er deutlich,* ______________________________

____

7 **Mehrfach unterbricht die Regieanweisung „Schweigen" den Dialog.**
Kreuze die zutreffende Erklärung dafür an.

Auch **Regieanweisungen** geben Aufschluss über die einzelnen Figuren: Wie sollen sie sprechen? Was sollen sie tun oder zum Ausdruck bringen?

A ☐ Das Schweigen lässt ein stilles Einverständnis zwischen dem Bürgermeister und Alfred Ill erkennen.

B ☐ Das Schweigen betont die komplizierte Gesprächssituation zwischen Ill und dem Bürgermeister. Der Zuschauer muss zwischen den Zeilen lesen.

C ☐ Das Schweigen macht deutlich, dass das Gespräch einen sehr besinnlichen und ruhigen Verlauf nimmt.

Schritt 2: Die Dramenszene schriftlich interpretieren

Methode **Schreibplan für die Interpretation einer Dramenszene**

Aufbau:
- In der **Einleitung** nennst du die Art des Textes, den Titel, den Namen des Autors/der Autorin, das Entstehungsjahr bzw. das Jahr der Erstaufführung, die Szene und das Thema der Szene.
- Im **Hauptteil** fasst du die wichtigsten Ergebnisse deiner Analyse in einer geordneten Reihenfolge zusammen: Gib kurz den Inhalt der Szene wieder und ordne sie in den Handlungszusammenhang des Dramas ein. Lege die Analyseergebnisse zu den Figuren dar (Verhalten, Beziehung, Redeanteile, Sprache und sprachliche Mittel) und deute sie. Belege deine Aussagen durch Zitate.
- Ziehe zum **Schluss** ein Fazit, beurteile die Szene oder bewerte das Verhalten einer Figur.

Die Analyse und Interpretation einer Dramenszene kann Aufgabe in einer Klassenarbeit sein. Oft gibt die Aufgabenstellung einen Analyseschwerpunkt vor.

1 a **Welche der folgenden Formulierungen bringt das Thema der Szene (S. 48–49) auf den Punkt? Kreuze an.**
b **Formuliere die folgende Einleitung vollständig aus.**

A ☐ Bestechungsversuch B ☐ Appell an Verantwortung
C ☐ Umkehrung von Täter- und Opferrolle D ☐ unerwartete Rettung

Die Szene aus dem ______ Akt des Dramas „__________________________________“

von ____________________, uraufgeführt im Januar 1956 in Zürich, beinhaltet ____________

____

Thema der Szene ist ____

Methode **Richtig zitieren: Redewiedergabe**

Die Figurenrede kann wiedergegeben werden als ...
- **wörtliches (direktes) Zitat,** z. B.: *Ill erwidert: „Ich bin froh, eine offene Drohung zu hören“ (Z. 61).* Beachte die Anführungszeichen, setze eckige Klammern um Auslassungen oder Veränderungen, z. B.: *Der Bürgermeister sagt: „Sie verpassen die Chance, [...] ein halbwegs anständiger Mensch zu werden“ (Z. 110–112). – Der Bürgermeister sagt: „Vielleicht haben Sie [das Gewehr] nun trotzdem nötig“ (Z. 78 f.).* (Schlusspunkt nach Zeilenangabe)
- **indirekte Rede** mit Konjunktiv (▸ S. 60 f.), z. B.: *Ill erwidert, er höre eine Drohung (vgl. Z. 61).*
- **sinngemäßes (indirektes) Zitat,** Wiedergabe mit eigenen Worten, z. B.: *Ill spricht die verdeckte Drohung des Bürgermeisters offen an (vgl. Z. 61).*

2 **Belege im Hauptteil die folgenden Aussagen A bis C (S. 53) mit den vorgegebenen Textbelegen. Formuliere die Sätze entsprechend aus und zitiere, wie im Rahmen vorgegeben.**

Alfred Ill zeigt sich in dem Gespräch zunächst sehr wortkarg.

„Möglich.“ (Z. 20) – „Freilich.“ (Z. 22) wörtliches Zitat

Alfred Jll zeigt sich in dem Gespräch zunächst sehr wortkarg und antwortet mit Einwortsätzen wie „Möglich“ (Z. 20), „Freilich“ (Z. 22).

A Er fordert den Bürgermeister schließlich auf, seine verborgenen Absichten offen auszusprechen.

„Was wollen Sie damit sagen?" (Z. 76) indirekte Rede

B Gegen Ende des Gesprächs nimmt Ill die Verdrehung der Tatsachen nicht länger hin.

„Es geht euch jetzt ganz gut." (Z. 91) Paraphrase

C Die letzte Aussage Ills kann durch die Regieanweisungen doppeldeutig aufgefasst werden.

„Bürgermeister nimmt das Gewehr wieder zu sich." (Z. 109 f.) – „Feuer, Herr Bürgermeister." (Z. 114)
„Er zündet ihm die Zigarette an." (Z. 114 f.) wörtliches Zitat

3 ●●● Der Bürgermeister bringt Alfred Ill ein Gewehr mit. Beide Figuren beziehen sich im Verlauf des Gesprächs darauf. Erkläre, welche Bedeutung dieser Gegenstand für die Szene hat. Schreibe ins Heft.

4 a Erarbeite den Schluss: Die folgenden Fragen helfen dir, ein Fazit vorzubereiten. Kreuze an.
b Wähle für den Schluss eine der Fragen aus und begründe deine Antwort unten.

	ja	nein
A Verfolgt der Bürgermeister ein moralisch vertretbares Anliegen?	☐	☐
B Ist die Haltung, die Alfred Ill vertritt, nachvollziehbar?	☐	☐
C Kann es einen Ausweg für Alfred Ill geben?	☐	☐
D Wird Claire Zachanassian die Schuld an Ills Tod tragen?	☐	☐

In der Szene wird deutlich,

5 Verfasse im Heft eine vollständige Interpretation der Dramenszene.

6 ●●● Formuliere den Schreibplan im Informationskasten auf Seite 52 in Fragen für eine Checkliste zur Textüberarbeitung um, z. B.: *Ist die Einleitung vollständig?*
Schreibe ins Heft und nutze die Checkliste anschließend, um deine Interpretation zu überarbeiten.

Was kann ich schon? – Grammatik

1 **a Unterstreiche in den folgenden Sätzen alle Präpositionen. (7 Punkte)**
b Markiere Nomen im Genitiv grün, Nomen im Dativ blau und Nomen im Akkusativ gelb.(12 Punkte)

Gut zu wissen: Tischsitten

Nicht nur für den Umgang mit dem Essbesteck gibt es Tischregeln. Auch das Gespräch bei Tisch unterliegt bestimmten Konventionen. Dass man während des Essens seinen Tischnachbarn keinen Einblick in die voranschreitende Zermalmung der Nahrung durch den Kauapparat zumuten sollte, besagt die Regel: „Mit vollem Munde spricht man nicht!"

2 **a Bestimme das Tempus der unterstrichenen Verben. (6 Punkte)**

Nachdem er sich eine Weile mit seiner hübschen Tischnachbarin [1] unterhalten hatte, [2] gefiel ihm das

[1] = ______________________ [2] = ______________________

Familientreffen gleich viel besser. Während er jetzt nach Hause [3] geht, [4] denkt er bei sich:

[3] = ______________________ [4] = ______________________

„Gut, dass wir unsere Handy-Nummern [5] ausgetauscht haben. Morgen [6] werde ich sie anrufen."

[5] = ______________________ [6] = ______________________

b Trage in jeden Satz das vorgegebene Verb im richtigen Tempus ein. (2 Punkte)

A Nachdem ich die SMS [abschicken] ______________________, überkamen mich Zweifel.

B Aber während ich die Antwort [lesen] ______________________, lösten sich diese Zweifel sogleich auf.

3 **Kreuze für die unterstrichenen Verben an:**
Indikativ, Konjunktiv I oder Konjunktiv II? (4 Punkte)

	Indikativ	Konjunktiv I	Konjunktiv II
A Die Mutter erklärt Karina, sie finde ihr Verhalten unhöflich.	☐	☐	☐
B Karina hatte nämlich beim Abendessen zum Handy gegriffen.	☐	☐	☐
C Sie erwarte aber doch eine wichtige Nachricht, erklärt Karina.	☐	☐	☐
D „Könntest du dann bitte in dein Zimmer gehen?", bittet ihre Mutter.	☐	☐	☐

4 **Forme Satz A ins Passiv und Satz B ins Aktiv um. (2 Punkte)**

A Der Redner ignorierte das störende Handyklingeln.

____

B Die junge Frau wurde vom Saaldiener gebeten, das Handy auszuschalten.

____

5 **a Unterstreiche in jedem Satzgefüge den Nebensatz. (3 Punkte)**
b Setze die fehlenden Kommas an die richtige Stelle. (4 Punkte)
c Kreuze jeweils an, um welche Art von Nebensatz es sich handelt. (3 Punkte)

Stilsicher bewerben

A Einem Aushang in Ihrer Boutique in der Bonner Wenzelgasse habe ich entnommen dass Sie einen Ausbildungsplatz für Modedesign anbieten.

☐ Relativsatz ☐ Subjektsatz ☐ Objektsatz

B Da ich selbst sehr modebewusst bin und gern zeichne und male bewerbe ich mich um diesen Ausbildungsplatz.

☐ Modalsatz ☐ Kausalsatz ☐ Konditionalsatz

C Die Art von Kleidung die Sie in Ihren Modeläden anbieten entspricht genau meinem Stil.

☐ Subjektsatz ☐ Relativsatz ☐ Modalsatz

6 **a Unterstreiche in den folgenden Nebensätzen die Personalform des Verbs. (4 Punkte)**
b Füge je eine der folgenden Konjunktionen passend ein. (4 Punkte)

indem • weil • obwohl • nachdem

c Ergänze die fehlenden Kommas. (4 Punkte)

VORSICHT FEHLER!

A ____________ diese Kleidung für ein Vorstellungsgespräch ungewöhnlich war kombinierte Charles Parseval sein gelbes Lieblingshemd mit der leuchtend grünen Hose.

B Er wollte seine Individualität betonen ____________ er sich für etwas Auffallendes entschied.

C Außerdem hatte er dieses Outfit gewählt ____________ er sich darin besonders wohlfühlte.

D ____________ Charles Parseval die Werbeagentur betreten hatte erstarrte er: Alle anderen Bewerberinnen und Bewerber trugen Schwarz.

7 **Kreuze für jeden unterstrichenen Gliedsatz an: Infinitivgruppe oder Partizipialgruppe? (4 Punkte)**

	Infinitivgruppe	Partizipialgruppe
A Eine meiner besonderen Begabungen ist es, grafische Muster zu entwerfen.	☐	☐
B Dieser Bewerbung einige Entwürfe beilegend(,) hoffe ich auf Ihr Interesse.	☐	☐
C Meinen Lebenslauf lege ich(,) wie gewünscht(,) handgeschrieben bei.	☐	☐
D Über die Möglichkeit, in einem persönlichen Gespräch Genaueres über die Anforderungen der Ausbildung zu erfahren, würde ich mich freuen.	☐	☐

8 **a Überprüfe deine Lösungen mit Hilfe des Lösungsheftes. Für jede richtige Antwort bekommst du einen Punkt.**
b Trage ein, wie du die Aufgaben bewältigt hast: ✓ = das Meiste richtig ? = noch etwas unsicher

Aufgabe	1 ☐	2 ☐	3 ☐	4 ☐	5 ☐	6 ☐	7 ☐
Weitere Übungen	Seite 56	Seite 57	Seite 58–62	Seite 63	Seite 66, 68–73	Seite 68–70	Seite 72

Nomen und Pronomen: Der Kasus nach Präpositionen

Methode **Nach Präpositionen auf den Kasus achten**

Die Präposition legt fest, welchen Kasus das folgende Wort oder die folgende Wortgruppe (meist ein Nomen mit Nomenbegleiter/n), haben muss, z. B.

- **Präpositionen mit Akkusativ:** *bis, durch, für, gegen, ohne, um, wider,* z. B.: *Er verstößt gegen die Regeln.*
- **Präpositionen mit Dativ:** *ab, aus, bei, dank, gegenüber, mit, nach, nahe, seit, von, zu,* z. B.: *Bei gutem Benehmen winkt Anerkennung.*
- **Präpositionen mit zwei Kasus (Dativ oder Akkusativ):** Einige Präpositionen stehen je nach Bedeutung mit dem Dativ oder dem Akkusativ, z. B.: *an, auf, hinter, in, neben, über, unter, vor, zwischen.*
  - Frageprobe: Bei „Wo ...?" steht der Dativ, z. B. *Ich bin im (in dem) Laden.*
  - Frageprobe: Bei „Wohin ...?" steht der Akkusativ, z. B. *Ich gehe in den Laden.*
- **Präpositionen mit Genitiv:** *anstatt, aufgrund, dank, mittels, seitens, statt, trotz, während, wegen, zwecks,* z. B.: *Aufgrund seines unverschämten Verhaltens musste er das Geschäft verlassen.*

1 **a Unterstreiche in den folgenden Sätzen die Präpositionen.**
b Kreuze an, in welchem Kasus das Nomen steht, das der Präposition folgt.

	Präposition + Akkusativ	Dativ	Genitiv
A Bitte lassen Sie die Sachen nach der Anprobe nicht einfach in der Kabine liegen.	☐	☐	☐
B Könnten Sie das Obst bitte nicht auf den Boden fallen lassen!	☐	☐	☐
C Ihr Kind soll bitte die weiße Wäsche nicht mit seinen Schoko-Fingern anfassen.	☐	☐	☐
D Trotz unserer Hinweise haben Sie sich selbstständig bedient.	☐	☐	☐
E Für den Schaden werden Sie aufkommen müssen.	☐	☐	☐
F Ihr Hund darf hier nicht ohne Leine herumlaufen.	☐	☐	☐

2 **Kläre für jedes Nomen im Rahmen den Kasus mit der Frageprobe. Notiere beides unter dem Satz und trage die Präposition und das Nomen (mit Artikel) oder das Pronomen ein.**

Warteschlange an der Kasse

A Bitte stellen Sie sich [an + Ende] *an das Ende* der Schlange.

W______ stellen Sie sich? → Kasus: ____________________

B Entschuldigung, treten Sie bitte meinem Dackel nicht [auf + Pfoten] ____________________!

____

C Könnten Sie sich mit dem Kleingeld beeilen – [hinter + Sie] ____________________ warten noch viele!

____

D [Neben + Restpostenständer] ____________________ gibt es noch eine Kasse!

____

Rund ums Verb

Die Tempora im Blick haben

Information **Mit Temporalsätzen Zeitverhältnisse ausdrücken**

Temporalsätze geben an, in welchem zeitlichen Verhältnis ein Geschehen zu dem steht, was im Hauptsatz geschieht. Dabei kann zwischen **Vorzeitigkeit, Gleichzeitigkeit** und **Nachzeitigkeit** unterschieden werden.
Bei Vorzeitigkeit liegt das Ereignis im Temporalsatz vor dem Ereignis im Hauptsatz, z. B.:
Nachdem Großmutter die Küche aufgeräumt hatte, erzählte sie aus ihrem Leben.
Bei **Gleichzeitigkeit** verläuft das Ereignis im Temporalsatz gleichzeitig mit dem im Hauptsatz, z. B.:
Während ich meiner Großmutter zuhörte, strickte ich an meinem Schal weiter.
Bei **Nachzeitigkeit** findet das Ereignis im Temporalsatz nach dem Ereignis im Hauptsatz statt, z. B.:
Bevor sie ihren Mann kennen lernte, hatte Großmutter einige Verehrer.

1 **a Füge in den folgenden Text die markierten Infinitive im richtigen Tempus ein.**
b Vorzeitigkeit, Gleichzeitigkeit oder Nachzeitigkeit? Trage die Buchstaben der Sätze passend ein.

Vorzeitigkeit: ☐ ☐ Gleichzeitigkeit: ☐ ☐ Nachzeitigkeit: ☐

Briefe von Oma: So war es früher

A Meine Großmutter *beschreibt* beschreiben mir oft, wie es in ihrer Jugend ______________ sein. Ich ______________ haben dann meist den Eindruck, dass sich nicht viel ______________ ändern! B „Wenn ich mit Freundinnen zum Tanz ______________ gehen“, notierte Oma neulich, „ ______________ kleiden ich mich gern chic. C Aber der Ausschnitt am Kleid ______________ dürfen nicht zu tief sein, damit Mutter mich gehen ______________ lassen. D Sie ______________ verbieten mir mehrfach sogar auszugehen, weil ich mich ______________ schminken. E Aber noch bevor wir um die nächste Ecke ______________ biegen, ______________ geben mir meine Freundin ihren Lippenstift.“

2 **Streiche in den folgenden Sätzen jeweils die falsche Tempusform durch.**

Und heute? Ähnliche Diskussionen zwang / zwingt meine Mutter mir auch auf, wenn ich ausging / ausgehe, und meine Tricks waren / sind dieselben. Allerdings war / ist meine Großmutter deutlich älter, als es um diese Fragen ging / geht. Nachdem ich das verstanden hatte / habe, mochte / mag ich Großmutters Geschichten noch mehr.

3 ●●● **a In jedem Satz ist eine Tempusform falsch. Schreibe die Sätze verbessert in dein Heft.**
b Verbinde jeden der Sätze mit der dazu passenden Zeitenfolge.

VORSICHT FEHLER!

A Nachdem die Großeltern sich vorstellten, waren sie gleich zum Du übergegangen.
B Bevor sie zusammen ausgingen, stellt Großvater sich Großmutters Eltern vor.
C Als der junge Mann sich höflich verbeugte, fallen ihm seine ungeputzten Schuhe auf.

a Vorzeitigkeit
b Gleichzeitigkeit
c Nachzeitigkeit

Der Modus der Verben – Konjunktiv und Indikativ

Information | **Der Konjunktiv II (Irrealis) und die würde-Ersatzform**

Die **Verben** haben einen **Modus** (Aussageweise): Er zeigt an, wie wirklich und sicher eine Aussage ist. Wenn man eine Aussage als **unwirklich,** nur vorgestellt, unwahrscheinlich oder gewünscht kennzeichnen möchte, verwendet man den Konjunktiv II. Man bezeichnet den Konjunktiv II daher auch als **Irrealis.**

Bildung des Konjunktivs II

Der Konjunktiv II wird in der Regel **vom Präteritum Indikativ** abgeleitet. Bei unregelmäßigen Verben werden **a, o, u** im Wortstamm zu **ä, ö, ü,** z. B. (Infinitiv: *tun) er tat → er täte.*

Anstelle des Konjunktivs II wird die **würde-Ersatzform** verwendet, wenn

- der Konjunktiv II (im Textzusammenhang) **nicht vom Indikativ Präteritum zu unterscheiden** ist, z. B.: *Wir hießen sie willkommen. → Wir würden sie willkommen heißen.*
  Hinweis: Meist ist dies bei Verbformen in der 1. oder der 3. Person Plural der Fall.
- die Konjunktiv II-Form als besonders **ungebräuchlich** oder **unschön** empfunden wird, vor allem im mündlichen Sprachgebrauch, z. B.: *Er empfähle eine Zusage. → Er würde eine Zusage empfehlen.*

1 **a** **Konjunktiv II oder würde-Ersatzform? Setze die Verben in der richtigen Form in die Fragen ein.**
b **Beantworte jede Frage in deinem Heft und verwende dabei den Konjunktiv II oder die würde-Ersatzform.**

Was wäre, wenn ... – Unwahrscheinliche Alltagserlebnisse

A Wie reagieren ____________ du ____________,

wenn dir jemand an den Haaren ziehen ____________?

Mögliche Antwort: Jch bäte ihn/würde ihn bitten, ...

B Was tun ____________ du ____________, wenn deine Eltern dich

auf einmal siezen ____________?

C Was antworten ____________ du ____________, wenn ein älterer

Herr dir im Bus seinen Platz anbieten ____________?

2 **Formuliere die Imperative in höfliche Bitten um und verwende dabei „können“, „mögen“, „dürfen“ oder „werden“ im Konjunktiv II. Schreibe die Bitten in dein Heft.**

A Könnten Sie bitte ...

Information **Irreale Konditionalgefüge (Bedingungsgefüge)**

In einem Satzgefüge stellt der Konditionalsatz (Nebensatz, der meistens mit „wenn" oder „falls" eingeleitet wird) eine Bedingung dar. Die Folge wird im Hauptsatz formuliert.

- Ist die **Bedingung möglich oder real**, werden Hauptsatz und Nebensatz im Indikativ formuliert, z. B.: *Wenn ich alle Verhaltensregeln kenne, bin ich ganz entspannt.*
- Ist die **Bedingung unwahrscheinlich bzw. irreal,** wird im Hauptsatz und im Nebensatz (Konditionalsatz) der Konjunktiv II (Irrealis) bzw. die würde-Ersatzform verwendet, z. B.: *Es gäbe weniger Verstimmungen, wenn sich jeder um mehr Höflichkeit (~~bemühte~~) bemühen würde.*

Hinweis: Konditionalgefüge können auch ohne die Konjunktionen „wenn" oder „falls" gebildet werden. Die Personalform des Verbs steht – wie bei der direkten Frage – an erster Stelle, z. B.: *Würde sich jeder um mehr Höflichkeit bemühen, gäbe es weniger Verstimmungen.*

3 a **Verbinde die folgenden Hauptsätze zu irrealen Konditionalgefügen. Nutze unterschiedliche Möglichkeiten.**

A Der Reisende winkt nicht.	Die Wartenden erkennen ihn nicht.
B Das Essen schmeckt nicht widerlich.	Ich lasse es nicht stehen.
C Ich habe ein Taschentuch.	Ich wische meine Nase nicht am Ärmel ab.
D Der Kaffee ist nicht so heiß.	Er schlürft ihn nicht lautstark.
E Wir benehmen uns falsch.	Wir merken es an den Reaktionen.
F Du sprichst nicht mit vollem Mund.	Man kann dich besser verstehen.

A Würde der Reisende nicht winken, würden die Wartenden ihn nicht erkennen.

B ______

______

______

______

______

b **Wandle die irrealen Konditionalgefüge in reale Bedingungsgefüge um. Hebe, wo nötig, die Verneinung auf. Schreibe in dein Heft.**

Beispiel: A Wenn er winkt, begrüßen sie ihn.

4 **Übersetze die irrealen Konditionalgefüge aus dem Englischen ins Deutsche. Schreibe in dein Heft.**

A If he were more polite, everybody would like him.

B If you respected the rules, you wouldn't have so many difficulties.

C If I had arrived in time, I would have got the job.

D If she talked less, she would be more successful.

Der Konjunktiv I in der indirekten Rede

Information **Wörtliche Rede in indirekter Rede wiedergeben**

Äußerungen Dritter kannst du in der indirekten Rede wiedergeben.
Das Verb steht im **Konjunktiv I,** z. B.:

- **Indikativ:** *Der Knigge-Rat sagt: Gutes Benehmen verbessert die schulische Atmosphäre.*
- **Indirekte Rede mit Konjunktiv I:** *Man sagt, gutes Benehmen verbessere die schulische Atmosphäre.*

Bildung des Konjunktivs I:

Singular		**Plural**	
Indikativ Präsens	**Konjunktiv I**	**Indikativ Präsens**	**Konjunktiv I**
ich empfehl-e	*ich empfehl-e*	*wir empfehl-en*	*wir empfehl-en*
du empfiehl-st	*du empfehl-est*	*ihr empfehl-t*	*ihr empfehl-et*
er/sie/es empfiehl-t	*er/sie/es empfehl-e*	*sie empfehl-en*	*sie empfehl-en*

1 **Gib die folgenden Empfehlungen des Deutschen Knigge-Rats für einen „Schüler-Knigge" in indirekter Rede wieder. Verwende den Konjunktiv I und ergänze jeweils einen einleitenden Hauptsatz.**

Empfehlung: Bei jedem Zusammentreffen verbindlich grüßen
Dazu der Deutsche Knigge-Rat: „In der Klasse geht die Begrüßung oft im Chaos unter. Das ist schade, denn später im Beruf wird zwingend erwartet, andere mit Respekt und Achtung zu begrüßen. Dabei ist es gleichgültig, wie man zu ihnen steht."

A *Der Deutsche Knigge-Rat merkt an, in der Klasse gehe* ____________________

____

____

Empfehlung: Zuverlässig und pünktlich auftreten
Dazu der Deutsche Knigge-Rat: „Sorgloses Verschlafen des Unterrichtsbeginns verärgert nicht nur Lehrer/-innen, sondern auch die Mitschüler/-innen. Es ist sehr rücksichtslos."

B ____

____

Empfehlung: Das Handy beiseitelegen
Dazu der Deutsche Knigge-Rat: „Bei persönlichen Gesprächen ist das Handy die Nervensäge Nummer eins. Es bimmelt und fiept überall in den bizarrsten Klingeltönen herum und raubt den anderen Gesprächsteilnehmern die Geduld. Wir mahnen dringend: Legt eure Handys in persönlichen Gesprächen zur Seite."

C ____

____

____

Information **Ersatzformen für den Konjunktiv I**

Wenn der **Konjunktiv I** (im Textzusammenhang) nicht vom Indikativ Präsens zu unterscheiden ist, wird der **Konjunktiv II** oder die **würde-Ersatzform** verwendet, z. B.:

Indikativ →	**Konjunktiv I** →	**Konjunktiv II** →	**würde-Ersatzform**
Er hebt hervor: „Alle profitieren davon."	*Er hebt hervor, alle profitieren davon.*	*Er hebt hervor, alle profitierten davon.*	*Er hebt hervor, alle würden davon profitieren.*

2 **Setze die folgende Empfehlung des Deutschen Knigge-Rats für einen „Schüler-Knigge" in die indirekte Rede. Achte auf den richtigen Einsatz von Konjunktiv I oder Konjunktiv II oder würde-Ersatzform.**

> **Empfehlung: Auf die eigene Sprache achten**
> Dazu der Deutsche Knigge-Rat: „Primitive Redeweisen fallen vor allem auf den Redner selbst zurück. Sie wirken unsympathisch und abstoßend. Beleidigungen verletzen den anderen. Infolgedessen entstehen die meisten Streitfälle bis hin zur Gewaltanwendung."

____

____

____

3 **Umkreise in jedem der folgenden Sätze die richtige(n) Verbform(en).**

Auf der Website des Knigge-Rats findet man Verhaltensempfehlungen für Schülerinnen und Schüler: Deren Sinn beschreiben die Vorbemerkungen folgendermaßen:

A Von guten Umgangsformen in der Schule (**profitieren** / **profitierten** / **würden**) Schüler und Lehrer gleichermaßen (**.** / **profitieren.**)

B Denn diese (**tragen** / **trügen** / **würden**) zur Entspannung des Lehrer-Schüler-Verhältnisses (**bei.** / **beitragen.**)

C Nicht zuletzt die Lernatmosphäre (**verbessere** / **verbesserte** / **würde**) sich spürbar (**.** / **verbessern.**)

D Gute Umgangsformen (**drücken** / **drückten** / **würden**) Respekt und Höflichkeit, Toleranz und Wertschätzung (**aus** / **ausdrücken**)

und (**dienen** / **dienten** / **würden**) keinem Selbstzweck (**dienen,**) sondern (**seien** / **wären** / **würden**) wichtig für die Entwicklung (**.** / **sein.**)

E Gutes Benehmen (**stärke** / **stärkte** / **würde**) das Selbstvertrauen (**.** / **stärken.**)

4 ●●● **Schreibe einen Kommentar zu den Empfehlungen in den Aufgaben 1 bis 3 in dein Heft. Beziehe dich auf eine Empfehlung und formuliere deine Einwände als reale oder irreale Konditionalgefüge, z. B.:**
Grundsätzlich fände ich es gut, …

Information **Tempuswahl in der indirekten Rede**

- Das Tempus des einleitenden Hauptsatzes beeinflusst das Tempus in der indirekten Rede nicht, z. B.:
  Direkte Rede: *Sie sagt/sagte/wird sagen: „Lehrer* ***sind*** *auch Menschen."*
  Indirekte Rede: *Sie sagt/sagte/wird sagen, Lehrer* ***seien*** *auch Menschen.*
- Das Tempus im Nebensatz der indirekten Rede richtet sich nach dem Tempus in der direkten Rede, z. B.:
  Er sagte: „Sie ***hat*** *mir Recht* ***gegeben."*** (Ind. Perfekt) → *Er sagte, sie* ***habe*** *ihm Recht* ***gegeben.*** (Konj. I Perfekt)
  Er sagte: „Sie ***wird*** *mir Recht* ***geben."*** (Ind. Futur) → *Er sagte, sie* ***werde*** *ihm Recht* ***geben.*** (Konj. I Futur)
  Beachte: Der Konjunktiv I Perfekt tritt auch für Indikativ Präteritum sowie Plusquamperfekt ein, z. B.:
  Sie sagte: „Ich ***handelte*** *richtig."* (Ind. Prät.) → *Sie sagte, sie* ***habe*** *richtig* ***gehandelt.*** (Konj. I Perf.)
  Sie sagte: „Ich ***hatte*** *Recht* ***gehabt."*** (Ind. Plusqu.) → *Sie sagte, sie* ***habe*** *Recht* ***gehabt.*** (Konj. I Perf.)

5 **a Übertrage jede direkte Rede in die indirekte Rede: Notiere die richtige Tempusform im Konjunktiv.**
b Kreuze an, um welche Tempusform es sich handelt.

Indikativ Ich sagte:	**Umformung in indirekte Rede** Ich sagte,	**Konjunktiv I** Präsens	Perfekt	Futur	**Konjunktiv II**
„Es schneite."	... es habe geschneit.	☐	☒	☐	☐
A „Ich schwieg."	______	☐	☐	☐	☐
B „Du wirst lachen."	______	☐	☐	☐	☐
C „Sie hatte gesungen."	______	☐	☐	☐	☐
D „Ihr habt gestritten."	______	☐	☐	☐	☐
E „Er kommt."	______	☐	☐	☐	☐
F „Ich bin gefallen."	______	☐	☐	☐	☐

6 **Einmal muss bei Aufgabe 5 der Konjunktiv II verwendet werden. Gib an, wo, und begründe.**

In Satz ____ muss der Konjunktiv II verwendet werden, weil ______________________

____

7 **Setze den folgenden Satz in die indirekte Rede.**

Die Leiterin des „Fit for life"-Seminars hob hervor: „Höflichkeitsregeln hat es schon immer gegeben, es gibt sie in allen Kulturen und es wird sie auch in Zukunft geben, auch wenn sie sich verändern."

____

____

____

Aktiv und Passiv

Information **Aktiv und Passiv**

1 In **Aktivsätzen** wird der **Handlungsträger** (Handelnde) betont, z. B.:
Touristen verletzen manchmal unwissentlich landestypische Höflichkeitsregeln.

2 In **Passivsätzen** wird die **Handlung**/der Vorgang betont, z. B.:
Landestypische Höflichkeitsregeln werden manchmal unwissentlich verletzt.
- Im Passivsatz kann der Handlungsträger ergänzt werden, z. B.: *Die Regeln werden von Touristen verletzt.*
- Bei der Umwandlung eines Aktivsatzes in einen Passivsatz wird das Akkusativobjekt des Aktivsatzes zum Subjekt des Passivsatzes, z. B.:
Der Bundespräsident begrüßt den Staatsgast. → *Der Staatsgast wird vom Bundespräsidenten begrüßt.*
Akkusativobjekt Subjekt

1 **a Markiere in den Aktivsätzen das Akkusativobjekt.**
b Formuliere die Aktivsätze in Passivsätze um.

Den Charme der Nachbarländer entdecken

A Die Deutschen schätzen die Niederlande als besonders entspanntes Urlaubsland.

Die Niederlande werden ____________________

B Sie genießen häufig die kleinen, aber wichtigen Unterschiede in der Mentalität.

____

C Niederländer erledigen Einkäufe in der Stadt gern mit dem Fahrrad.

____

D Beim ersten Sonnenstrahl bevölkern sie die zahlreichen Straßencafés.

____

Methode **Abwechslungsreich schreiben: Ersatzformen für das Passiv**

In einem Text sind zu viele Passivformen unschön. Verwende Ersatzformen mit aktiven Verbformen, die den Handlungsträger ebenfalls nicht nennen. Statt *„Das Ritual der Begrüßung wird nicht verändert"* z. B.:
- **man-Form:** *Man verändert das Ritual der Begrüßung nicht.*
- **„sein" + Infinitiv mit „zu":** *Das Ritual der Begrüßung ist nicht zu verändern.*
- **„sich lassen" + Infinitiv:** *Das Ritual der Begrüßung lässt sich nicht verändern.*

2 **a Unterstreiche im folgenden Text die Passivformen.**
b Formuliere den Text abwechslungsreicher. Verwende auch Ersatzformen und schreibe in dein Heft.

Bei der Begrüßung wird von Franzosen in der Regel „Bonjour!" gesagt. Von Jugendlichen und Bekannten wird das umgangssprachliche „Salut!" benutzt. Eine Freundin wird mit „bises" (Küsschen) auf beide Wangen begrüßt. Ein Mann wird von einem anderen Mann eher per Handschlag begrüßt. Das Begrüßungsritual wird dann mit einem rituellen „Comment allez-vous?" oder „Comment vas-tu?" fortgesetzt. Weniger förmlich wird einfach „Ça va?" gefragt. Damit wird aber nicht wirklich das Befinden erkundet. Entsprechend wird nicht sogleich über die aktuellen Wehwehchen lamentiert. Geantwortet wird vielmehr immer mit „Ça va bien, merci."

Texte überarbeiten: Verbformen prüfen

Tempus, Modus, Aktiv und Passiv

1 **In jedem der folgenden Sätze gibt eine der Verbformen die Zeitenfolge nicht richtig wieder. Streiche sie durch und notiere die verbesserte Verbform in der Randspalte.**

Kurznotizen in der Schülerzeitung: Neuigkeiten aus Italien

VORSICHT FEHLER!

Charlotte R., 9 c, über den Schüleraustausch in Mailand: A Nachdem schon meine Schwester 20xx am Schüleraustausch teilgenommen hat, wusste ich bei meiner Ankunft in der Gastfamilie einiges. B Meist hat ein Besucher in Italien „Permesso?" gefragt, das heißt „Ist es gestattet?", bevor er eine fremde Wohnung betritt. C Sieht man jemanden nach dem ersten Kennenlernen wieder, begrüßte man sich mit „Ciao!" D Ist man befreundet, gab es auch gern einmal ein Küsschen links und rechts – zumindest unter Mädchen.

2 **Überprüfe im folgenden Text die Konjunktivformen in der indirekten Rede. Markiere sieben falsche Konjunktivformen und notiere in der Randspalte die Verbesserung.**

VORSICHT FEHLER!

Nina W., 9 c: A Charlie hat erst nach Tagen gesimst, sie wäre gut in Mailand angekommen. B Das lässt darauf schließen, dass sie in Mailand sehr beschäftigt ist und Spannendes erlebt. C Sie schreibt, gleich am ersten Tag in der Schule hätte sie mitbekommen, dass die Lehrer dort „Professoren" sein würden, aber nur in der Anrede. D Außerdem trinke sie jetzt morgens Cappuccino, obwohl sie zu Hause keinen Kaffee anrührte. E Das italienische Frühstück machte ohne die Milch im Kaffee nicht satt genug bis zum Mittagessen. F Charlie meint, sie wird nicht oft schreiben, denn die italienischen *Raggazi* kümmerten sich sehr intensiv um sie.

3 **a** **Der folgende Text wirkt wenig abwechslungsreich: Markiere alle Passivformen.**
b **Tausche einige Passivformen aus und formuliere einen flüssiger lesbaren Text.**

In Italien wird sehr auf gute Kleidung geachtet. Insbesondere in Kirchen wird erwartet, dass nicht allzu viel nackte Haut gezeigt wird. Aber auch im Museum werden in der Regel von Männern keine kurzen Hosen und von Frauen keine allzu kurzen Röcke getragen. Allerdings werden diese Regeln zunehmend weniger streng gehandhabt. Insbesondere von jungen Leuten wird die Kleiderordnung deutlich lockerer ausgelegt.

Teste dich!

Rund ums Verb

1 a Kreuze für jede der folgenden Aussagen an, ob sie richtig oder falsch ist. (5 Punkte)

		richtig	falsch
A	In einem irrealen Bedingungsgefüge steht der Konjunktiv II im Hauptsatz und im Nebensatz.	☐	☐
B	In der 1. und der 3. Person Plural ist der Konjunktiv I nicht vom Indikativ Präsens zu unterscheiden, dann muss die Ersatzform mit würde verwendet werden.	☐	☐
C	Auch vom Passiv kann ein Konjunktiv gebildet werden.	☐	☐
D	Das Tempus im einleitenden Hauptsatz (Redebegleitsatz) bestimmt das Tempus der indirekten Rede (Nebensatz).	☐	☐
E	Ein Konjunktiv I Perfekt kann in der indirekten Rede verschiedene Vergangenheitsformen wiedergeben.	☐	☐

b Trage für jeden Satz den Buchstaben der dazu passenden Aussage von Aufgabe 1 a ein. (4 Punkte)

1 ☐ Wäre das Hotel besser gewesen, hätten wir das Essen nicht von ferne anstarren müssen.

2 ☐ Die Service-Mitarbeiterin meldete, das Büfett werde in Kürze eröffnet.

3 ☐ Sie sagte, es habe eine Verzögerung gegeben, nachdem sich der Chefkoch krank gemeldet habe.

4 ☐ Wir antworteten erleichtert, wir würden dann gern sofort zugreifen.

2 Unterstreiche die Verbformen im Aktiv blau und die Passivformen grün. (11 Punkte)

Vor hundert Jahren wurden Kinder strenger erzogen. Es gab viel striktere Regeln. Wer sie nicht befolgte, wurde bestraft. Die Eltern wurden von ihren Kindern gesiezt. Zur Begrüßung machten Mädchen einen Knicks und Jungen verbeugten sich. Dabei wurde die Kappe vom Kopf gezogen. Bei Tisch wurde nicht geredet. Es wurde erst gegessen, wenn der Vater „Guten Appetit!" gewünscht hatte.

3 Schreibe den folgenden Text ab und verwende darin die unterlegten Verben in der richtigen Form. (6 Punkte)

Kurzbericht über ein Vorstellungsgespräch für ein Praktikum im 5-Sterne-Restaurant

Nachdem erste Fragen besprechen, bitten mich die Restaurant-Chefin an einen Tisch. Sie meinte, ich können doch bestimmt richtig mit dem Besteck umgehen und sollen das nun einfach einmal zeigen. Beim Blick auf den gedeckten Tisch erschrecken ich zuerst, bevor ich mich wieder erinnern: Man nimmt das Besteck immer von außen nach innen weg.

Vergleiche deine Ergebnisse mit dem Lösungsheft. Für jede richtige Antwort bekommst du einen Punkt.

☺ 26–21 Punkte	😐 20–13 Punkte	☹ 12–0 Punkte
Gut gemacht!	Gar nicht schlecht, aber lies dir die Informationskästen auf den Seiten 57 bis 63 noch einmal genau durch.	Arbeite die Seiten 57 bis 63 noch einmal genau durch.

Texte überarbeiten mit Hilfe von Proben

Methode **Umstellprobe, Weglassprobe, Ersatzprobe, Erweiterungsprobe**

Die Proben helfen dir, **genauer zu schreiben** und Texte **stilistisch zu verbessern:**

- **Gestalte Satzanfänge abwechslungsreich.** Wende dafür die Umstellprobe an, z. B.: *Mich | reizt | besonders | der Beruf des Anwalts. → Der Beruf des Anwalts ... → Besonders reizt mich ...*
- **Streiche überflüssige Wörter,** Wiederholungen oder umständliche Formulierungen. Nutze dazu die Weglassprobe, z. B.: *Mich reizt ~~eben gerade~~ besonders der Beruf des Anwalts.*
- **Vermeide Wortwiederholungen** und floskelhafte oder umgangssprachliche Wendungen durch die Ersatzprobe, z. B.: *Mich reizt besonders der Beruf des Anwalts. Der Beruf des Anwalts ... → Dieser/Er ...*
- **Formuliere genauer** mit Hilfe der Erweiterungsprobe. Füge einem Satz Objekte, adverbiale Bestimmungen oder Attribute hinzu, z. B.: *Mich reizt besonders der sehr interessante Beruf des Anwalts.*

Ein Bewerbungsanschreiben treffend formulieren

1 **Vermeide in Bewerbungsanschreiben monotone Satzanfänge mit „Ich“: Wende die Umstellprobe an und notiere jeweils zwei Sätze mit unterschiedlichen Satzanfängen.**

A Ich möchte mein zweiwöchiges Berufspraktikum sehr gern in Ihrem Unternehmen absolvieren.

B Ich interessiere mich seit der Teilnahme am Planspiel „Börse“ der Stadtbank für den Handel mit Wertpapieren.

2 **a Streiche im folgenden Auszug aus einem Bewerbungsanschreiben die störenden Wiederholungen durch.**
b Wende die Ersatzprobe an und notiere über den Zeilen Verbesserungsvorschläge.

VORSICHT FEHLER!

Gern möchte ich mein Betriebspraktikum in der Stadtverwaltung machen, da die Stadtverwaltung für mich ein interessanter künftiger Arbeitgeber ist. Am liebsten würde ich mein Praktikum beim Kulturservice der Stadtverwaltung absolvieren, aber auch andere Bereiche der Stadtverwaltung wären für mich interessant. Ich verspreche mir von einem Praktikum in der Stadtverwaltung gute Einblicke in die organisatorischen Abläufe einer großen Verwaltung und einen Überblick über die unterschiedlichen städtischen Aufgaben, die in der Stadtverwaltung koordiniert werden müssen.

3 Miriam hat eine Rückfrage des Praktikumsbetriebs zu knapp beantwortet. Nutze die Erweiterungsprobe, um mit den unten angebotenen Informationen eine aussagefähige Antwort zu verfassen.

Der Praktikumsbetrieb bittet um Informationen über Zeitpunkt/Dauer, Inhalte und Betreuung des Praktikums.

Informationen zum Schulpraktikum
- Dauer: zwei Wochen, genauer Zeitpunkt: 14.–28.05.20xx
- Praktikumsinhalt: berufstypische Tätigkeiten ohne eigene Verantwortung
- Betreuung: feste/r Ansprechpartner/-in im Betrieb, Besuch durch Lehrkraft gegen Ende des Praktikums

Jch würde das Praktikum gern in Jhrem Unternehmen absolvieren. Vorgesehen sind unterschiedliche Tätigkeiten. Jm Betrieb muss eine Betreuung gegeben sein. Eine Lehrerin wird mich besuchen.

______

______

______

4 Das folgende Bewerbungsanschreiben enthält mehrere Fehler. Überarbeite es:

a Trage für jeden Satz ein, welche Proben dir helfen, ihn zu verbessern: Umstellprobe = *U*, **Weglassprobe =** *W*, **Ersatzprobe =** *Es*, **Erweiterungsprobe =** *Ew*.

b Prüfe, ob das Anschreiben die folgenden Informationen enthält. Vermerke, was fehlt.

Überarbeite Texte **mit einem Stift:** Streiche durch, unterstreiche oder notiere Ideen für Verbesserungen in der Randspalte.

Alter, Klasse, Schule, Ort • Datum und Zeitraum des Praktikums • Art des Praktikums

c Arbeite im Heft ein verbessertes Bewerbungsanschreiben aus.

VORSICHT FEHLER!

Betreff: Bewerbung um ein Schülerpraktikum

Sehr geehrte Frau Baumann,

A [*U*] [*Ew*] ich möchte sehr gern das zweiwöchige Berufspraktikum, das √ von unserer Schule durchgeführt wird, in Ihrem Architekturbüro absolvieren. B [ ] [ ] Ich bin 16 Jahre alt und ich besuche die Schule. C [ ] [ ] Ich interessiere mich sehr für den Beruf der Architektin und würde gern den Alltag einer Architektin näher kennen lernen, um bei meiner Berufsentscheidung sicherer zu werden. D [ ] [ ] Meine Lieblingsfächer in der Schule sind je nachdem Mathematik, Kunst und Sport. E [ ] Besonders faszinieren mich eher so schwierige Aufgaben in der Geometrie. F [ ] [ ] Im Betrieb meiner Mutter helfe ich seit einigen Jahren immer mal wieder ein bisschen im IT-Bereich aus und bin deshalb relativ sicher im Umgang mit dem Computer.

Wann? Wie lange?

Über eine Zusage würde ich mich sehr freuen.

Mit freundlichen Grüßen

Sina Krone

Wiederholung: Nebensätze unterscheiden

Zusammenhänge herstellen mit Adverbialsätzen

Information **Adverbialsätze: Logisch richtige Konjunktionen verwenden**

Adverbialsätze werden mit einer **unterordnenden Konjunktion (Subjunktion),** wie z. B. *weil, als, nachdem, damit, obwohl, indem, wenn, falls, sodass,* eingeleitet und durch **Komma** vom Hauptsatz getrennt, z. B.:

***Nachdem** ein Bewerbungsanschreiben sorgfältig überarbeitet wurde, kann es abgeschickt werden.*

Adverbialsatz drückt einen Zeitpunkt aus (temporal)

*Ich mache mir meine Stärken bewusst, **damit** ich meine Bewerbung überzeugend ausarbeiten kann.*

Adverbialsatz drückt eine Absicht aus (final)

Die **Frageprobe** hilft, den logischen Zusammenhang zu klären und die richtige Konjunktion auszuwählen.

1 **Trage zu jeder Art von Adverbialsatz die richtige Frageprobe ein.**

Art des Adverbialsatzes	Frageprobe	Konjunktionen
Kausalsatz (Grund, Ursache)	Warum?	*da, weil*
Konditionalsatz (Bedingung)	______	*wenn, falls, sofern*
Finalsatz (Ziel, Absicht)	______	*damit, dass*
Konsekutivsatz (Folge, Wirkung)	______	*sodass (auch: so ..., dass)*
Konzessivsatz (Einräumung)	______	*obwohl, obgleich, auch wenn*
Temporalsatz (Zeitpunkt/-dauer)	______	*nachdem, als, während, bis, bevor, solange, sobald*
Modalsatz (Art und Weise)	______	*indem, als ob*
Adversativsatz (Gegenüberstellung)	______	*wohingegen, während*

2 **In den folgenden Satzgefügen fehlen die Verknüpfungen: Nutze die Frageprobe, um passende Konjunktionen auszuwählen, und trage diese ein.**

Auf dem Weg zur Berufswahl: Sich um ein Praktikum bewerben

______ du schon immer wusstest, was du werden möchtest, ist die Wahl eines Ausbildungsplatzes natürlich einfach. Im Laufe der Schulzeit lernt man aber wenige Berufe wirklich kennen, ______ für viele Schülerinnen und Schüler fraglich ist, was sie interessieren könnte. ______ ein Praktikum auch Freizeit kostet, ermöglicht es wertvolle Erfahrungen. Einen ersten Überblick über mögliche Berufsfelder kann man sich erschließen, ______ man Broschüren oder Erfahrungsberichte Dritter auswertet.

Methode **Texte überarbeiten: Verbstellung in Nebensätzen prüfen (1)**

Nebensätze können hinter oder vor einem Hauptsatz stehen, aber auch eingebettet sein.
Im Nebensatz steht die Personalform des Verbs immer an letzter Satzgliedstelle, z. B.:
Ich lasse mich bei der Berufswahl gern beraten, weil ich gar nicht alle Berufe kenne.
Weil die Erwachsenen in meinem Umfeld sehr unterschiedliche Berufe ausüben, können sie Tipps geben.
Mancher Praxisbericht öffnet, weil er wirklich interessant ist, neue Perspektiven für mich selbst.
Achtung, falsch: *Ich lasse mich gern beraten, ~~weil ich kenne ja gar nicht alle Berufe.~~*

3 **Korrigiere die Satzstellung in folgenden Aussagen und schreibe das verbesserte Satzgefüge auf.** VORSICHT FEHLER!

A Ich möchte eine Ausbildung zum Schreiner machen, weil ich stelle gern etwas Schönes aus Holz her.

___

B Ich interessiere mich für den Ausbildungsplatz als Industriefrau, weil mein Vater sagt mir immer, dass ich gut organisieren kann.

___

C Ich bewerbe mich als Zahnarzthelferin, weil mein Praktikum in der Zahnarztpraxis hat mir sehr gut gefallen.

___

4 **Prüfe für jedes der folgenden Satzgefüge, ob der Nebensatz mit „weil" sinnvoll verknüpft ist.**
a **Schreibe die Frageprobe in die Randspalte: Ist „weil" die dazu passende Konjunktion?**
b **Notiere, falls „weil" nicht passt, die besser geeignete Konjunktion.** VORSICHT FEHLER!

Ich suche einen technisch innovativen Beruf,
~~weil~~ ich mich später weiterentwickeln kann. — *Mit welcher Absicht? damit*

A Ich bewerbe mich um einen Praktikumsplatz in einer Kita,
weil ich wenig Erfahrung mit kleinen Kindern habe. ___

B Bevorzugt möchte ich mein Praktikum in einem Theater durchführen,
weil mich die Welt der Bühne fasziniert. ___

C Könnte ich mein Praktikum in die Ferien hinein verlängern,
weil es eine sinnvolle längere Einsatzmöglichkeit gibt? ___

5 **a** **Verbinde die folgenden Sätze zu sinnvollen Satzgefügen: Wende die Frageprobe an.**
●●● **b** **Wähle die logisch richtige Konjunktion und schreibe das Satzgefüge ins Heft. Achte auf die Kommasetzung.**

Gesucht: Traumberuf!

A Viele junge Menschen informieren sich über die Zukunftschancen eines Berufs.	Mit welcher Absicht? ←→	Sie wollen nach der Ausbildung nicht arbeitslos sein.
B Schülerinnen und Schüler kennen ihre Noten.	←→	Sie können ihre Fähigkeiten schlecht einschätzen.
C Berufliche Kompetenzen stimmen kaum mit den Schulfächern überein.	←→	Ein Blick auf das letzte Zeugnis bietet wenig Aufschluss für die Berufswahl.
D Arbeitgeber achten besonders auf die Persönlichkeit und soziale Kompetenzen.	←→	Eine Schulnote bewertet eher das fachliche Wissen.

Methode **Texte überarbeiten: Verbstellung in Nebensätzen prüfen (2)**

Vermeide falsche Satzverknüpfungen:
- Die **Konjunktionen „obwohl" und „weil"** leiten in einem **Satzgefüge (Hs + Ns) Nebensätze** ein, die Personalform des Verbs steht an letzter Satzgliedstelle.
- Die **Konjunktionaladverbien „trotzdem" und „denn"** leiten in einer **Satzreihe (Hs + Hs) Hauptsätze** ein, die Personalform des Verbs steht an zweiter Satzgliedstelle.

6 **Verbinde die folgenden Sätze je nach angebotener Verknüpfung zu Satzgefügen bzw. Satzreihen. Schreibe die Sätze auf, beachte die Kommasetzung und unterstreiche jeweils die Personalform des Verbs.**

A Viele Schülerinnen und Schüler informieren sich vor der Berufswahl genau.
Nicht wenige sind von den tatsächlichen Anforderungen im Beruf überrascht.

obwohl ______________________________

____

trotzdem ______________________________

____

B Eine gute Ausbildung ist wichtig. Man lernt alles für den Beruf Notwendige in Theorie und Praxis.

denn ______________________________

____

weil ______________________________

____

Subjekt- und Objektsätze: Nebensätze als Satzglieder

Methode **Leserfreundlich schreiben mit Subjekt- und Objektsätzen**

Subjektsätze und Objektsätze sind Gliedsätze, weil sie **für den Hauptsatz die Rolle des Subjekts bzw. des Objekts** übernehmen. Sie lassen sich wie das Subjekt oder das Objekt durch die Frageprobe ermitteln:

- **Subjektsatz:** *Wer über mindestens gute Mathematikkenntnisse verfügt, kann sich bewerben.*
  Wer (was) kann sich bewerben?
- **Objektsatz:** *Sie erfahren bei unserem Ausbildungsbeauftragten, was Sie zusätzlich wissen möchten.*
  Wen (was) erfahren Sie ...?

Subjekt- und Objektsatz sind Nebensätze und werden **immer** durch ein **Komma** vom Hauptsatz abgetrennt.

1 a **Unterstreiche in den folgenden Satzgefügen den Gliedsatz.**
b **Führe die Frageprobe durch und trage ein: Subjektsatz** *S* **oder Objektsatz** *O***?**

Chancen nutzen: Einen fabelhaften Ausbildungsplatz bekommen

A Was wir an Ausbildungschancen bereitstellen, geht weit über das Übliche hinaus.

Frageprobe: Wer (was) ______ ☐

B Wir bieten Ihnen, wovon andere nur träumen können.

Frageprobe: ______ ☐

C Wer Fleiß und Offenheit für Neues mitbringt, wird in unserem Unternehmen Karrierechancen bekommen.

Frageprobe: ______ ☐

D Zeigen Sie uns, dass Sie der oder die Richtige für uns sind!

Frageprobe: ______ ☐

2 **Nominalisierungen lassen die folgenden Sätze etwas umständlich wirken: Wandle die unterstrichenen Satzglieder in Subjekt- oder Objektsätze um und formuliere leserfreundlicher.**
Schreibe die umformulierten Sätze auf und achte auf die Kommasetzung.

A Erfahrene Ausbilder berücksichtigen die Nervosität der Bewerber und deren erleichterte Reaktion auf ein freundliches Lächeln.

______

______

B Informationen über das Nicht-eingeladen-Werden zum Vorstellungsgespräch oder das Nicht-Bestehen des Auswahltests erhalten Bewerber/-innen nur selten.

______

______

Infinitivgruppen und Partizipialgruppen

Information **Infinitivgruppen**

Obwohl Infinitivgruppen kein Verb in der Personalform besitzen, können sie im Satz die Funktion von Nebensätzen übernehmen (z. B. die Stelle von Subjekt-, Objekt- oder Adverbialsätzen).
Eine Infinitivgruppe besteht aus einem **Infinitiv mit „zu“** und mindestens einem weiteren Wort, z. B.:
*Das Bewerbungsanschreiben hat die Funktion, Interesse an der eigenen Person **zu wecken.***
Infinitivgruppen darf man immer durch **Komma** vom Hauptsatz trennen. Ein **Komma muss** stehen,

- wenn die Infinitivgruppe durch *um, statt, anstatt, außer, als, ohne* eingeleitet wird, z. B.: *Niemand sollte je eine Bewerbung abschicken, **ohne** die Rechtschreibung überprüft **zu haben.***
- wenn die Infinitivgruppe von einem Nomen oder von einem hinweisenden Wort (z. B. *daran, darauf, es*) abhängt, z. B.: *Bewerber sollten darauf achten, das Anschreiben ausreichend **zu frankieren.***

1 a **Markiere in den folgenden Sätzen die Infinitivgruppen, einige enthalten zwei. Unterstreiche den Hauptsatz.**
b **Setze die sechs fehlenden Kommas.**

VORSICHT FEHLER!

Der Schlüssel zum Erfolg: Eine gute Bewerbung

Anstatt die gleiche Bewerbung mehrfach zu verwenden verspricht es mehr Erfolg jedes Schreiben genau an die Erwartungen des Empfängers anzupassen. Eine Bewerbung zu verfassen ohne den Webauftritt eines Unternehmens zu kennen ist meist vergebliche Mühe. Um geeignete Bewerbungen herauszufiltern sortieren Personalverantwortliche unpersönliche Standardschreiben aus. Zum guten Stil gehört es den Namen des Ansprechpartners zu nennen und ihn fehlerfrei zu schreiben.

Information **Partizipialgruppen**

Obwohl Partizipgruppen kein Verb in der Personalform besitzen, können sie im Satz die Funktion von Nebensätzen übernehmen. Gebildet werden sie mit einem Partizip I (Partizip Präsens, z. B.: *gehend)* oder mit einem Partizip II (Partizip Präteritum, z. B.: *gegangen).* Die Partizipialgruppe bezieht sich auf das Subjekt des Hauptsatzes, z. B.: *Beeindruckt von Ihren Noten(,) laden wir Sie zu einem Gespräch ein.*

- Eine Partizipialgruppe darf man immer durch **Komma** vom Hauptsatz trennen.
- Hängt die Gruppe von einem Nomen/hinweisenden Wort ab, **muss** ein **Komma stehen.**

2 a **Unterstreiche in den folgenden Sätzen die Partizipgruppe.**
b **Formuliere jeden Satz zu einem Satzgefüge um.**

A Auf Ihre Zustimmung zum Termin hoffend(,) schicken wir Ihnen vorab eine Anfahrtsbeschreibung zu.

Partizipialgruppen wirken oft etwas umständlich. Formuliere leserfreundlicher, indem du sie in einen Nebensatz umwandelst, z. B.: *Die Lücken in Ihrem Lebenslauf betreffend(,) haben wir noch einige Fragen zur Bewerbung. → Weil Ihr Lebenslauf Lücken aufweist, ...*

B Den Ausbildungsvertrag senden Sie bitte(,) sorgfältig gelesen und unterschrieben(,) an die Personalabteilung.

Relativsätze: Attribute in Form von Nebensätzen

Methode **Näher erklären mit einem Relativsatz** (auch: Attributsatz)

Relativsätze sind Nebensätze, die ein vorausgehendes Bezugswort (Nomen oder Pronomen) näher erklären. Sie werden mit einem **Relativpronomen** eingeleitet, z. B. *der, die, das* oder *welcher, welche, welches.*
Ein Relativsatz wird **immer** durch ein **Komma** vom Hauptsatz getrennt. Eingeschobene Relativsätze werden durch zwei Kommas abgetrennt, z. B.: *Eine Bewerbung, die viele Kommafehler enthält, wird keinen Erfolg haben.*
Relativsätze nehmen im Satz die Rolle eines Attributs ein und werden deshalb auch Attributsätze genannt.

1 **Bilde aus den Hauptsätzen ein Satzgefüge mit Relativsatz. Schreibe es auf und denke an die Kommasetzung.**

Persönliche Stärken hervorheben

A Meine Schullaufbahn werde ich mit der Allgemeinen Hochschulreife beenden. Ich habe meine Schullaufbahn durch Überspringen der Klasse 7 verkürzt.

Meine Schullaufbahn, die ich ____________________

____

B Im Fach Französisch werde ich die DELF-Prüfung ablegen. Die Prüfung werde ich voraussichtlich mit dem Zertifikat B1 abschließen.

____

____

C Im Informatikkurs habe ich Grundkenntnisse in der IT-Anwendung erworben. Sie umfassen neben Programmen zur Textverarbeitung auch die Tabellenkalkulation.

____

____

2 **a Unterstreiche in den folgenden Satzgefügen die Relativsätze.**
b Setze die fehlenden Kommas.

VORSICHT FEHLER!

Die Teilnahme an Austauschprogrammen die in der Mittelstufe stattfanden hat mein Interesse an einem multinationalen Berufsumfeld gestärkt. Im Kontakt mit den Gastfamilien habe ich Offenheit und Flexibilität gewonnen welche ich gern in eine Ausbildung einbringen würde. Über eine Ausbildungsphase die mich in eine Ihrer internationalen Niederlassungen führt würde ich mich freuen.

3 **Streiche die falsche Verknüpfung durch.**

Die Betreuung der E-Jugendmannschaft bei Fortuna e. V., die / wo ich bereits seit der Grundschule ausführe, hat inzwischen zur Ausbildung als Trainerin geführt. Zurzeit leite ich in dem Schwimmbad, das / wo ich selbst trainiert habe, eine Gruppe. Die Verantwortung, die / wo mir Freude macht, ist groß, weil die Kinder sehr jung sind.

Das **Adverb „wo"** wird in Relativsätzen in der Regel **nur in räumlicher Bedeutung** verwendet, z. B.: *In der Stadt, wo ich zur Schule gehe, gibt es viele Ausbildungsbetriebe.*

Texte überarbeiten: Sätze und Zeichensetzung verbessern

1 **a** **Im folgenden Auszug aus einem Bewerbungsanschreiben fehlen drei Kommas, trage sie ein.**
b **Notiere, um welche Art von Gliedsätzen es sich hier handelt.**

VORSICHT FEHLER!

Sehr geehrte Frau Schneider,

vielen Dank nochmals für das informative Telefongespräch. Es hat mich darin bestärkt mich in Ihrem Hause für eine Ausbildung zur Bankkauffrau zu bewerben.
Im Sommer dieses Jahres werde ich meine Schullaufbahn mit dem Abitur abschließen. Mein Wunsch für eine Bank tätig zu werden wurde bereits vor Jahren geweckt.

____

2 **a** **Markiere im folgenden Auszug die Wiederholung.**
b **Verbessere, wie unten vorgeschlagen, und schreibe beide Möglichkeiten der Umformulierung auf.**

Den Ausschlag für mein Interesse gab ein zweiwöchiges Praktikum bei der Kreissparkasse. Das Praktikum ermöglichte mir erste Einblicke in den Schalterbetrieb und die internen Abläufe einer Bank.

A Ersatzprobe (Pronomen „es“): ______________________________

____

B Relativsatz: ______________________________

____

3 **a** **Markiere in den folgenden Sätzen fehlerhaft formulierte Nebensätze.**
b **Notiere, was in diesen Nebensätzen korrigiert werden muss.**

VORSICHT FEHLER!

Fachlich interessiert mich das Bankwesen sehr, weil ich habe besonders in Mathematik sehr gute Noten. In den Fremdsprachen, die auch zu meinen Lieblingsfächern zählen, habe ich gute Kenntnisse. Auf meine Mitarbeit im Schulsanitätsdienst weise ich hin, weil sie zeigt meine Bereitschaft, Verantwortung zu übernehmen.

____

4 ●●● **Der folgende Satz ist nicht leserfreundlich formuliert. Verbessere ihn, indem du mehrere Sätze daraus bildest und z. B. Relativsätze zu Attributen verkürzt. Schreibe die überarbeiteten Sätze auf.**

Der gute Ruf Ihres Geldinstituts, der besonders auch die Qualität der Ausbildung, die ich anstrebe, betrifft, motiviert mich, den Ehrgeiz, den ich bisher in der Schule gezeigt habe, auch beruflich unter Beweis zu stellen.

____

____

Teste dich!

Satzgefüge

1 **Verbinde jede Konjunktion mit der dazugehörenden Frageprobe (→ Satzart). (6 Punkte)**

Konjunktion	Frageprobe (→ Satzart)
A weil	a Mit welcher Absicht? → Finalsatz
B sodass	b Wie? Auf welche Weise? → Modalsatz
C damit	c Warum? Aus welchem Grund? → Kausalsatz
D obwohl	d Unter welcher Bedingung? → Konditionalsatz
E indem	e Mit welcher Folge? Mit welcher Wirkung? → Konsekutivsatz
F falls	f Trotz welcher Umstände? → Konzessivsatz

2 **Markiere im folgenden Text alle Nebensätze. Setze zwölf Kommas. (12 Punkte).**

VORSICHT FEHLER!

Immer mit der Ruhe!

Nachdem Julius seine Bewerbung eingeworfen hatte fiel ihm auf dass er vergessen hatte seinen Text auf Rechtschreibfehler durchzusehen. Obwohl er in Rechtschreibung nicht sicher war fiel das nicht weiter ins Gewicht da sein Brief falsch adressiert war und deshalb wieder zurückkam. Ihm wurde erst endgültig klar wie viel Glück er hatte als ihm beim Öffnen des Briefes auffiel dass das Zeugnis das er beigelegt hatte das seines Bruders war. Julius nutzte seine zweite Chance und brachte alles in Ordnung bevor er die Bewerbung erneut in den Briefkasten warf. Tatsächlich bekam Julius den gewünschten Ausbildungsplatz als pharmazeutisch-technischer Assistent der besondere Sorgfalt und gewissenhafte Dokumentation erfordert.

3 **Um welche Art von Neben- bzw. Gliedsätzen handelt es sich? Trage die Ziffern ein. (9 Punkte)**

☐ Subjektsatz	☐ Adverbialsatz	☐ ☐ ☐ Relativsatz
☐ Objektsatz	☐ Partizipialgruppe	☐ ☐ Infinitivgruppe

Eine Bewerbung, A die zum Erfolg führt, muss nicht durch Originalität aufgefallen sein. B Dass manchmal einfach Glück im Spiel ist, lässt sich nicht leugnen. C Da man dieses allerdings nicht erzwingen kann, empfiehlt es sich dringend, D jede Bewerbung sorgsam zusammenzustellen. E Für eine Studie befragt(,) gaben Personalmanager an, F dass sie auf formale Aspekte und besonders auf die Angaben im Lebenslauf achten würden. Unternehmen wollen die Gründe nachvollziehen können, G die jemanden zur Bewerbung bewegt haben. Man sollte seine Interessen und auch außerschulische Aktivitäten herausstellen, H um das persönliche Profil zu schärfen. Ein Schulzeugnis, I das durch gute Noten eine zuverlässige Arbeitshaltung nachweist, ist sehr vorteilhaft!

Vergleiche deine Ergebnisse mit dem Lösungsheft. Für jede richtige Antwort bekommst du einen Punkt.

☺ 27–20 Punkte	☺ 19–13 Punkte	☹ 12–0 Punkte
Gut gemacht!	Gar nicht schlecht, aber lies dir die Informationskästen auf den Seiten 66 bis 73 noch einmal genau durch.	Arbeite die Seiten 66 bis 73 noch einmal genau durch.

Was kann ich schon? – Rechtschreibung

1 **a** **Unterstreiche im folgenden Text zehn Nominalisierungen. (10 Punkte)**
b **Vier Nominalisierungen werden nicht durch Begleitwörter angekündigt. Umkreise sie. (4 Punkte)**

Beim Rechtschreiben hilft kein Raten. Vielmehr sollte zunächst ein genaues Lesen der Regeln erfolgen. Nach dem Studieren der Regeln gilt es, Gelerntes in Ruhe anzuwenden und Unklares im Wörterbuch nachzuschlagen. Wenn ihr Gleichaltrigen Regelhaftes erklärt, haben alle eine gute Übung. Das Anlegen einer Rechtschreibkartei bzw. das Klären der eigenen Fehlerschwerpunkte ist außerdem sinnvoll.

2 **Prüfe: Sind die Wörter in Großbuchstaben Nominalisierungen? Kreuze an. (8 Punkte)**

	Nominalisierung	keine Nominalisierung
A Max hat sich ein NEUES Wörterbuch gekauft.	☐	☐
B In der Prüfung will er bis zum LETZTEN kämpfen.	☐	☐
C Er hat im Wörterbuch etwas NEUES erfahren.	☐	☐
D Den BLAU unterlegten Informationskasten muss man lernen.	☐	☐
E Beim Ankreuzen entscheidet er sich für das RICHTIGE.	☐	☐
F Das ist die LETZTE Stunde vor der Klassenarbeit.	☐	☐
G Max wendet die RICHTIGE Rechtschreibregel an.	☐	☐
H Nicht geübt – ein Mitschüler schreibt „das BLAUE vom Himmel".	☐	☐

3 **a** **Prüfe die Schreibweisen der mehrteiligen Eigennamen und Herkunftsbezeichnungen: Jeweils eine ist falsch geschrieben, unterstreiche sie. (6 Punkte)**

VORSICHT FEHLER!

A das alte Testament – die frühe Neuzeit

B die blaue Grotte (vor Capri) – der blaue Montag

C das schwarze Meer – das schwarze Schaf

D das lyrische Ich – der berliner Lyriker

E das Drama der weimarer Klassik – das bürgerliche Trauerspiel

F der erste Weltkrieg – die Goldenen Zwanziger

b **Schreibe unterstrichene Wortgruppen verbessert auf. (6 Punkte)**

4 Zusammen oder getrennt? Trage richtig ein. (5 Punkte)

A Wortgruppen mit *sein* muss man ______________________ . getrennt?schreiben

B Rechtschreibregeln kann man schlecht ______________________ . zusammen?fassen

C Man sollte die verschiedenen Regeln ______________________ . auswendig?lernen

D Durch stete Wiederholung wird vieles im Gedächtnis ______________________ . haften?bleiben

E Dann wird man in der Klassenarbeit auch alles ______________________ . richtig?schreiben

5 Trage die Verbindung aus Adjektiv und Verb für jeden Satz richtig ein. (6 Punkte)

blau?machen

A Sevda will einen roten Schal stricken, Diane will ihren ______________________ .

B Kevin sollte keinesfalls an einem Montag ______________________ .

richtig?liegen

C Nina wird mit ihrer allzu einfachen Erklärung nicht ______________________ .

D Jonathan kann nur kreativ sein, wenn seine Stifte ______________________ .

richtig?stellen

E Baris muss dringend seine Behauptung von gestern ______________________ .

F Carla hat den Tisch verschoben, sie muss ihn wieder ______________________ .

6 Wie lässt sich die Schreibweise der markierten Stellen in den unterstrichenen Wörtern klären? Schreibe neben jedes Wort die Nummer der geeigneten Probe. (9 Punkte)

1 = Verlängerungsprobe

2 = Ableitungsprobe (+ Zerlegen)

3 = „welches"-Probe

4 = Probe: Nomenbegleiter ergänzen

5 = im Wörterbuch nachschlagen

Armer Superschüler!

Von Timo wird im Unterricht ganz selbstverständlich A **B**estes ☐ erwartet. Auch einmal B **L**ob ☐ zu bekommen, würde ihn freuen. Aber er lässt sich C **ä**u**ß**erlich ☐ nichts anmerken. D Da**ss** ☐ ihm die Anerkennung fehlt, ist E einleuchten**d** ☐. Das Lernen, F da**s** ☐ ihm bisher immer G Spa**ß** ☐ gemacht hat, H rei**ß**t ☐ ab. Timo beschließt, seine I **Public Relations** ☐ zu verbessern: Er meldet sich jetzt öfter einmal!

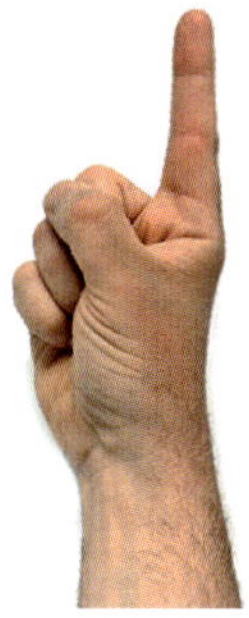

7 a Überprüfe deine Lösungen mit Hilfe des Lösungsheftes. Für jede richtige Antwort bekommst du einen Punkt.
b Trage ein, wie du die Aufgaben bewältigt hast: ✓ = das Meiste richtig ? = noch etwas unsicher

Aufgabe	1 ☐	2 ☐	3 ☐	4 ☐	5 ☐	6 ☐
Weitere Übungen	Seite 78–79	Seite 78–79	Seite 80	Seite 83	Seite 83	Seite 87–91

Großschreibung: Nominalisierungen

Information **Nominalisierungen**

Verben, Adjektive, Adverbien und Wörter anderer Wortarten schreibt man in der Regel groß, wenn sie im Satz als Nomen gebraucht werden. Du erkennst solche **Nominalisierungen** meist an ihren **Begleitwörtern.** Das kann z. B. sein:

- ein **Artikel,** z. B. *das Neue, das Üben.*
- ein **Pronomen,** z. B. *dieses Wissenswerte, etwas Verständliches.*
- ein **Adjektiv,** z. B. *sorgfältiges Prüfen, langes Hin und Her.*
- eine **Präposition,** z. B. *beim (bei + dem) Notieren, im Besonderen.*

Tipp: Nicht jedes nominalisierte Wort wird durch einen Nomenbegleiter angekündigt. Mache die **Probe:** Wenn du einen **Nomenbegleiter** (z. B. einen Artikel) **ergänzen** kannst, schreibst du groß, z. B.: *Allerdings erfordert (das/richtiges) Nachschlagen im Wörterbuch eine gewisse Übung.*

1 **a Unterstreiche im folgenden Text die Nominalisierungen und umkreise die Nomenbegleiter.**
b Bei zwei Nominalisierungen fehlen Nomenbegleiter: Notiere für jede den Buchstaben des Satzes und wende die Probe an.

Etwas aus der Mode: Diktate!

Früher wurden im Deutschunterricht häufig Diktate geschrieben, um das Rechtschreiben zu üben. A Auch in höheren Klassen wurde Schreiben durch das Diktieren von Texten trainiert. B Im Allgemeinen galt: C Der Text wurde als Erstes zusammenhängend vorgelesen. D Danach wurde der einzelne Satz als Ganzes vorgelesen und anschließend in sinnvollen Worteinheiten diktiert, Fragen war nicht erlaubt. E Bei Nichtmitkommen ließ man erst einmal Lücken! F Zum Schluss sollte deutliches und langsames Vorlesen des gesamten Textes Zeit zum Ergänzen und Überarbeiten geben.

Satz A : ______________ Satz ______ : ______________

2 **Umkreise bei den unterstrichenen Wörtern den richtigen Anfangsbuchstaben.**
Prüfe Zweifelsfälle mit der Probe durch Erweitern um einen Nomenbegleiter.

Meist ging während des d/Diktierens ein Schüler nach vorn und schrieb g/Gehörtes mit. Wer schon einmal an der Tafel m/Mitschreiben musste, weiß, dass das nichts e/Einfaches ist. Das v/Verrückte ist, dass man an der Tafel häufiger f/Fehlerhaftes notiert als im Heft. Vielleicht fehlt es am n/Nötigsten: Zeit zum n/Nachdenken beim s/Schreiben. Vielleicht stört die u/Ungewohnte Schreibsituation im s/Stehen. Zudem ist die Größe der Buchstaben etwas i/Irritierend. Das k/Korrigieren erfolgte dann vor aller Augen, was manchmal das b/Blamabelste war. Später durfte man am Overheadprojektor auf Folie m/Mitschreiben: immerhin im s/Sitzen. Heute führt man a/Ab und z/Zu ein Partnerdiktat durch. Man kann auch allein ü/Üben, indem man g/Geschriebenes mit Musterlösungen selbst abgleicht. Meist hilft genaues k/Kennen von Rechtschreibregeln beim s/Schreiben, k/Kontrollieren und ü/Überarbeiten.

3 **Begründe die richtigen Schreibweisen für die letzten drei Sätze von Aufgabe 2 im Heft.**
●●●

4 a Hier gibt es drei Fehler in der Groß- und Kleinschreibung. Streiche sie an.
b Schreibe den Text verbessert auf und begründe die richtigen Schreibweisen.

VORSICHT FEHLER!

____

____

____

____

____

____

____

5 a Auch auf den folgenden Schildern finden sich Fehler. Streiche sie an.
b Notiere das verbesserte Wort und begründe die richtige Schreibweise. Schreibe ins Heft.

VORSICHT FEHLER!

(das) Parken

A

B

C

D

E

F

G

H

6 ●●● Entwirf selbst fünf Schilder mit Verboten, die eine Nominalisierung enthalten, z. B.:
Zum Lachen nicht in den Keller gehen!

Wiederholung: Eigennamen und Herkunftsbezeichnungen

Information **Schreibung bei Eigennamen und Herkunftsbezeichnungen**

- **Eigennamen,** z. B. Namen von Personen, Städten, Ländern oder Flüssen sowie von Institutionen und Einrichtungen, schreibt man **groß.**
- In **mehrteiligen Eigennamen** schreibt man alle Wörter groß mit Ausnahme der Artikel, Konjunktionen oder Präpositionen, z. B.: *das Neue Testament, der Türkische Rote Halbmond, das Rote Kreuz, Karl der Große, Katharina von Bora, die Vereinigten Staaten von Amerika.*
- **Herkunftsbezeichnungen:**
  - Von geografischen Namen abgeleitete **Wörter auf -er** schreibt man immer **groß,** z. B.: *der Worms**er** Reichstag, der Augsburg**er** Religionsfriede, Schwarzwäld**er** Kirschtorte.*
  - Von Namen (z. B. geografischen) abgeleitete **Adjektive auf -isch** werden **kleingeschrieben,** z. B.: *die griech**ische** Philosophie, japan**isches** Papier, die kopernikan**ische** Wende.*

Beachte: In Wortgruppen (festen Verbindungen), die keine Eigennamen oder Herkunftsbezeichnungen sind, schreibt man die Adjektive klein, z. B.: *die höheren Weihen, eine graue Maus, schöne Bescherung.*

1 **Max hat für ein Referat zur „Medien-Innovation Buchdruck" einige Informationen in Großbuchstaben notiert. Schreibe die Notizen in richtiger Schreibweise ins Heft.**

Schlage in Zweifelsfällen **im Wörterbuch nach.**

- CHINESISCHE PAPIERPRODUKTION SEIT ERSTEM JAHRHUNDERT NACH CHRISTUS
- PAPIER AB 800 VON ARABERN INS FRÜHMITTELALTERLICHE EUROPA GEBRACHT
- EUROPÄISCHE PAPIERMÜHLEN BALD NACH DER ERSTEN JAHRTAUSENDWENDE
- BEISPIEL: SPANISCHE MÜHLEN ZUR PAPIERPRODUKTION AB 1074
- VERBREITUNGSRAUM: DAS HEILIGE RÖMISCHE REICH DEUTSCHER NATION
- 1450 MAINZER BUCHDRUCKEREI
- FRANKFURTER REICHSTAG 1454: VERKAUF VON GUTENBERG-BIBELN
- BRIEF DES KAISERLICHEN KANZLEISEKRETÄRS AN SPANISCHEN KARDINAL JUAN DE CAVAJAL ÜBER „GUTENBERGISCHE PRODUKTE"
- RELIGIÖSE SCHRIFTEN GEWÖHNLICH IN LATEINISCHER SPRACHE
- LUTHERISCHE BIBELAUSGABE 1534
- NEU: DIE HEILIGE SCHRIFT IN DEUTSCHER SPRACHE
- GRUNDLAGE DER ÜBERSETZUNG: MITTELDEUTSCHE SÄCHSISCHE KANZLEISPRACHE

2 **Schreibe die unterstrichenen Wortgruppen in richtiger Schreibweise auf.**

Gutenberg experimentierte schon in seiner st/Straßburger Zeit mit beweglichen Lettern. Der erste verlässlich überlieferte Bleisatzdruck ist das um 1445 gedruckte sogenannte m/Mainzer Fragment – ein Ausschnitt aus einer m/Mittelalterlichen Dichtung über das j/Jüngste Gericht. Es folgten bald z. B. die m/Mainzer Ablassbriefe, die Schulgrammatik d/Des Donatus, ein a/Astrologisches Blatt. Erst dann erschien das Produkt, das Anlass zum Staunen bot: die berühmte l/Lateinische Gutenberg-Bibel von 1454.

Teste dich!

Groß- oder Kleinschreibung?

1 Trage die fehlenden Wörter in die Checkliste zur Überprüfung der Schreibweise von Nominalisierungen ein. (6 Punkte)

Nominalisierungen schreibe ich ______________ . Ich erkenne sie an ihren ______________________________ , z. B.:

A ein ______________________ , z. B. *das* Schwierige, *das* Behalten.

B ein ______________________ , z. B. *dieses* Denken, *etwas* Nennenswertes.

C ein ______________________ , z. B. *sorgfältiges* Abheften, *langes* Aufbewahren.

D eine ______________________ , z. B. *beim* Notieren, *im* Speziellen.

2 Ergänze die Regeln zur Schreibung von Eigennamen und Herkunftsbezeichnungen und trage die folgenden Wortgruppen in der richtigen Schreibweise passend als Beispiele ein. (12 Punkte)

das b/Bonner Münster • die v/Vereinigten st/Staaten v/Von a/Amerika • im a/Alten Jahr • der ch/Chinesische Mönch

A Wenn ein Adjektiv mit einem Nomen eine feste Verbindung eingeht, die aber kein Eigenname ist, wird das Adjektiv in der Regel ______________________________ ,

z. B. ______________________________________ .

B In mehrteiligen Eigennamen mit Bestandteilen, die keine Nomen sind, schreibt man alle Wörter ______________ , mit Ausnahmen der ______________________________ ,

______________________________ und ______________________________ ,

z. B. ______________________________________ .

C Die von geografischen Namen abgeleiteten Wörter auf *-er* schreibt man immer

______________________ , z. B. ______________________________________ .

D Die von Namen (z. B. geografischen) abgeleiteten Adjektive auf *-isch* werden

______________________ , z. B. ______________________________________ .

Vergleiche deine Ergebnisse mit dem Lösungsheft. Für jede richtige Antwort bekommst du einen Punkt.

☺ 18–14 Punkte	☺ 13–9 Punkte	☹ 8–0 Punkte
Gut gemacht!	Gar nicht schlecht, aber lies dir die Informationskästen auf den Seiten 78 und 80 noch einmal genau durch.	Arbeite die Seiten 76 bis 80 noch einmal genau durch.

Getrennt- und Zusammenschreibung

Information **Wortgruppen aus Nomen und Verb, Wortgruppen mit „sein“**

- Wortgruppen aus **Nomen und Verb** werden **immer getrennt** geschrieben, z. B.: *Auto fahren, Computer spielen.* **Achtung:** Werden sie **nominalisiert** (► S. 78 f.), schreibt man sie **zusammen und groß,** z. B.: *Nur auf der Straße lernt man das Autofahren. Kenntnisse im Computerspielen erwirbt man „von allein“.*
- **Wortgruppen mit „sein“** werden **immer getrennt** geschrieben, z. B.: *dafür sein, ein Lichtblick sein.*

1 **Im folgenden Entwurf für das Fazit einer Erörterung sind einige Rechtschreibfragen offen: Notiere die hervorgehobenen Wortgruppen in der richtigen Schreibung in der Randspalte. Tipp: Achte auf Nominalisierungen und schreibe diese zusammen und groß.**

Streitfrage: Soll man Jugendlichen den freien Zugang zum Internet verbieten?

Nach Abwägen aller Argumente kann jeder nur D-A-G-E-G-E-N-S-E-I-N. ______________________

Wer junge Nutzer digitaler Medien N-E-T-Z-G-E-M-Ü-S-E-N-E-N-N-T und ______________________

ihnen damit fehlendes W-I-S-S-E-N-U-N-T-E-R-S-T-E-L-L-T, zeigt nur, ______________________

dass er vom I-N-T-E-R-N-E-T-S-U-R-F-E-N wenig versteht. Man muss ______________________

nicht mit den digitalen Medien A-U-F-G-E-W-A-C-H-S-E-N-S-E-I-N, um ______________________

zu erkennen, dass z. B. F-R-E-U-N-D-E-F-I-N-D-E-N auch eine Aufgabe ______________________

von sozialen Netzwerken ist. Im Chat D-A-B-E-I-S-E-I-N wollen alle, ______________________

weil man dort wichtige F-R-A-G-E-N-S-T-E-L-L-E-N und auf eine gute ______________________

A-N-T-W-O-R-T-H-O-F-F-E-N kann. Da kann es um das alltägliche ______________________

H-A-U-S-A-U-F-G-A-B-E-N-S-C-H-R-E-I-B-E-N gehen oder auch um ______________________

Persönliches. Surfen ist für viele so normal wie Z-Ä-H-N-E-P-U-T-Z-E-N. ______________________

2 ●●● **a** **Unterstreiche in dieser Einleitung einer Erörterung zur oben genannten Streitfrage sechs Fehler.**
b **Schreibe die verbesserten Wörter in dein Heft.**

VORSICHT FEHLER!

Kaum war der Buchdruck erfunden, konnte man erste Klagen hören, die Augen würden beim Lesenleiden. Beim Bücherlesen wohlgemerkt! Wenn nun heute Kritiker zu den digitalen Medien Stellungnehmen und sich im Internet verteufeln überbieten, muss man kurz an diese historische Abwehr erinnern. Neues kann erst einmal Angstmachen. Bevor wir jedoch die Lösung gleich im Verbotsuchen, sollten wir uns lieber anschauen, welche Vor- oder Nachteile sich zeigen können, wenn wir im Internetsurfen.

Information **Wortgruppen aus Verb und Verb**

Wortgruppen aus **Verb und Verb** können **immer getrennt** geschrieben werden, z. B.: *schreiben lernen.*
Achtung: Nominalisiert schreibt man sie zusammen und groß, z. B.: *Das Schreibenlernen fällt vielen schwer.*

3 **Im folgenden Text sind die Wortgruppen aus Verb und Verb hervorgehoben. Schreibe die nominalisierten Wortgruppen richtig in dein Heft.**

In eine Präsentation einführen: Digitale Medien im Klassenraum

Noch vor zwei Jahrzehnten hätte kaum jemand G-L-A-U-B-E-N-W-O-L-L-E-N, dass man im Klassenraum Bilder und Filme mit einem Beamer an die Wand P-R-O-J-I-Z-I-E-R-E-N-K-A-N-N. Der erste Videoprojektor, mit dem man ausreichend lichtstarke Bilder E-R-Z-E-U-G-E-N-K-O-N-N-T-E, kam in den späten 1980er-Jahren auf den Markt. Schnell hat sich diese neue Technik D-U-R-C-H-S-E-T-Z-E-N-K-Ö-N-N-E-N, bald entging auch in den Schulen niemand einem K-E-N-N-E-N-L-E-R-N-E-N dieser neuen Art des Präsentierens. Heute muss jede/r Schüler/-in digitale Medien im Unterricht A-N-W-E-N-D-E-N-K-Ö-N-N-E-N, z. B. für Referate. Welche Medien in welchen Zusammenhängen sinnvoll S-E-I-N-K-Ö-N-N-E-N, wird kontrovers diskutiert. Gegner des Technikeinsatzes behaupten, S-P-R-E-C-H-E-N-Ü-B-E-N sowie V-E-R-S-T-E-H-E-N-K-Ö-N-N-E-N kämen dabei zu kurz. Befürworter betonen, infolge der Bildunterstützung könne mehr vom Inhalt B-E-H-A-L-T-E-N-W-E-R-D-E-N. Ihr könnt euch durch meinen Vortrag über Vor- und Nachteile der Technik I-N-F-O-R-M-I-E-R-E-N-L-A-S-S-E-N.

Information **Wortgruppen aus Adjektiv und Verb**

Wortgruppen aus **Adjektiv und Verb** werden **meist getrennt** geschrieben, z. B. *gut gestalten, kurz darstellen.*
Aber: Entsteht durch die Verbindung von Adjektiv und Verb ein **Wort mit einer neuen Gesamtbedeutung, schreibt man dieses zusammen,** z. B.:
Die Erstellung einer Präsentation kann manchmal schwerfallen. (= viel Mühe machen)
Fehler im Vortrag lassen sich mit gutem Material unauffällig glattbügeln. (= ausgleichen, wettmachen)

4 **a** **Verbinde die Adjektive und Verben durch Linien zu sinnvollen Wortgruppen aus Adjektiv und Verb.**
b **Setze diese Wortgruppen passend und in der richtigen Schreibung in den Text ein.**

Tipp: Wenn du unsicher bist, wie eine Wortgruppe richtig geschrieben wird, schau im **Wörterbuch** nach.

anschaulich | konzentriert | ruhig | näher | leicht

bringen | fallen | gestalten | einarbeiten | sprechen

Schülern und Schülerinnen, die sich ______________________, wird die Anwendung der Software für eine Präsentation ______________________. Wenn sie die Folien ______________________ ______________________, können sie dem Publikum auch komplizierteste Sachverhalte anschaulich ______________________. Wichtig ist trotzdem, dass sie beim Vortrag ______________________.

Information **Verbindungen aus Adverb und Verb**

Verbindungen aus **Adverb und Verb** werden in der Regel
- zusammengeschrieben, wenn die Hauptbetonung auf dem Adverb liegt, z. B.: *Um bei Gruppenarbeiten Streit zu vermeiden, sollte man sich zusammennehmen.*
- getrennt geschrieben, wenn Adverb und Verb gleich betont werden, z. B.: *Manche Hürden während der Vorbereitung lassen sich leichter zusammen nehmen.*

Tipp: Prüfe mit der **Erweiterungsprobe.** Wenn du ein Wort oder eine Wortgruppe zwischen Adverb und Verb einfügen kannst, schreibst du getrennt, z. B. *Manche Hürde [...] kann man leichter zusammen (mit anderen) nehmen.*

5 **Kreuze für jede der folgenden Verbindungen aus Adverb und Verb an, ob Getrennt- oder Zusammenschreibung richtig ist: Die Erweiterungsprobe hilft dir bei der Entscheidung.**

Tipps für einen guten Vortrag

	getrennt	zusammen
A Bei der Vorbereitung sollten in einer Arbeitsgruppe alle miteinander ? arbeiten.	☐	☐
B Man sollte im Vortrag nicht nur den Inhalt der Folien wieder ? geben.	☐	☐
C Sinnvoll ist, dass man voraus ? schickt, wie lange der Vortrag dauert.	☐	☐
D Das Publikum sollte konzentriert zuhören und danach ? fragen.	☐	☐
E Sie sollten ihre Fragen lieber bis zum Schluss zurück ? stellen.	☐	☐

6 ●●● **Umkreise bei jeder unterstrichenen Verbindung, was betont wird, und kreuze an, ob sie getrennt geschrieben oder zusammengeschrieben wird.**

	getrennt	zusammen
A Nach einem Vortrag sollten alle für eine Reflexion zusammen ? bleiben.	☐	☐
B Ob der Klasse der Vortrag gefallen hat, sollte sie dann zusammen ? entscheiden.	☐	☐

Information **Verbindungen aus Präposition und Verb**

Verbindungen aus **Präposition und Verb** schreibt man im **Infinitiv,** in den beiden **Partizipien** sowie bei **Endstellung im Nebensatz zusammen.** Die Hauptbetonung liegt bei der Zusammenschreibung auf der Präposition, z. B. *aufmachen, anleiten, hinführen, vorbereiten, zuschreiben:*
- Im Satz sind diese **Verbindungen trennbar,** z. B.: *Die Einführung bereitet auf das Thema vor.*
- Liegt die **Hauptbetonung auf dem Verb,** ist die **Verbindung nicht trennbar,** z. B. *durchbrechen, übersetzen: Jede Vorbereitung durchläuft mehrere Phasen. Fachbegriffe übersetzt man am besten gleich.*

7 **a Unterstreiche alle nicht trennbaren Verbindungen von Präposition und Verb.**
b Schreibe vier Sätze ins Heft, in denen du jeweils eine der nicht unterstrichenen Verbindungen in der Zusammenschreibung verwendest.

hinterfragen • nachfragen • überlegen • vormachen • mitsprechen • übernehmen • beilegen • durchmachen • mitarbeiten • vorstellen • nachdenken • auftragen • unternehmen • vorführen • mitwirken • abstimmen • aufarbeiten • nachtragen • überdenken • nachlassen • unterlassen

8 ●●● **Gesucht sind Verbindungen aus Adjektiv und Verb mit neuer Gesamtbedeutung: Ergänze für jedes Adjektiv das passende Verb und schreibe die Verbindung im Infinitiv auf. Achte auf die richtige Schreibung.**

A	unerlaubtes Fernbleiben vom Unterricht, umgangssprachlich: ______________________	blau
B	die Beherrschung verlieren, sehr zornig werden: ______________________	rot
C	Busfahren ohne Fahrausweis: ______________________	schwarz
D	jemandem die Entscheidung über etwas überlassen: ______________________	frei
E	keine Mühe machen: ______________________	leicht
F	Krankheit und Arbeitsunfähigkeit bescheinigen: ______________________	krank
G	jemanden auf eine Aussage festlegen: ______________________	fest
H	Ersatz für Unrecht oder Schaden schaffen: ______________________	gut

9 ●●● **a Der folgende Auszug aus einer Klassenarbeit enthält zwölf Fehler in der Getrennt- und Zusammenschreibung: Markiere sie.**
b Trage die Wörter im Infinitiv verbessert in die richtige Zeile der Übersicht unten ein.

Schlage in einem **Wörterbuch** nach, wenn du unsicher bist.

VORSICHT FEHLER!

Fazit zur Streitfrage: Sollten Schüler/-innen mehr Freizeit haben?

Nach Abwägen aller Argumente möchte ich abschließend hervor heben, dass junge Menschen ihre Interessen großschreiben und ihnen so ausufernd wie möglich nach gehen sollten. Eine kaum überzeugende Position will uns glaubenmachen, Jugendliche sollte man möglichst weitreichend aufs Lernen fest legen, dann seien ihre Möglichkeiten ein geschränkt, Dummheiten zu voll bringen. Aber würde das wirklich weiter helfen? Meine Argumente und Beispiele unter stützen im Gegenteil eine vielversprechendere Einschätzung. Je mehr Eindrücke man in jungen Jahren auf nimmt und je vielfältiger die Erfahrungen sind, die Heranwachsende sammelnkönnen, desto mehr Wissen über die Welt wird später dasein. Wer geistig wach dabei ist, lernt zweifelsfrei in der Schule Wichtiges. Das Wichtigste aber, das konnten die zitierten Studien nachweisen, kann nur das Leben selbst weiter geben und dieses findet bevorzugt in der Freizeit statt. Folgerichtig können wir nie genug freie Zeit haben!

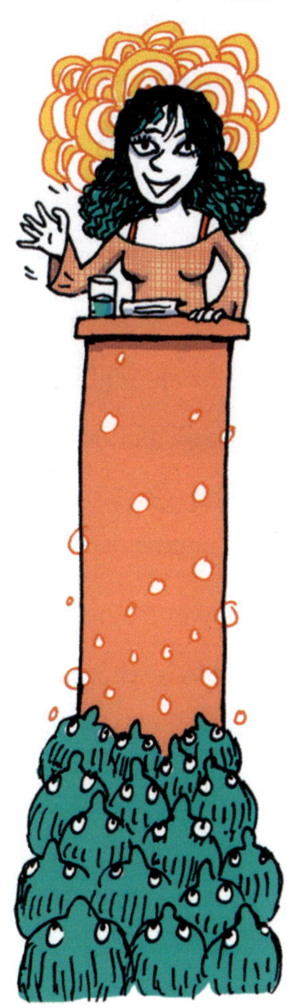

A Verb + Verb: ______________________

B Verbindung mit „sein“: ______________________

C Adjektiv + Verb: ______________________

D Adverb + Verb: ______________________

E Präposition + Verb: ______________________

____

Teste dich!

Getrennt- oder Zusammenschreibung?

1 Notiere für jede Verbindung im Rahmen die richtige Schreibung. (6 Punkte)

Gute Referate sind keine Glückssache

A Referenten sollten berücksichtigen, dass viele Lerner Bilder zu schätzen?wissen . ______

B Wo Informationen anschaulich präsentiert werden, wird Lernen leicht?fallen . ______

C Gut?vortragen kann so mancher, aber aufmerksam hin?hören können nur wenige.

______

D Dank guter Folien und Bilder wird das Gesagte haften?bleiben . ______

E Langweilig ist, wenn Redner nur wieder?geben , was auf der Folie steht. ______

2 a Getrennt oder zusammen? Streiche bei jeder Unterlegung die falsche Form durch. (12 Punkte)
b Umkreise die Wortgruppen, die zusammengeschrieben werden müssen, weil es sich um eine nominalisierte Verbindung von Nomen und Verb handelt. (2 Punkte)
c Unterstreiche Verbindungen, bei denen du die Schreibung mit Hilfe der Betonung prüfen konntest. (4 Punkte)

Abschließend möchte ich zu der Frage Stellung nehmen / Stellungnehmen, ob man den Einsatz von computergestützten Präsentationen über denken / überdenken sollte. Ich bin der Meinung, dass man Vorträge nur sehr gezielt mit einer digitalen Präsentation unter stützen / unterstützen sollte. Nicht wenige Zuhörer/-innen werden es leid sein / leidsein, mit visuellen Informationen über flutet / überflutet zu werden. Gleichzeitiges Text lesen / Textlesen und Bilder anschauen / Bilderanschauen wird dann doch den meisten schwer fallen / schwerfallen. Weil viele Schüler/-innen sich mit elektronischen Präsentationen schwer tun / schwertun und oft keinen guten Eindruck hinterlassen / Eindruckhinterlassen, sollten sie sich um eine gute Vorbereitung lieber nicht herum drücken / herumdrücken. Zusammenfassend lässt sich fest stellen /feststellen: Nur wenn eine Präsentation gut vorbereitet ist, ist der Einsatz eines Beamers oder Whiteboards sinnvoll.

Vergleiche deine Ergebnisse mit dem Lösungsheft. Für jede richtige Antwort bekommst du einen Punkt.

☺ 24–19 Punkte	☺ 18–13 Punkte	☹ 12–0 Punkte
Gut gemacht!	Gar nicht schlecht, aber lies dir die Informationskästen auf den Seiten 82 bis 85 noch einmal genau durch.	Arbeite die Seiten 82 bis 85 noch einmal genau durch.

Strategien zur Vermeidung von Rechtschreibfehlern

Ableitungs- und Verlängerungsprobe, Probe zur Großschreibung

Information **Tipps zum Rechtschreiben: Stammprinzip (Ableitungsprobe)**

Bist du bei einer Schreibung unsicher, hilft fast immer die Suche nach einem **verwandten Wort.** Der Wortstamm wird in fast allen verwandten Wörtern gleich oder ähnlich geschrieben, z. B.:

- *vers**äu**men – S**au**m, l**äu**ten – l**au**t, N**ä**he – n**a**h.*
  Gibt es kein verwandtes Wort mit **a** oder **au,** schreibt man mit **e** oder **eu:** *W**e**rke, h**eu**te, L**eu**te.*
- *verjä**h**ren – Ja**h**re, Wa**h**l – wä**h**len.* Ein h **nach einem betonten langen Vokal** steht besonders häufig **vor den Konsonanten l, m, n** und **r** und bleibt in verwandten Wörtern erhalten.
- *Ge**h**weg – ge**h**en.* Das **silbentrennende h** bleibt in allen Wörtern der Wortfamilie erhalten.

Zusammengesetzte Wörter musst du **zerlegen,** um zu prüfen, ob es für den Wortstamm verwandte Wörter gibt, die die Schreibung erklären, z. B.: *F**äu**l | nisbakterien → f**au**len, e**h**r | los → E**h**re, Ge**h** | gips → ge**h**en.*

1 **äu oder eu, ä oder e? Wende die Ableitungsprobe an und schreibe die Wörter richtig auf.**

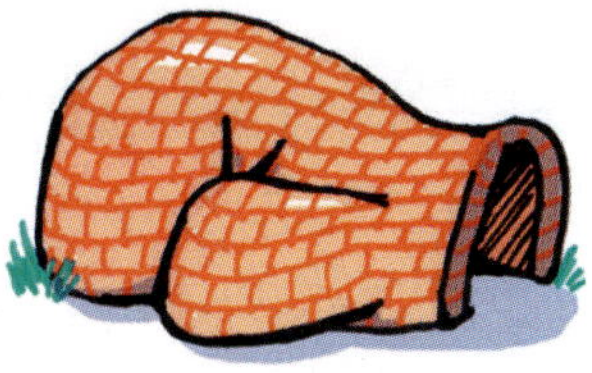

~~l?ten~~ • h?te • d?tlich • F?stling • h?ten • R?e • s?berlich • Gem?er • gem?ßigt

läuten → laut,

2 **Begründe für fünf der folgenden Wörter die Schreibung mit einem h hinter dem langen Vokal, indem du das Stammprinzip anwendest: Zerlege und schreibe je ein verwandtes Wort auf.**

~~Fehlzeit~~ | A Lähmung | B Rücknahme | C Bohrmaschine | D Ohnmacht | E Sehnsucht | F Fuhrpark | G gefühllos | H Ohrwurm | I sahnig

Fehl | zeit → fehlen,

3 **Erkläre für die folgenden Wörter die Schreibung mit einem silbentrennenden h, indem du zerlegst und die Ableitungsprobe anwendest. Schreibe je ein verwandtes Wort auf.**

~~Weihnachten~~ • leihweise • Drohbrief • Sehtest • Kuhmilch • Gehhilfe • reihum

Weih | nach | ten → weihen,

Information **Tipps zum Rechtschreiben: Verlängerungsprobe**

Wenn du nicht sicher bist, ob ein Wort am Silbenende mit **t** oder **d**, **k** oder **g**, **p** oder **b**, **ß** oder **s** geschrieben wird, hilft die Verlängerungsprobe, z. B.: *Or**t** – (die) Or**t**e, (es) gras**t** – gras**en**, hei**ß** – hei**ß**er.*
Zusammengesetzte Wörter musst du **zerlegen,** damit du den Wortstamm verlängern kannst, z. B.:
*Ba**d** | teppich → (die) Bä**d**er, Flu**g** | san**d** → (die) Flü**g**e – san**d**iger, Hu**b** | raum → he**b**en.*

4 **Führe für jedes der folgenden Wörter die Verlängerungsprobe durch und weise die Schreibung des gesuchten Lauts nach.**

t oder **d**?

~~Glei?sichtbrille~~ • Frem?sprache • hei?nisch • bera?schlagen • Unterschei?barkeit

Gleit | sichtbrille → gleiten,

k oder **g**?

Mer?wissen • Stei?eisen • Lu? und Tru? • kal?haltig • Pflu?schar

p oder **b**?

Hu?konzert • Lo?rede • Kle?stoff • hie?- und stichfest • Pum?station

ß oder **s**?

Hei?getränk • Brem?weg • Spa?gesellschaft • eingespei?t • Glei?bett

5 ●●● **Vervollständige die folgenden Tipps zum Verlängern: Schau dir die Beispielwörter im Informationskasten an und trage die fehlenden Begriffe ein.**

Nomen kann man verlängern, indem man den Plural bildet.

A Adjektive kann man verlängern, indem man ____________________ bildet.

B Verben kann man verlängern, indem man den ____________________ bildet.

6 **„ent-" oder „end-"? Trage t oder d ein.**

En__ausscheidung en__lich

en__los en__stauben en__gültig

En__wirrung En__reim En__silbe

en__kalken en__täuschend

„ent-" oder „end-" unterscheiden:
- **„ent-"** ist ein häufig gebrauchtes Präfix für Verben und Nomen, z. B.: entlaufen, entgangen.
- **„end-"** ist die verkürzte Form von „Ende" und behält auch diese Bedeutung. Wenn du unsicher bist, zerlege und verlängere, z. B.: *End | kontrolle → Kontrolle am Ende.*

Information **Probe zur Prüfung der Großschreibung**

Meist wird ein Nomen oder ein nominalisiertes Wort im Satz durch einen Nomenbegleiter angekündigt (▶ S. 78). Ist dies nicht der Fall, wende die **Probe** an: Prüfe, ob du einen **Nomenbegleiter ergänzen** kannst (z. B. einen Artikel). Dann schreibst du groß, z. B.: *Meist führt (das/wiederholtes) Trainieren von Strategien zu weniger Fehlern.*

Neues aus der Schülerzeitung: Gastschüler/-innen kurz vorgestellt

7 **Fernanda schreibt über ihre Erfahrungen in einer deutschen Schule. Sie hat noch Probleme mit der Groß- und Kleinschreibung: Streiche jeweils den falschen Buchstaben durch.**

Fernanda aus Peru, Klasse 9 a: Ich bin eine 18-j/Jährige Abiturientin, habe das schulische l/Lernen also schon hinter mir. Bei uns geht man meist erst ins Ausland, wenn alle a/Abschlüsse geschafft sind. In meiner Schule wurde nur e/Englisch gelehrt, hier will ich jetzt d/Deutsch lernen. In der Klasse 9 fällt mir v/Verstehen weniger schwer als in der Oberstufe. Außerdem sind hier alle so n/Nett zu mir! Was ich k/Komisch finde: Bei euch wird p/Pünktlichsein großgeschrieben und fast alle halten sich an r/Regeln. Trotzdem kommen m/Manche zu spät zum Unterricht. Hier gibt es viel a/Abwechslungsreiches und s/Schönes zu erleben. Ich lerne jeden Tag etwas d/Dazu.

8 **Im Beitrag von James unterstreicht sein Computerprogramm falsch geschriebene Wörter:**
●●● **a** **Markiere in jedem unterstrichenen Wort den Fehler.**
b **Notiere das verbesserte Wort unten bei der Probe, die die Schreibung klärt.**

VORSICHT FEHLER!

James aus Südafrika, Klasse 9 c: Ihr kennt mich aus der Schulband, da spiele ich Schlakzeug. Ich bin James (16) und vor drei Monaten aus Pretoria/Südafrika zu euch geflogen. Ich bin mit einer Organisation hergekommen, aber es get in dieser Zeit niemand von euren Läuten in mein Heimatlant. Ich wollte zuerst nach Naost, aber das war zu gefärlich. Jetzt bin ich hier, um lernen und leben in Deutschland auszuprobieren. So ist es, wenn man am Reisbrett plant: Manches entwickelt sich überraschent anders. Meine Gastfamilie ist nett, alle sind sehr heuslich und ich kann über alles reden. Dauernd gipt es hier neues für mich: Die Kultur ist manchmal sehr anders. Oft bin ich radlos und fühle mich allein. Aber meine Klasse 9 c und die Musik helfen mir. Und ich kenne eure Sprache immer besser, ganz ohne lästiges vokabellernen. Kommt alle am Samstag zu unserem Konzert in der Aula!

A Ableitungsprobe: geht, __________

B Verlängerungsprobe: Schlagzeug, __________

C Artikelprobe: __________

Guten Morgen David, ich habe mal ein paar Übungen rausgesucht. Viel Erfolg – und Fragen können wir spätestens morgen im Zug besprechen. Ich wünsche Dir (trotz Übungen) einen schönen Tag. Liebe Grüße Mama

„das" oder „dass"?

Information **Relativpronomen (das) oder Konjunktion (dass)?**

- Das **Relativpronomen „das"** leitet einen Relativsatz ein, der sich auf ein Bezugswort im Hauptsatz bezieht (► S. 73), z. B.: *Die Kosten für einen Austausch sind ein Problem, das oft unterschätzt wird.*
  Probe: Ein Relativpronomen kannst du **durch „welches" ersetzen**, z. B.:
  Die Kosten für einen Austausch sind ein Problem, welches oft unterschätzt wird.
- Die **Konjunktion „dass"** leitet in der Regel einen Nebensatz ein, der auf die Fragen „Wer (was)?", „Wen (was)?" oder „Mit welcher Folge?" antwortet (► S. 71), z. B.: *Jeder weiß, dass das Leben im Ausland schwer sein kann. Dies führt dazu, dass viele wenig Interesse dafür aufbringen.*

1 **Erkläre, warum der erste Nebensatz mit das und der zweite Nebensatz mit dass eingeleitet wurde.**

X

Herausforderung Auslandsjahr

Das Auslandsjahr, das sich so viele junge Menschen wünschen, verläuft für viele etwas anders als erwartet. Man darf nicht vergessen, dass mit einem Schüleraustausch häufig auch Probleme verbunden sind.

Im ersten Nebensatz ist das „das" auf das Auslandsjahr bezogen.

Im zweiten Nebensatz ist das „dass" als Einleitung des Nebensatzes da

2 **Setze in die Lücken das oder dass ein. Wende die „welches"-Probe an, wenn du unsicher bist.**

Das Problem, A das man bei einem Austausch auf keinen Fall unterschätzen sollte, ist, B dass man bei einer völlig fremden Gastfamilie lebt. Man steht vor der Herausforderung, C das man sich an das Zusammenleben mit völlig Unbekannten gewöhnen und deren Regeln akzeptieren muss. Hinzu kommt, D dass die Jugendlichen auch in den Schulen im Gastland völlig anderen Bedingungen begegnen. Ein Verhalten, E das in Deutschland geduldet wird, ist dort möglicherweise verboten.

3 **a Unterstreiche im folgenden Schülertext die Fehler in der Verwendung von das oder dass.**
●●● **b Schreibe den Text verbessert in dein Heft. Unterstreiche bei den Relativpronomen das Bezugswort.**

VORSICHT FEHLER!

Austauschschülerinnen und -schüler merken oft erst im Gastland, das eine fremde Kultur große Anpassung erfordert, wenn man nicht ständig anecken will. All das Neue, das zu erleben am Anfang spannend ist, kann schnell auch überfordern. Auch Heimweh ist ein Problem, dass von vielen häufig unterschätzt wird. Nicht jeder macht sich bewusst, dass ein Jahr eine lange Zeit ist und man selbst an Tagen wie Weihnachten oder beim Geburtstag auf Familie und Freunde verzichten muss. Ein Telefonat, dass man mit zu Hause führen kann, macht es meist noch schlimmer. Das sie es trotzdem schaffen, macht Rückkehrer sehr stolz.

P.S. Das Rongolai-College hat an Switch das Platzangebot für Dich geschickt, das kommt bestimmt bald :)

Im Wörterbuch nachschlagen: Fremdwörter und Fachbegriffe

Information **Fremdwörter und Fachwörter**

- Fremdwörter sind **Wörter,** die **aus anderen Sprachen** kommen, z. B.: *Grammatik* (griech.), *konservieren* (lat.), *Bonbon* (frz.), *Cliffhanger* (engl.), *Loggia* (ital.). Häufig erkennt man sie an der Aussprache und der Schreibung, wenn sie den Regeln ihrer Herkunftssprache noch folgen.
- **Häufig gebrauchte Fremdwörter** werden eingedeutscht, d. h. in ihrer Schreibweise dem Deutschen angeglichen. In diesen Fällen ist sowohl die eingedeutschte als auch die fremdsprachige Schreibung korrekt, z. B. *Fantasie – Phantasie, Frisör – Friseur, Joghurt – Jogurt.*
- Fremdwörter, die als **Fachbegriffe** verwendet werden (Fachwörter), werden nicht eingedeutscht. Dies gilt auch für Fachbegriffe aus dem Deutschunterricht, z. B.: *Strophe, Metapher, Enjambement.*

1 **a** **Lies den folgenden Eintrag aus einem Fremdwörterbuch.**
b **Erkläre die Angaben in diesem Eintrag, indem du die folgenden Wendungen passend einträgst.**

Nominativ im Plural • Herkunft des Fremdworts • inhaltliche Bedeutung(en) des Fremdworts • Genus/Artikel • Hinweis zur Aussprache • Genitiv im Singular

Recycling [ri'saiklıŋ] *das,* -s, -s, <*engl.*>: 1. Aufbereitung u. Wiederverwendung [bereits benutzter Rohstoffe von Abfällen, Nebenprodukten], 2. Wiedereinschleusen der (stark gestiegenen) Erlöse Erdöl exportierender Staaten in die Wirtschaft der Erdöl importierenden Staaten, um deren Zahlungsbilanzdefizite zu verringern.

A _______________

____

B _______________

____

C _______________

D _______________

____

E _______________

____

F _______________

____

2 **a** **Welche Wörter sind hier gesucht? Ergänze fehlende Buchstaben.**
Tipp: Wenn du unsicher bist, schlage im Fremdwörterbuch nach.
b **Umkreise das Wort, für das zwei Schreibweisen möglich sind, und notiere beide unten.**

B l a m a _ _

F r _ _ k

L _ _ p i n g

_ _ a b a r b e r

L e i c h t a _ _ l e t i k

P s _ c h o l o g i e

P o r t e m o n _ _ _ _

____

3 **Für einige Fremdwörter ist neben der fremdsprachigen auch eine eingedeutschte Schreibung möglich.**
Kreuze für jedes Wort an, welche Schreibung erlaubt ist.

A ☐ Graphik ☐ Grafik

B ☐ Atmosphäre ☐ Atmosfäre

C ☐ Orthografie ☐ Orthographie

D ☐ Photokopie ☐ Fotokopie

E ☐ Metapher ☐ Metafer

4 **Im folgenden Text sind weitere zehn Fremdwörter falsch geschrieben.**
a Unterstreiche die falsch geschriebenen Fremdwörter.
b Schreibe die Wörter verbessert auf die Schreibzeilen unter dem Text.
Tipp: Wenn du unsicher bist, schlage im Fremdwörterbuch nach.

VORSICHT FEHLER!

Fremde Sprache, schwere Sprache

Auch wenn man den euforischen Berichten anderer Schülerinnen und Schüler von einer Phase voller Higlights und Parties nicht immer uneingeschränkt glauben kann, bietet die Scala der Erfahrungen im Ausland doch vielfältige Nuancen. So erleben die meisten Jugendlichen die Generosität der Gastfamilien und die gute Atmosfähre äußerst positiv. Das schulische Systhem, z. B. amerikanischer Highschools, bietet diverse Möglichkeiten, auf individuellem Nivau zu lernen und ein gutes Feedback zu bekommen. Man lernt die Fremdsprache offensif beim Sprechen, aber um Vokabeln nicht falsch oder mit fehlerhafter Konotation zu lernen, sollte man es bei Iritationen präferieren, in einem Wörterbuch nachzuschlagen. Junge Menschen sammeln im Gastland Routiene im Umgang mit einer fremden Kultur und coolen Hobbies. Jede Bewerbung profitiert, wenn die Biografie einen Auslandsaufenthalt aufweist.

euphorischen,

5 ●●● **a Folgende Fachbegriffe werden im Deutschunterricht verwendet: Ergänze jeweils den oder die fehlenden Buchstaben.**
b Schreibe für jedes Wort die Bedeutung auf.

A Gedichtanal___se:
B Anton___m:
C Eu___emismus:
D Ana___er:
E H___potaxe:
F ___etorische Frage:
G Sone___:
H Po___nte:

Texte überarbeiten

Strategien und Proben zur Überprüfung der Rechtschreibung

1 **Eine Gastschülerin will in der Schülerzeitung über Auslandsaufenthalte schreiben. Überarbeite ihren Textentwurf. Unterstreiche 23 Fehler und notiere dort jeweils über der Zeile, welche Probe zur Verbesserung des Wortes angewendet werden muss. Notiere Probe und Verbesserung des Wortes im Heft.**

A = Ableitungsprobe (Stammprinzip) *V* = Verlängerungsprobe

N = Probe zur Prüfung der Großschreibung *W* = „welches"-Probe (für Relativpronomen)

VORSICHT FEHLER!

Abentäuer Auslandsjahr

Ein Jahr in einem anderen Lant bietet vielfeltige Erlepnisse und Eindrücke. Grundsetzlich muss man vollkommen offen für neues sein. Wer mit festen Erwartungen kommt, hat sich die Menschen und Geschenisse in der Fremde vorher genau vorgestellt. Aber dann kommt alles ganz anders und es passiert vielen, das sie dann ungehäuer endtäuscht reagieren. Das innere Bild stimmt so gut wie nie mit der Wirklichkeit überein. Wenn man jedoch aufgeschlossen für alles auf die Reise geht, wird neues höchstens erstaunen und überraschung hervorrufen, aber der Katzenjammer bleibt aus. Das ist doch viel besser! Das gute ist, dass diese Regel für jede Nation stimmt, ganz gleichgültik, wohin in der Welt man sich begipt. Natürlich wird das kennenlernen nicht immer leichtfallen. Das größte Problem ist heufig die fremde Sprache. Aber wenn man sich nicht schäut, sich im Notfall mit Händen und Füßen zu verstendigen, wird der Kontakt gelingen. Wer etwas Stevermögen hat, wird ein Jahr im Auslant sicher nicht beräuen.

VORSICHT FEHLER!

2 **Das oder dass? Überarbeite und verbessere Fehler in der Randspalte.**

Wer über ein Auslandsjahr nachdenkt, muss wissen, das damit ______
Probleme einhergehen können. Man muss sich darauf einstellen, ______
dass man nicht das gleiche Leben führen kann, dass man schon ______
von zu Hause kennt. Die Herausforderung ist, sich flexibel auf ______
Unerwartetes einzulassen, dass stets aufs Neue passieren kann. ______
Tritt dann irgendwann ein Problem auf, das sich auf den ersten ______
Blick nicht lösen lässt, sollte man lieber nicht gleich verzweifeln. ______
Man kann darauf vertrauen, das die Menschen im Gastland und ______
auch die Austauschorganisation gern helfen. Wer mit dieser ______
Haltung in ein fremdes Land geht, kann hoffen, dass er vor- ______
wiegend gute Erfahrungen machen wird. ______

Teste dich!

Strategien zur Fehlervermeidung anwenden

1 Trage die Wörter im Rahmen in der richtigen Schreibung in die Lücken ein. (8 Punkte)

Es ist nicht leicht, beim ______________ Schreiben / schreiben einer Klassenarbeit zeitgleich auf Rechtschreibfehler zu achten. In jedem Fall ist ______________ Befolgen / befolgen von Anregungen des Deutschlehrers oder der Deutschlehrerin ______________ radsam / ratsam. Zudem sollte sich lieber niemand davor ______________ schäuen / scheuen, die Regeln und Strategien zur Rechtschreibung bis ins ______________ Einzelne / einzelne zu lernen. Bei jeder Klassenarbeit ist ______________ Überarbeiten / überarbeiten am Schluss wirklich ______________ Wichtig / wichtig. Keine Fehler in Rechtschreibung und Zeichensetzung zu haben, kann ______________ schlussentlich / schlussendlich die Note verbessern.

2 Das oder dass? Trage in jede Lücke das richtige Wort ein. (6 Punkte)

A Das Problem, __________ sie in Klassenarbeiten Rechtschreibfehler machen, haben viele Schüler/-innen. B Wenn man weiß, __________ man bestimmte Fehler häufiger macht, kann man gezielt daran arbeiten. C Ein Fehlerprofil, __________ man auf der Grundlage der letzten Klassenarbeiten anlegt, zeigt Übungsschwerpunkte. D Man weiß dann, __________ man in diesen genau abgegrenzten Bereichen trainieren sollte. E Wiederholt man die zugehörigen Strategien und Regeln gezielt, erhöhen sich die Chancen, __________ man nicht wieder dieselben Fehler macht und __________ die nächste Klassenarbeit darum besser ausfällt.

3 a Zwei Fremdwörter je Zeile sind falsch geschrieben, streiche sie durch. (6 Punkte)
b Notiere für beide die Verbesserung am Rand. (6 Punkte)

VORSICHT FEHLER!

A Philosofie Metapher Antitese ______________________

B Suvenir Ingeneur Theorie ______________________

C Rhythmus Shampo Tolette ______________________

Vergleiche deine Ergebnisse mit dem Lösungsheft. Für jede richtige Antwort bekommst du einen Punkt.

☺ 26–20 Punkte	☺ 19–13 Punkte	☹ 12–0 Punkte
Gut gemacht!	Gar nicht schlecht, aber lies dir die Informationskästen auf den Seiten 87 bis 93 noch einmal genau durch.	Arbeite die Seiten 87 bis 93 noch einmal genau durch.

Zeichensetzung

Die Kommasetzung in Satzreihen und Satzgefügen

Information **Das Komma in Satzreihe (Hs + Hs) und Satzgefüge (Hs + Ns)**

- Die einzelnen **Hauptsätze einer Satzreihe** werden durch **Komma** voneinander getrennt, z. B.: *Die Klasse 9 b wird eine Klassenfahrt unternehmen, sie spricht zuvor über die Freizeitgestaltung.* Häufig werden Hauptsätze durch nebenordnende Konjunktionen wie *und, oder, aber, doch, sondern, denn* miteinander verbunden. Nur vor den Konjunktionen *und* bzw. *oder* darf das Komma entfallen, z. B.: *Das Alkoholverbot auf Klassenfahrten ist nicht zu hinterfragen, aber die Lehrerin möchte auch das Shoppen untersagen (,) und einige Schüler/-innen argumentieren dagegen.*
- **Zwischen Haupt- und Nebensatz** (Satzgefüge, ▶ S. 68–73) muss immer ein **Komma** stehen. Ein Nebensatz kann **vor, zwischen oder hinter dem Hauptsatz** stehen. Ein Satzgefüge kann mehrere Nebensätze enthalten, die alle mit Komma abgetrennt werden, z. B.: *Die Frage, ob man bei Klassenfahrten Shoppingtouren verbieten sollte, ist schwer zu beantworten, weil vieles dagegen, aber auch einiges dafür spricht.*

1 **a In den folgenden Satzreihen fehlt das Komma zwischen den Hauptsätzen. Trage es ein und unterstreiche die nebenordnende Konjunktion.**
b Kreuze die Satzreihen an, in denen das Komma stehen muss.
c Vervollständige die unten folgende Erklärung.

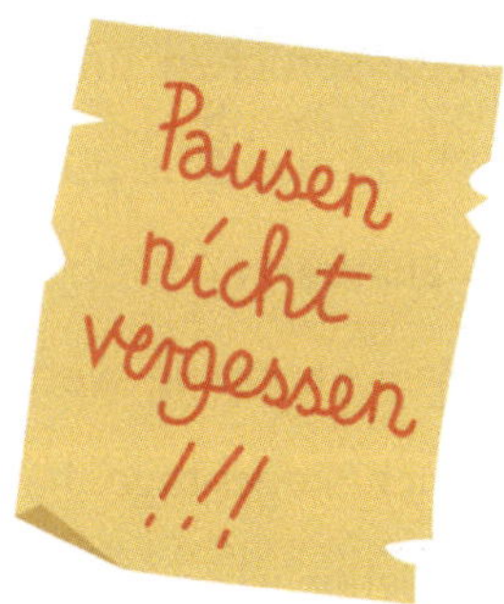

Dringende Anregung für Klassenfahrten

A ☐ Klassenfahrten nach Berlin, München, Hamburg oder Dresden haben häufig ein vielseitiges kulturelles Programm aber dieses ist nicht selten auch anstrengend.

B ☐ Meist werden Museen und Sehenswürdigkeiten besichtigt vor Ort tragen Einzelne dann Referate vor.

C ☐ Die Exkursionen sind informativ denn man erfährt auf anschauliche Weise Neues.

D ☐ Allerdings wird dabei manchmal die Entspannung vergessen oder man denkt nicht an eine Pause.

E ☐ Bei schönem Wetter müssen Referate nicht in einem Raum vorgetragen werden sondern sie können auch im Park oder an einem See gehalten werden.

Erklärung: In Satz ____ kann das Komma entfallen, weil die Konjunktion ____________ verwendet wurde.

2 **a Unterstreiche im folgenden Satzgefüge den Hauptsatz.**
b Streiche in der unten folgenden Erklärung Unpassendes.

Wir möchten, wenn wir schon so viel Anstrengendes in der Großstadt unternehmen müssen, unsere freie Zeit auch nutzen dürfen, um uns beim Shoppen zu entspannen.

Erklärung: In diesem Satz gibt es einen **A** vorangestellten / eingeschobenen / nachgestellten Nebensatz

und einen Nebensatz **B** vor / zwischen / hinter dem Hauptsatz.

3 In den folgenden Hypotaxen (= verschachtelte Satzgefüge) fehlen die Kommas:

a Unterstreiche die Hauptsätze blau und die Nebensätze grün.

b Umkreise die Konjunktionen und Relativpronomen.

c Trage die fehlenden Kommas ein.

Diskussion im Schülerblog: Bei der Klassenfahrt shoppen?

VORSICHT FEHLER!

Pavel 21.06.20xx 19:27 Uhr

Durch das Jugendschutzgesetz ist schon das Alkoholverbot geregelt damit es von allen eingehalten wird wohingegen in keinem Gesetz etwas gegen Shopping steht sodass ich selbst über meine Freizeit und mein Taschengeld verfügen möchte.

Marie 21.06.20xx 19:36 Uhr

Genau! Schließlich haben wir während der Schulwoche kaum Gelegenheit zum Shoppen da der Nachmittagsunterricht und die Hausaufgaben unsere ganze Zeit beanspruchen und am Wochenende häufig Turniere oder Spiele mit dem Verein stattfinden die auch Zeitfresser sind.

Ekatherina 21.06.20xx 20:05 Uhr

Weil Shopping wetterunabhängig ist eignet es sich sehr für eine Klassenfahrt die auch Regentage haben kann. Obwohl ich selbst nicht so häufig shoppen gehe möchte ich gern für meine Eltern und Geschwister ein Mitbringsel besorgen während ich selbst nicht unbedingt etwas Gekauftes als Erinnerung an diese Fahrt brauche. Es gibt ja viele Fotos, die man sich später anschauen kann!

4 Überarbeite Felix' Kommentar:
Er hat neun Kommas falsch gesetzt oder vergessen.

a Umkreise die drei falsch gesetzten Kommas.

b Trage die sechs fehlenden Kommas ein.

VORSICHT FEHLER!

Felix 21.06.20xx 20:27 Uhr

Ein Shoppingverbot fände ich gut denn, Shoppen ist keine Entspannung sondern, bedeutet Stress. Ich weiß genau, wer schon während der Stadtführung nur guckt wo es die coolsten Läden gibt. Es stört mich ziemlich wenn dann irgendwann alle nur noch vom Shoppen reden. Manche sind dann so im Rausch dass, sie die Zeit vergessen und sich beim Bummeln so verspäten, dass alle anderen warten müssen oder sie sogar die Gruppe verlieren. Außerdem entsteht hinterher immer Konkurrenz wer das coolste neue Outfit hat. Aber nicht jeder verfügt über genug Geld zum Einkaufen zumal schon die Klassenfahrt teuer ist.

Das Komma bei Infinitiv- und Partizipialgruppen

Information **Das Komma in Infinitivgruppen**

Ein **Komma muss** stehen,

- wenn die Infinitivgruppe mit *um, anstatt, statt, außer, ohne, als* eingeleitet wird, z. B.: *Ich trage Turnschuhe,* ***um*** *bequem zu laufen.*
- wenn die Infinitivgruppe von einem Nomen oder einem hinweisenden Wort wie *dazu, daran, darauf* oder *es* im Hauptsatz abhängt, z. B.: *Das Tragen von Turnschuhen dient dazu, die eigene Sportlichkeit zu betonen.*

Bei einfachen Infinitiven *(zu* + Infinitiv) kann das Komma entfallen, z. B.: *Ich hoffte(,) nicht aufzufallen.*
Tipp: Bei Infinitivgruppen empfiehlt es sich, immer Kommas zu setzen, weil sie die Gliederung eines Satzes verdeutlichen, niemals falsch sind und Missverständnisse vermeiden, z. B.:
Ich überlege täglich, Sport zu machen. – Ich überlege, täglich Sport zu machen.

1 **Überarbeite den Werbetext, den Max im Praktikum geschrieben hat: Trage acht fehlende Kommas ein und unterstreiche die Infinitivgruppe.**

Turnschuhe „gehen" immer

Turnschuhe haben in den vergangenen Jahren einen Auftrieb erlebt anstatt in der Mottenkiste zu verstauben. Statt die Modelle aus den 1980er- oder 1990er-Jahren zu verändern legen Schuhlabels die alten Klassiker in frischen Farben auf. Der Akzent liegt auf Sportlichkeit ohne den Fuß plump wirken zu lassen. Schlichte, flache Sneakers in Weiß zu tragen ist nicht mehr nur Tennisspielern vorbehalten. Nur an Ferse und Lasche sind Farbtupfer erkennbar um ein bisschen aufzufallen. Limitierte Auflagen verschärfen die Nachfrage. Den Schuh bekommen diejenigen, denen es gelingt am Verkaufstag die Schnellsten zu sein. Um am nächsten Morgen als Erste das begehrte Modell zu ergattern übernachten echte Fans vor dem Laden. Trendexperten vergleichen den Turnschuh mit der Jeans. Statt vom Markt zu verschwinden ist er zu jeder Zeit ein Allrounder für alle.

2 **Setze das Komma so, dass die Freude über das Ereignis betont wird.**

Ich freue mich jeden Tag aufs Neue in meine abgetragenen Lieblingsschuhe steigen zu können.

Information **Das Komma in Partizipialgruppen**

Partizipialgruppen darf man immer durch ein Komma vom Hauptsatz abtrennen. Ein **Komma muss** stehen,

- wenn durch ein hinweisendes Wort auf die Partizipialgruppe Bezug genommen wird, z. B.: *Von Kopf bis Fuß in Marken gekleidet, so wollen viele selbstbewusster wirken.*
- wenn die Partizipialgruppe eine nachgestellte Erläuterung ist, z. B.: *Auch Markenschuhe, am besten sehr teuer gekauft, erfreuen sich großer Beliebtheit.*

3 **Setze in den folgenden Partizipialgruppen die Kommas.**

Sneakers zumal zum dunklen Anzug getragen sind für manche Modeexperten ein Fauxpas.

Vom Stoff farblich auffallend abgesetzt so nehmen sie dem Erscheinungsbild die Eleganz.

Das Komma bei Appositionen und Erläuterungen

Information **Die Kommasetzung bei Appositionen und nachgestellten Erläuterungen**

- Die **Apposition** ist eine besondere Form des Attributs und besteht in der Regel aus einem Nomen oder einer Nomengruppe. Sie folgt ihrem Bezugswort, steht im gleichen Kasus wie dieses und wird **durch Kommas abgetrennt,** z. B.: *In der heutigen Gesellschaft, einer Konsum- und Wegwerfgesellschaft, müssen wir verstärkt auf den Umweltschutz achten.*
- Die **nachgestellte Erläuterung** wird oft mit Wörtern wie *nämlich, und zwar, vor allem, das heißt (d. h.), zum Beispiel (z. B.)* eingeleitet. Sie wird **durch Komma(s) abgetrennt,** z. B.: *Ein Faktor ist für die Bewertung des Konsums zentral, und zwar der Faktor „Müll".*

1 **a Unterstreiche im folgenden Text die Appositionen grün und die nachgestellten Erläuterungen blau.**
b Setze 14 fehlende Kommas.

Müll vermeiden durch Reparaturen: „Repair Cafés" machen es möglich

VORSICHT FEHLER!

In den Industrieländern landet unendlich Vieles nicht wenig davon unnötig im Müll. Die Stiftung „Repair Café" will daran etwas ändern und zwar mit Unterstützung ehrenamtlicher Helfer. An vielen Orten weltweit haben sich Gleichgesinnte zusammengefunden, um selbstlos nämlich ohne Gewinn erzielen zu wollen Treffpunkte einzurichten. Diese heißen „Repair Café" und dort reparieren ehrenamtliche Mitwirkende ausgestattet zum Beispiel mit Schraubendrehern und anderem Werkzeug sowie soliden Fachkenntnissen defekte Toaster oder Fahrräder und zwar kostenlos. Manchmal fehlt nur ein kleines Ersatzteil zum Beispiel eine Abdichtung oder ein Ventil und bei der Reparatur lernen die Laien, es selbst zu machen. Die Nutzer des Angebots also die Eigentümer der defekten Geräte erklären sich schriftlich damit einverstanden, dass mit der Reparatur keine Haftung verbunden ist. Wer selbst ein „Repair Café" eröffnen will, kann sich auf der Website der Stiftung nämlich *www.repaircafe.org* über die Möglichkeiten informieren.

2 ●●● **Schreibe die folgenden Sätze ins Heft und füge dabei die angebotenen Wendungen inhaltlich passend als Apposition oder als nachgestellte Erläuterung ein.**
Tipp: Satz C kann um zwei Wendungen erweitert werden. Setze die Kommas.

kaputt – weg – neu • und zwar auch durch Müllvermeidung • z. B. in Fragen des Umweltbewusstseins • z. B. von Fahrrädern oder Handys • vor allem von Jugendlichen, die ihre Eltern und Lehrkräfte beim Wort nehmen

A Man muss die sich immer schneller drehende Konsumspirale verlangsamen.

B Es gilt, den Willen zu Erhalt und Pflege von Alltagsgegenständen zu erhöhen.

C Erwachsene müssen auf ihre Glaubwürdigkeit achten, denn sie werden genau beobachtet.

D Ideen für Nachhaltigkeit sind willkommen.

Die Zeichensetzung bei Zitaten

Information **Richtig zitieren: Textstellen wörtlich wiedergeben**

Wörtlich wiedergegebene Textstellen (Zitate) müssen durch **Anführungszeichen** gekennzeichnet werden. Innerhalb des gekennzeichneten Zitats darf der **Originaltext nicht verändert** werden. Geringfügige Änderungen werden durch [eckige Klammern], Auslassungen durch [...] gekennzeichnet.
Treffen **Punkt, Frage- oder Ausrufezeichen** mit den Anführungszeichen zusammen, stehen die Satzschlusszeichen

- **außerhalb der Anführungszeichen,** wenn sie nicht zu der zitierten Äußerung gehören, z. B.
  Müssen Städte heute durch ein Factory-Outlet-Center zeigen, „wie attraktiv sie sind"?
- **innerhalb der Anführungszeichen,** wenn sie zu der wiedergegebenen Äußerung gehören, z. B.
  „Wie reagieren Kommunen auf die Kaufinteressen der Bürger/-innen?", fragt der Journalist.

Bei einem angeführten Satz lässt man den Schlusspunkt am Ende des Zitats weg, z. B.:
Ein Outlet ist Zukunftsmusik. → *„Ein Outlet ist Zukunftsmusik", erklärt der Bürgermeister.*

1 **Eva hat einen Städtebauexperten zum Thema „Factory-Outlet-Center" interviewt. Im folgenden Text sind wörtlich wiedergegebene Textstellen (Zitate) aus dem Interview unterstrichen.**
a Erkläre unten, was die eckigen Klammern in den Zitaten bedeuten.
b Schreibe den Text ins Heft ab und setze alle fehlenden Zeichen (Anführungszeichen, Komma, Satzschlusszeichen).

Referatthema „Projekt: Stadt" – Sind Factory-Outlet-Center eine Bedrohung?

VORSICHT FEHLER!

Ein Factory-Outlet-Center ist eine Sonderform des großflächigen Einzelhandels, sagte der Experte zu Beginn unseres Gesprächs. Die Verkaufsflächen seien riesig groß, oft mehrere 1000 qm. Man finde dort bis zu 100 Läden namhafter Marken, die Textilien [...] direkt ab Fabrik verkaufen, die man sonst in der Innenstadt im Einzelhandel kauft. Ein FOC ist nicht überall gern gesehen: Die in Medien häufig gestellte Frage Veröden die Innenstädte spiegelt die Befürchtung, dass die Kunden den zentralen Einkaufszonen fernbleiben. Es gibt Gesetze zur Raumordnung, die festlegen, was wo gebaut werden darf. Diese folgen dem sogenannten System der zentralen Orte, welches erklärt, wie Stadträume sich gegenseitig beeinflussen. Die Ministerkonferenz für Raumordnung (MKRO) hat im Jahr 1997 Folgendes beschlossen: FOC sind [...] nur in Oberzentren/Großstädten an integrierten Standorten in stadtverträglicher Größenordnung zulässig. Darum werden Anträge zum Bau eines FOC abgelehnt, wenn diese nicht im Bereich zur Versorgung eines zentralen Ortes liegen. Je nach Lage kann ein FOC aber z. B. auf dem Land durchaus auch Chancen zur Weiterentwicklung eröffnen. Man sollte immer den Einzelfall prüfen.

Die eckigen Klammern bedeuten, ______________________________

2 **Fasse den folgenden Textauszug zusammen. Überlege, welche Aussagen du als wörtliches Zitat wiedergeben möchtest. Schreibe in dein Heft.**

125 000 qm sollen im geplanten *Designer Outlet Village* in Duisburg für 160 Shops zur Verfügung stehen. Dazu kommen 2 000 Parkplätze. Entstehen soll das FOC auf dem Gelände der sogenannten Zinkhüttensiedlung, eines traditionsreichen Arbeiterviertels der Ruhrgebietsstadt. In aller Stille fanden die Verkaufsverhandlungen zwischen dem Eigentümer der Immobilien und dem Investor statt. Auch die Stadt Duisburg informierte die Anwohner nicht. „Hier herrschen Sitten wie im Mittelalter: Die Fürsten bestimmen und das Fußvolk hat zu folgen", empört sich Horst K. (59), der schon seit 48 Jahren hier lebt.

Füge **wörtlichen Zitaten** aus einem Text eine genaue **Zeilenangabe** bei, z. B.: *Laut Expertenaussage gibt es in einem FOC „Textilien [...] direkt ab Fabrik"* (Z. 4). Der Schlusspunkt steht erst nach der Zeilenangabe.

Texte überarbeiten: Die Zeichensetzung prüfen

1 **Überarbeite die folgenden beiden Texte:**

a **Streiche falsch gesetzte Zeichen rot an und notiere am Rand:**
***1* für Kommafehler, *2* für fehlerhafte Zeichensetzung in Zitaten.**

b **Trage fehlende Zeichen ein.**

VORSICHT FEHLER!

Statements zum Thema „Mode ist für mich …“

Sara: Mode ist für mich etwas Normales. Meine Kleidung soll alltagstauglich sein, vor allem bequem, deshalb trage ich in der Schule 1 Sneakers. Highheels mag ich gar nicht denn, ich bin ein eher sportlicher Typ den ich nicht verstecken möchte sondern unterstreichen. Jn meinem Outfit will ich mich wohlfühlen besonders an einem langen Schultag an dem man ja überwiegend, auf harten Stühlen herumhockt. Dazu gehören für mich Jeans, die aber nicht immer blau sein müssen. Mit einem Shirt oder Kapuzenpulli kombiniert ist es kein auffälliger Style eher ein zurückhaltender aber auch Lässigkeit signalisierender. Sogar Victoria Beckham häufig mit extremen Highheels fotografiert rät im Online-Magazin Net-a-Porter ihren Leserinnen: Trauen Sie sich an flache Schuhe. Es wäre selbst mir unmöglich, in Highheels meinen Kindern hinterherzujagen oder damit ständig in meinem Londoner Studio herumzulaufen.

Ron: Mode, ist für mich etwas ganz Jndividuelles, das meine Persönlichkeit zum Ausdruck bringt. Jch bin an der ganzen Schule, für meinen eigenwilligen Kleidungsstil bekannt, den ich alle paar Wochen ändere und zwar, auf überraschende Weise. Jch lasse mir in dem Bereich, von niemandem etwas vorschreiben auch wenn, „meine Eltern“ immer „sagen“: Junge, wie du wieder aussiehst! Jch mag, so einen künstlichen Look, da dürfen auch mal meine Tattoos, alles chinesische Schriftzeichen, deren Übersetzung ich genau kenne, und die eine besondere Bedeutung für mich haben, zu sehen sein. Haarfarbe und -schnitt ändern sich entsprechend dem Look, ob cool, in Schwarz oder hippiemäßig, nämlich knallbunt. Da ich Brillenträger bin, achte ich auch da auf unterschiedliche Modelle, und Gestellfarben. Wenn ich Lust dazu habe, trage ich Ringe oder Armbänder, manchmal, lehne ich Schmuck komplett ab weil, er mir dann zu überladen scheint.

2 ●●● **Analysiere die Fehlerschwerpunkte in den Texten von Aufgabe 1:**
Kreuze für jeden der folgenden Hinweise an, ob er für Sara oder für Ron zutrifft.

	Sara	Ron
A Setze weniger Kommas.	☐	☐
B Setze mehr Kommas.	☐	☐
C Setze das Komma nicht hinter die Konjunktion, sondern davor.	☐	☐
D Achte auf Konjunktionen und die Stellung der Personalform eines Verbs am Ende eines Nebensatzes, um den Nebensatz zu erkennen: Setze Kommas nicht mitten in einem Satz.	☐	☐
E Trenne nachgestellte Erläuterungen mit Komma ab.	☐	☐
F Kennzeichne Zitate.	☐	☐
G Setze die Anführungszeichen in Zitaten an die richtige Stelle.	☐	☐

Teste dich!

Zeichensetzung

1 **Begründe für jeden der folgenden Sätze die Kommasetzung: Schreibe die entsprechende Ziffer hinter den Satz. (5 Punkte)**

VORSICHT FEHLER!

1 Satzreihe 2 Satzgefüge 3 Infinitivgruppe 4 Apposition 5 nachgestellte Erläuterung

A Die Möglichkeiten, sich mit Mode auszudrücken, sind vielfältig.

B Eine Novelle von Gottfried Keller, einem Schweizer Schriftsteller, heißt „Kleider machen Leute“.

C Viele Menschen experimentieren mit ihrer Kleidung, und zwar auf manchmal überraschende Weise.

D Modeschöpfer sprechen die Träume der Menschen an, denn sie wollen Sehnsüchte stillen.

E Blumenmuster, die für den Frühling oder Sommer stehen, oder goldene Accessoires, welche Reichtum symbolisieren, sind in regelmäßigen Abständen wieder neu angesagt.

2 **a Setze im folgenden Text die Kommas. (7 Punkte)**
b Unterstreiche: An welcher Stelle kann ein Komma stehen, muss aber nicht? (1 Punkt)

VORSICHT FEHLER!

Eine weitere Inspirationsquelle um Mode zu entwerfen kann Hollywood sein. Läuft im Kino ein großer Blockbuster zum Beispiel ein aufwändiges Kostümdrama mit einem hohen Staraufgebot können sich Modeschöpfer davon beeinflussen lassen und die Looks der Designer wiederum beflügeln zu neuen Geschichten. Heutzutage spielt das Internet eine hervorragende Plattform für Modeblogs eine nicht unerhebliche Rolle für neue Trends.

3 **Im folgenden Text sind die Zitate nicht hervorgehoben. Schreibe ihn ins Heft ab und füge dabei die richtige Zeichensetzung ein. (4 Punkte)**

VORSICHT FEHLER!

Der Designer Guido Maria Kretschmer schreibt in seinem Buch „Anziehungskraft“ (2013) ein Kapitel zu der Frage Wie entstehen eigentlich Trends? Da es auffällig sei, dass es oft ähnliche Looks bei den Designern auf den Modeschauen zu sehen gebe, frage man sich zu Recht Ist das Zufall oder Absicht?, so Kretschmer. Er selbst verneint die Frage nach einer Abstimmung mit den Worten: Diese großen Kreativ-Egos kämen vermutlich nie auf einen Nenner! Kretschmer schreibt weiter: Meine Inspiration für neue Kollektionen kommt aus den unterschiedlichsten Bereichen. Manchmal ist es ein Musikstück oder Architektur, eine Farbe, die mich angesprungen hat, oder Menschen im täglichen Leben.

Vergleiche deine Ergebnisse mit dem Lösungsheft. Für jede richtige Antwort bekommst du einen Punkt.

☺ 17–13 Punkte	😐 12–9 Punkte	☹ 8–0 Punkte
Gut gemacht!	Gar nicht schlecht, aber lies dir die Informationskästen auf den Seiten 95 bis 100 noch einmal genau durch.	Arbeite die Seiten 95 bis 100 noch einmal genau durch.

Übungen für einen Abschlusstest

Wie kannst du mit der folgenden Einheit arbeiten?

1 Der folgende Test (S. 102–111) hilft dir zu erkennen, was du im Fach Deutsch schon alles gelernt hast: Was weiß ich? Was kann ich? Wo bin ich noch unsicher? Wo habe ich Lücken?
Du kannst mit dem Test verschiedene Bereiche prüfen:
– das **Verstehen von Sachtexten und literarischen Texten** (Aufgaben Teil A),
– **Grammatik** (Aufgaben Teil B),
– **Rechtschreibung** (Aufgaben Teil C) und
– das **Schreiben von argumentierenden Texten** (Aufgaben Teil D).
Am Ende des Schuljahres kannst du herausfinden, ob du erfolgreich gelernt hast. In der Mitte des Schuljahres kannst du testen, wo du Schwächen hast und was du noch einmal üben musst.

2 In dem Test begegnen dir verschiedene **Aufgabenarten**, z. B.: in einer Auswahl an möglichen Antworten die richtige ankreuzen (Multiple-Choice), Informationen passend zuordnen, Kurzantworten geben oder zu Materialien einen informativen Text schreiben und Stellung nehmen.

3 Lies die Texte und die **Aufgabenstellungen** immer sehr aufmerksam und überlege, bevor du z. B. vorschnell ankreuzt, ob du jeweils **genau verstanden** hast, **was verlangt wird.**

4 Du kannst deine Antworten mit Hilfe des Lösungsheftes selbst prüfen und anhand der erreichten Punktzahl deinen **Lernstand bewerten**.
Vielleicht kannst du den Test auch zusammen mit einem Partner/einer Partnerin schreiben. Abschließend könnt ihr eure Fehlerschwerpunkte feststellen und beraten, was noch einmal geübt werden sollte.

A Texte verstehen

Lies den Text über die amerikanische Militärbasis Area 51 und löse die Aufgaben auf den nächsten Seiten.
Beachte: Bei Multiple-Choice-Aufgaben ist immer nur eine Lösung richtig.

Nicole Sagener

Militärbasis Area 51 – Aliens und fliegende Backbleche (2013)

„Die Wahrheit liegt irgendwo da draußen." So tröstete sich FBI-Agent Fox Mulder immer dann, wenn sein Ziel, die Existenz außerirdischer Intelligenz auf der Erde zu beweisen, abermals von Unbekannten durchkreuzt wurde. Neun Jahre, bis 2002, jagte Mulder mit seiner skeptischen Partnerin Dana Scully in der US-Fernsehserie *Akte X* vergeblich teils extraterrestrischen[1] Lebensformen nach. Beliebter Schauplatz war dabei wiederholt das mysteriöse Sperrgebiet namens Area 51 in der Wüste von Nevada. Eine eingeschworene Gemeinde von Verschwörungstheoretikern und Ufologen ist überzeugt, dass dort die Überreste von Außerirdischen aufbewahrt werden, die nach dem Absturz ihrer fliegenden Untertasse 1947 nahe der US-Kleinstadt Roswell geborgen worden seien.

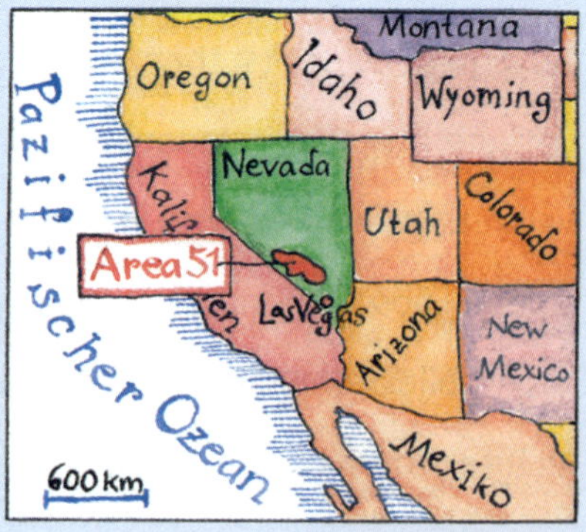

Der US-Geheimdienst CIA bestätigt in einem nun veröffentlichten Archivdokument die Existenz der militärischen Sperrzone Area 51 rund 200 Kilometer nordwestlich der Glücksspielmetropole Las Vegas. Von fliegenden Untertassen ist darin allerdings nicht die Rede. Offenbar wurde das Areal als Testgelände

1 extraterrestrisch: außerirdisch

für die Spionageflugzeuge U-2 und Oxcart etwa während des Kalten Krieges[2] genutzt. Für die ohnehin seit Jahren schwächelnde Gemeinschaft der Ufologen dürfte das ein herber Schlag sein. Die Area 51, jener fruchtbare Boden für Verschwörungstheorien, fällt der banalen Realität zum Opfer.

Ohnehin werden seit Jahren immer weniger fliegende Untertassen gesichtet. Allein in Großbritannien haben sich von einst mehr als hundert Ufo-Vereinen zwei Drittel aufgelöst. 2009 schloss auch noch das britische Verteidigungsministerium sein Büro für unbekannte Flugobjekte. 2012 beriefen Ufologen daher die Krisentagung *Seriously Unidentified?* – Ernsthaft unbekannt? – an der Universität Worcester ein. „Die Zahl paranormaler[3] Aktivitäten ist stabil", sagte damals zwar Dave Wood von der 1981 gegründeten britischen *Association for the Scientific Study of Anormalous Phenomena*. Geister würden nach wie vor rege gesichtet und auch Gedanken telepathisch[4] übertragen. „Aber die Zahl der Ufo-Meldungen ist in den vergangenen zwanzig Jahren um 96 Prozent eingebrochen." Gehe es weiter wie bisher, sei die Ufologie in zehn Jahren tot.

Der Hype um Außerirdische scheint sich zu legen. Er hielt lange an.

Am 24. Juni 1947 wurden neun leuchtende Objekte in der Nähe vom Mount Rainier im US-Bundesstaat Washington gesichtet – „als ob man Untertassen übers Wasser hüpfen lässt", berichtete der Augenzeuge Kenneth Arnold damals. Dass Arnold die Objekte ursprünglich als eher bumerangförmig bezeichnet hatte – in anderen Quellen ist von „ähnlich einem Backblech" die Rede –, ging unter.

Im selben Jahr dann kam es in New Mexico zum legendären Roswell-Zwischenfall: Ein Farmer aus der Kleinstadt entdeckte in der Wüste des US-Bundesstaates merkwürdige Stücke aus einem ultraleichten, silbern glänzenden Material. Die Air Force erklärte, es handele sich um Überreste eines Wetterballons. Doch bis heute sind Ufologen davon überzeugt, dass hier Wrackteile eines Raumschiffs lagen. Dies sei abgestürzt und die Army habe vier Leichen von Aliens geborgen und sie schnurstracks in die geheime Militärbasis Area 51 verfrachtet und dort schockgefrostet.

Mysteriöse Phänomene ließen sich in dieser Zeit bequem mit dem geheimen Spiel der Mächte im Kalten Krieg erklären. Zumeist aber entpuppten sich vermeintliche fliegende Untertassen als Wetterballons, Satelliten, Meteoriten oder eben geheime Spionage- und Flugzeugprojekte.

Dass jemals Ufos auf unserer Erde gelandet sind, bleibt weiter unwahrscheinlich. Zwar entdeckten erst kürzlich Astronomen im benachbarten Sonnensystem Alpha Centauri einen steinigen Exoplaneten[5] in gerade einmal 4,3 Lichtjahren Entfernung. Sollte er von hochentwickelten Außerirdischen bewohnt sein, würden diese aber selbst mit moderner Antriebstechnik ungefähr 75 000 Jahre benötigen, um die Erde zu erreichen.

Schließlich ist da noch die Goldfisch-Theorie, die Denis Plunkett vom *British Flying Saucer Bureau* einmal einem Reporter erläutert haben soll. Sie besagt, dass die Außerirdischen „nicht sehr interessiert sind an uns, ebenso wie Goldfische nicht an uns interessiert sind und wir nicht an den Goldfischen".

2 Kalter Krieg: Konflikt zwischen den Westmächten unter Führung der USA und dem Ostblock unter Führung der UdSSR/Sowjetunion (1947–1989), deren Einflussbereiche strikt getrennt wurden („Eiserner Vorhang")

3 paranormal: übersinnlich, nicht auf natürliche Weise erklärbar

4 telepathisch: die Telepathie betreffend (Wahrnehmung von Gedanken anderer ohne sinnliche Vermittlung)

5 Exoplanet: Planet, der in einem anderen Sonnensystem um einen Stern kreist

Aufgabe 1

Kreuze die richtige Antwort an. Die Area 51 wurde genutzt als ... **1 Punkt**

A ☐ Testgelände der Ufo-Forschung.

B ☐ Testgelände für Spionageflugzeuge.

C ☐ Aufbewahrungsort für abgestürzte Ufos.

D ☐ Aufbewahrungsort für Spionageflugzeuge.

☐ Punkt

Aufgabe 2

Kreuze für jede der folgenden Aussagen an, ob sie richtig oder falsch ist. **6 Punkte**

	richtig	falsch
A In „Akte X" wurde die Existenz Außerirdischer auf der Erde bewiesen.	☐	☐
B Die CIA hat die Existenz der Area 51 bestätigt.	☐	☐
C Ufologen glauben, dass in Area 51 Überreste von Aliens aufbewahrt werden.	☐	☐
D Die Area 51 war nie eine militärische Sperrzone.	☐	☐
E Die Zahl angeblich gesichteter Geister ist stabil, die gesichteter Ufos nicht.	☐	☐
F Ufos tarnen sich häufig als Satelliten oder Spionageflugzeuge.	☐	☐

☐ Punkte

Aufgabe 3

Kreuze die richtige Antwort an. Die Gemeinschaft der Ufologen … **1 Punkt**

A ☐ ist in den letzten Jahren erstarkt.
B ☐ ist 1947 aufgelöst worden.
C ☐ ist seit 1947 im Aufwind.
D ☐ geht seit Jahren zurück.

☐ Punkt

Aufgabe 4

Kreuze die richtige Antwort an. Astronomen entdeckten erst kürzlich … **1 Punkt**

A ☐ einen Exoplaneten in 75 000 km Entfernung.
B ☐ einen steinigen Exoplaneten.
C ☐ den Exoplaneten Alpha Centauri.
D ☐ einen bewohnten Exoplaneten.

☐ Punkt

Aufgabe 5

Kreuze die richtige Antwort an. „[…] fällt der banalen Realität zum Opfer" (Z. 34) bedeutet … **1 Punkt**

A ☐ durch eine einfache Wahrheit entzaubert werden.
B ☐ sich als wahr erweisen.
C ☐ zugunsten einer Lüge für wahr erklärt werden.
D ☐ in Wahrheit unwirksam sein.

☐ Punkt

Aufgabe 6

Kreuze die richtige Antwort an. „Hype" (Z. 52) bedeutet … **1 Punkt**

A ☐ ausgesprochenes Desinteresse.
B ☐ ausdrückliche Warnung.
C ☐ Welle inszenierter Begeisterung.
D ☐ sinnloser Jubel.

☐ Punkt

Aufgabe 7

Verbinde die Sätze so durch Linien, dass sie die Informationen aus dem Text richtig wiedergeben. **3 Punkte**

A Dass ein Farmer aus Roswell 1947 merkwürdige, silbern glänzende Stücke entdeckte,

B Ufologen sind davon überzeugt, dass es sich bei dem ultraleichten Material um Wrackteile eines Raumschiffs handelte,

C Die Ufologen behaupteten, in der Wüste von New Mexico sei ein Ufo abgestürzt,

a aber die amerikanische Luftwaffe erklärte, es seien die Überreste eines Wetterballons.

b denn die Army habe die Leichen von Außerirdischen geborgen, um sie in der Militärbasis Area 51 zu verstecken.

c nennt man den legendären Roswell-Zwischenfall.

☐ Punkte

Aufgabe 8

Erkläre die sogenannte „Goldfisch-Theorie“ mit eigenen Worten. Was bedeutet der Vergleich? **4 Punkte**

____

____

____

____ ☐ Punkte

Schau dir das Säulendiagramm an. Es zeigt die tatsächlichen Ursachen angeblicher Ufo-Sichtungen.

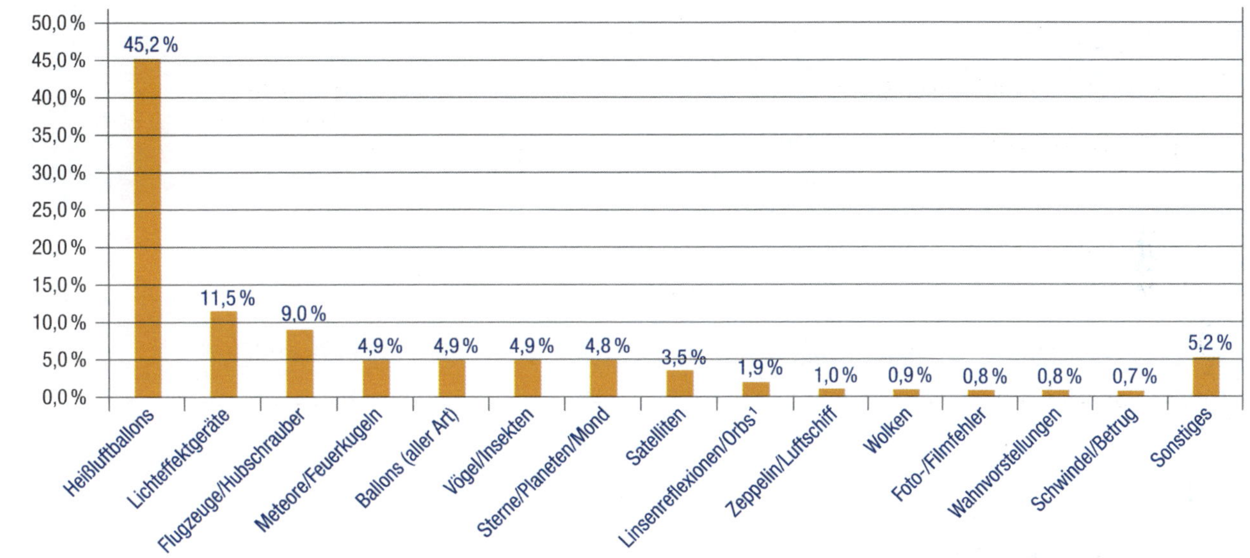

1 Orbs: sogenannte „Geisterflecke“, leuchtende, runde Flecken in Fotos, die durch die Technik entstehen (häufig bei Blitzlichtaufnahmen)

Aufgabe 9

Kreuze für jede der folgenden Aussagen zu dem Diagramm an, ob sie richtig oder falsch ist. **5 Punkte**

		richtig	falsch
A	Am häufigsten werden Ballons aller Art mit Ufos verwechselt.	☐	☐
B	Mit Tieren werden Ufos nie verwechselt.	☐	☐
C	Foto- und Filmfehler kommen seltener vor als Linsenreflexionen.	☐	☐
D	Tiere, Ballons aller Art und Meteore werden gleich häufig mit Ufos verwechselt.	☐	☐
E	Auch Wolken können von Menschen als Ufos wahrgenommen werden.	☐	☐

☐ Punkte

Aufgabe 10

Notiere die Textstelle, auf die sich das Diagramm beziehen lässt. Gib die Zeilen an. **1 Punkt**

____

____ ☐ Punkt

Lies den Text und löse die folgenden Aufgaben.

Günter Kunert

Die kleinen grünen Männer (1964)

Sie sind in vielen utopischen Romanen beschworen worden; ihr Ursprungsplanet, voreilig als Saturn, manchmal als Mars bezeichnet, wird nun dem Vernehmen nach an den Rand unserer Milchstraße gerückt. Dort, wo die schärfsten Teleskope nichts mehr erkennen als schimmernde Flecken, Ballen von dunkler Materie in Dimensionen, für die uns das Vorstellungsvermögen fehlt, dort sollen sie leben, die kleinen grünen Männer, und von dort werden sie einst kommen, meint die Fama[1], um uns zu domestizieren[2].

Es heißt, was sie mit uns vorhaben, wisse niemand. Ihre Pläne seien unbekannt, ihre Ziele fern menschlicher Fantasie. Eine der Spekulationen: Sie neideten uns unsere lichte Welt, den hellen Himmel, die geordneten Verhältnisse, da fröhlich singend man zur Arbeit schreitet, da am Abend man aus dem Fenster blickt und, zufrieden vom Tagwerk, ins große Verdämmern.

Gewiss: Über den Zeitpunkt der Invasion besteht umfassende Unklarheit. Manche wiegen sich in der Hoffnung, unser Jahrtausend jedenfalls werde von den kleinen grünen Männern frei bleiben; andere wieder sind fest überzeugt, dass die zarten grünen Finger der aus unzählbaren Raketenschiffen Steigenden eines Morgens und noch in diesem Jahrhundert an unsere irdische Tür pochen werden. Ein ganz leichtes, kaum vernehmbares Geräusch soll es sein. Doch dem, der es hört, werde das Herz stehenbleiben, meinen jene, die davon reden, selber Unwissende, die das Ausmaß der schrecklichen Wahrheit nicht kennen.

Sie ahnen ja nicht, dass die Landung bereits stattgefunden hat. Das Klopfen ist längst verhallt.

Die Schläfer haben sich röchelnd einmal in ihren warmen Betten herumgedreht und nicht gespürt, wie die kleinen grünen Männer mit einem kleinen grünen Lächeln auf den Gesichtern in sie einschlüpften: Mittels spezieller Instrumente, von denen sich unsere Universitätsweisheit absolut nichts träumen lässt, begaben sie sich durch die dicken schnarchenden Nasen, durch quallige Ohrmuscheln, bleckende Zahnreihen in die dumpfdämmernde Spezies[3] selbst. Dort hausen sie heute.

Wie Panzer fahren sie uns über die Straßen und Treppen, rammen uns gegeneinander. Wenn wir einander leiden machen, uns hassvoll zugrunde richten, treten, stoßen, würgen und töten, verspüren sie der Lust Verwandtes.

Hinter deinen Augen, nachdem du mich verraten, sah ich das kleine grüne Freudenfeuer flackern, das da tief drinnen einer angezündet hatte.

1 Fama: Gerücht

2 domestizieren: wilde Tiere zähmen, zum Haus- bzw. Nutztier machen

3 Spezies: Tier- oder Pflanzenart (hier: Mensch)

Aufgabe 11

Kreuze die richtige Antwort an. Der Text ist ... **1 Punkt**

A ☐ ein philosophischer Text.

B ☐ eine satirische Kurzgeschichte.

C ☐ ein utopischer Roman.

D ☐ eine lustige Glosse.

☐ Punkt

Aufgabe 12

Kreuze für jede der folgenden Aussagen zur Kurzgeschichte an, ob sie richtig oder falsch ist. **6 Punkte**

	richtig	falsch
A Die Menschen spekulieren, dass die kleinen grünen Männer sie beneiden.	☐	☐
B Der Zeitpunkt der Invasion von einem fremden Planeten ist den Menschen klar.	☐	☐
C Die Menschen haben nicht gemerkt, dass die Aliens längst auf der Erde sind.	☐	☐
D Die Aliens haben ausgewählte Menschen auf ihren Planeten entführt.	☐	☐
E Der Erzähler erkennt nicht, dass sein Gegenüber von Aliens gesteuert wird.	☐	☐
F Die kleinen grünen Männer haben Freude an Gewalt.	☐	☐

☐ Punkte

Aufgabe 13

Kreuze die richtige Antwort an. „Sie" (Z. 33) ... **1 Punkt**

A ☐ bezieht sich auf die kleinen grünen Männer.
B ☐ meint die unwissenden Menschen.
C ☐ richtet sich an den Leser (Höflichkeitsanrede).
D ☐ meint die „Schläfer" (Z. 35).

☐ Punkt

Aufgabe 14

Drei Schüler/-innen haben den letzten Satz des Textes gedeutet (Z. 50–52).
Welcher der drei Deutungen kannst du zustimmen? Begründe mit Bezug auf den Text. **3 Punkte**

A **Tim:** Das Gegenüber des Erzählers ist zu einem kleinen grünen Männchen geworden, das ihn auslacht.

B **Luisa:** Der Erzähler ärgert sich, dass ihn sein Gegenüber betrogen hat.

C **Elin:** Der Erzähler erkennt, dass ein Alien sein Gegenüber steuert und Lust an dem von ihm verursachten Verrat empfindet.

___

___ ☐ Punkte

Aufgabe 15

Kreuze die richtige Antwort an: „[...] sind [...] beschworen worden" (Z. 1 f.) bedeutet ... **1 Punkt**

A ☐ „sind bewiesen worden".
B ☐ „sind erschwert worden".
C ☐ „sind beschwichtigt worden".
D ☐ „sind als existierend dargestellt worden".

☐ Punkt

Aufgabe 16

Kreuze die <u>richtige</u> Antwort an. Der Textauszug von Z. 12 bis 19 ist geschrieben ... **1 Punkt**

A ☐ im Konjunktiv II (Irrealis).
B ☐ in der direkten Rede.
C ☐ in der indirekten Rede.
D ☐ im Futur.

☐ Punkt

B Grammatik

Aufgabe 17

Dativ oder Genitiv? Trage die Wortgruppen im Rahmen im richtigen Kasus in die Lücken ein und bestimme im Kästchen: *D* für Dativ oder *G* für Genitiv. **6 Punkte**

Ein zentrales Motiv in Science-Fiction-Filmen ist die Vorstellung, dass Aliens die Erde heimsuchen und von ______________________ die Menschen ☐ Besitz ergreifen könnten.

In vielen Science-Fiction-Filmen spiegelt sich die Angst der Menschen vor einer ______________________ ______________ ungewisse Zukunft ☐. Besonders in der Zeit ______________________ ______________________________ der sogenannte Kalte Krieg ☐, ______________________ der Konflikt ☐ zwischen den Westmächten und ______________________ der Ostblock ☐, entstanden viele Science-Fiction-Filme, welche die Bedrohung durch das Unbekannte zum Thema haben. „Das Ding aus einer anderen Welt" oder „Kampf der Welten" sind Beispiele für Filme aus den Fünfziger-Jahren, in denen sich die Angst vor ______________________ die Invasion ☐ ______________________ fremde Mächte ☐ spiegelt.

Besonders angsteinflößend war die Vorstellung, dass Außerirdische von den Menschen Besitz ergreifen und sie mittels ______________________________ überlegene Technologie ☐ zu ______________________ seelenlose Wesen ☐ machen. Dafür ist der Film „Invasion der Körperfresser" ein gutes Beispiel.

Trotz der Veränderung ______________________________ die politische Situation ☐ ist das Thema Invasion, einschließlich ______________________ das Motiv ☐ ______________________ die Übernahme ☐ des menschlichen Körpers durch außerirdische Wesen bis heute aktuell: Ein Beispiel gibt der Film „Men in Black". ☐ Punkte

Aufgabe 18

Forme den Nebensatz ins Passiv um, um das Geschehen zu betonen. **1 Punkt**

Es gibt auch Filme, in denen sich die Hoffnung auf eine Verständigung mit Aliens äußert.

____

____ ☐ Punkt

Aufgabe 19

Verbinde die beiden Sätze zu einer Satzreihe.
Vermeide Wiederholungen, indem du die Ersatzprobe anwendest. **2 Punkte**

Der Film „Contact" (USA 1997) ist eine Ausnahme innerhalb des Genres.

In diesem Film kommt es zu einer positiven Begegnung mit Aliens.

____

____ ☐ Punkte

Aufgabe 20

Setze in das Filmzitat aus „Contact" den Konjunktiv II ein. **2 Punkte**

„Wenn wir die Einzigen im Universum sein ______________ (sollen),

______________ (sein) das eine ziemliche Platzverschwendung." ☐ Punkte

Aufgabe 21

Verbinde zu Satzgefügen, in denen die Vorzeitigkeit im Plusquamperfekt ausgedrückt wird. **2 Punkte**
Verwende die Konjunktion nachdem.

A Die Cutterin schneidet das Filmmaterial. Die Crew dreht die letzte Aufnahme.

____

____

B Der Film erhält einen Oscar. Die Film-Crew feiert die Auszeichnung.

____

____ ☐ Punkte

Aufgabe 22

Verbinde jedes der Satzpaare zu einem Satz.
Manchmal musst du die Satzglieder umstellen. **5 Punkte**

a Notiere für jede angebotene Konjunktion den Buchstaben des Satzes, den sie passend verbinden kann.
b Schreibe die Sätze in dein Heft.

☐ während ☐ obwohl ☐ weil ☐ nachdem ☐ denn

A Der Plot des Filmklassikers „E.T. – Der Außerirdische" ist schnell erzählt. Er ist sehr schlicht.

B Elliot findet ein merkwürdiges Wesen. Es wurde versehentlich auf der Erde zurückgelassen.

C Der Außerirdische jagt ihnen zuerst Angst ein. Elliot und seine Geschwister wollen ihm helfen.

D Die Kinder verstecken ihn. Die Erwachsenen dürfen nichts davon erfahren.

E E.T. kann nur auf seinem Heimatplaneten überleben. Auf der Erde muss er bald sterben. ☐ Punkte

C Rechtschreibung

Aufgabe 23

Im Schiller-Gymnasium werden zur Lesemotivation regelmäßig Buchempfehlungen ausgehängt. Die folgende Empfehlung eines Schülers für einen Science-Fiction-Roman enthält einige Fehler: Unterstreiche sie und notiere die Verbesserungen in der Randspalte. **10 Punkte**

Dringend lesen: Witziger Science-Fiction-Roman!

VORSICHT FEHLER!

Worum geht's? Der Roman „Ich und die Menschen" von Matt Haig (erschienen 2014) kann Fantasiewecken und regt zum nachdenken über unser Dasein an. Der Roman ist aus der Sicht eines Außerirdischen nieder geschrieben, der von einem fernen Planeten auf die Erde geschickt wurde, um in den Körper des Mathematikprofessors Andrew Martin zu schlüpfen, welcher an einem komplexen mathematischen Problemarbeitet. Das entschlüsseln dieses Rätsels würde die technische Entwicklung so weit voran treiben, dass die Menschen im Universum eine Gefahr darstellen würden. Also schlüpft der Außerirdische mit dem Auftrag ins Leben des Professors, dessen Aufzeichnungen sowie alle anderen zu vernichten, die darüber Bescheidwissen.

Warum lesen? Das Buch ist sehr humorvoll geschrieben: Weil der Außerirdische mit dem Leben auf der Erde und der „primitiven Lebensform" Mensch zunächst überhaupt nicht klar kommt, ergeben sich allerlei kuriose Situationen. Nach einigem drunter und drüber kann er aber immer mehr liebenswertes an den Menschen wahr nehmen. Sein vorhaben gerät dadurch ins wanken. Wird es ihm jetzt noch leicht fallen, die inzwischen lieb gewonnene Familie Martin erbarmungslos kalt zu machen? Der Roman hat etwas leichtes und beflügelndes. Er bringt einen zum schmunzeln – der witzige Stil tut ein übriges dazu.

☐ Punkte

Aufgabe 24

Schreibe auf, welche beiden Fehlerschwerpunkte in dem Text vorkommen. **2 Punkte**

A ☐ ______________________ B ☐ ______________________

☐ Punkte

D Eine Streitfrage pro und kontra erörtern

Aufgabe 25

Schreibe eine Pro-und-Kontra-Erörterung zu folgender Streitfrage: **20 Punkte**
„Sollten wir Menschen den Kontakt zu außerirdischen Lebensformen aktiv suchen?“
Gehe vor wie folgt:

a Sammle Ideen: Lies den folgenden Text und markiere die Argumente, die Stephen Hawking gegen eine Kontaktaufnahme anführt.

Christoph Titz

Warnung von Astrophysiker Hawking: Sprecht bloß nicht mit den Aliens! (2010)

Stephen Hawking ist sich schon lange sicher, dass es im All noch mehr Leben gibt als nur das auf unserem kleinen Planeten Erde – wenn auch meist in kleinen, primitiven Formen. Jetzt aber bezog er erstmals deutlicher Stellung in einer Debatte, die den meisten Menschen vorkommen wird wie Science-Fiction: Ja, bekennt Hawking nun, er glaube auch an die Möglichkeit intelligenten Lebens im All. Fraglich sei aber, ob wir uns wirklich wünschen sollten, dass diese Aliens von uns erfahren.

Damit nimmt Hawking eine Position in einem Streit ein, der seit Jahrzehnten in der Seti-Gemeinde schwelt – das Kürzel steht für *Search for extraterrestrial Intelligence*. Ende 2006 brach der Konflikt auf, als in einem Vorwort zum renommierten Wissenschaftsmagazin „Nature“ die Seti-Community dafür getadelt wurde, in ihrer Grundbegeisterung für die Suche nach außerirdischem Leben keine offene Debatte darüber zu führen, ob die Kommunikationsversuche auch ein Risiko für die Menschheit beinhalten.

Seitdem kocht der Streit zwischen der sogenannten aktiven Seti, die Rufe ins All schickt, und der passiven Seti, die nur lauscht, kräftiger denn je. Inzwischen dreht sich die Debatte auch darum, wer eigentlich ein Mandat habe, darüber zu entscheiden, was für Informationen überhaupt ins All geschickt werden.

Am besten keine, sagt nun der Mann, dessen Wort enormes Gewicht hat: Stephen Hawking gilt als eines der wenigen lebenden Genies unserer Tage. Der Wissenschaftler warnt eindringlich vor dem Kontakt mit intelligenten Lebensformen. Das Meiste dort

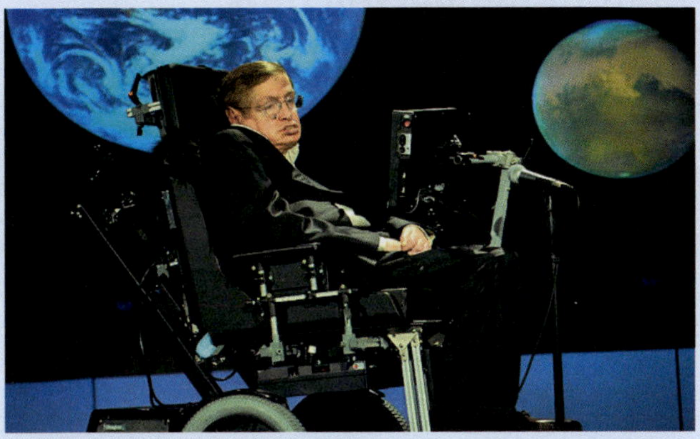

draußen sei zwar Kleinkram, Mikroben und einfache Tierchen, also solche Lebewesen, wie sie die Biosphäre auch den längsten Teil der Geschichte unseres Planeten dominierten. Gäbe es aber auch intelligentes Leben, dann wäre das für die Erde eine existenzielle Bedrohung.

Solche Aliens könnten über die Erde herfallen, sich ihrer Ressourcen bemächtigen, und wenn der Planet ausgelaugt sei, würden sie weiterziehen. Hawking schließt das aus der Betrachtung unserer eigenen Art: „Wir müssen nur auf uns selbst schauen, um zu sehen, wie sich aus intelligentem Leben etwas entwickelt, dem wir lieber nicht begegnen möchten.“ Fortschrittliche Aliens würden wohl ein nomadenhaftes Leben führen und versuchen, alle Planeten zu erobern und zu kolonisieren, die sie finden können. Darum sei es wohl „ein wenig zu gefährlich“, den Kontakt zu suchen. Kämen die Außerirdischen, wäre der Effekt in etwa so wie die Landung von Christoph Columbus in Amerika – „und die ist den amerikanischen Ureinwohnern auch nicht bekommen“, so Hawking.

b Erweitere deine Stoffsammlung. Sammle eigene Argumente zur oben genannten Streitfrage:
- **mindestens zwei weitere Argumente, die Hawkings Position untermauern.**
- **mindestens zwei Argumente, die für eine aktive Kontaktaufnahme mit Außerirdischen sprechen.**

c Belege mindestens eines deiner Argumente mit einem Beispiel.

d Lege einen Schreibplan (► S. 25) für deine Argumentation an (in Blöcken oder fortlaufend).

e Schreibe den vollständigen Text in dein Heft.

Punkte

Autoren- und Quellenverzeichnis

S. 4: Wikipedia: Vorstellungsgespräch (Auszug). Online unter: http://de.wikipedia.org/w/index.php?title=Bewerbungsgespr%C3%A4ch&redirect=no [03.02.2015]. Creative-Commons-Lizenz **S. 5:** Die perfekte Vorbereitung. Bundesagentur für Arbeit, www.planet-beruf.de [03.02.2015] **S. 6:** Text 2. http://www.ihk-nordwestfalen.de [03.02.2015]. Text 3. Rainer Ziegler: Orientierungshilfe Bundesagentur für Arbeit 2015, S. 38–39. Text 4. http://bwt.planet-beruf.de/108.html [03.02.2015] **S. 8:** Fragen. Siehe S. 6, Text 3 **S. 10:** Langenberg, Lara: http://lara-karibu.blogspot.de/2014/03/abschlussbericht.html [03.02.2015] **S. 11:** M 2: http://www.internationaler-jugend-freiwilligendienst.de/ijfd/ [24.10.2014]. M 3 und 4. http://www.wegweiser-freiwilligenarbeit.com [04.02.2015] **S. 27:** Höfken, Ulrike: Weniger ist mehr. http://www.theeuropean.de/mehr-fleisches-lust-statt-billig-wurst/2419-mehr-fleisches-lust-statt-billig-wurst-2 [04.02.2015] **S. 32:** Novotny, Rudolf: Die neuen Internationalisten. Aus: DIE ZEIT, 18.09.2008 **S. 38:** Wohmann, Gabriele: Du kriegst nichts geglaubt. Aus: Scherben hätten Glück gebracht. Erzählungen. Aufbau Verlag, Berlin 2006, S. 65 f. **S. 44:** Heym, Georg: Der Abend. Aus: Dichtungen. Philipp Reclam jun., Stuttgart 1969, S. 29 **S. 48:** Dürrenmatt, Friedrich: Der Besuch der alten Dame (3. Akt). Aus: Ebd. Copyright © 1986 Diogenes Verlag AG Zürich **S. 60, 61:** Vier Empfehlungen [...]. Aus: Schüler-Knigge: 2009. http://www.knigge-rat.de/download/schueler_knigge.pdf, S. 4, 5, 9, 12, 2 [04.02.2015] **S. 102 f.:** Sagener, Nicole: Militärbasis Area 51. Die Zeit online, 16.08.2013. http://www.zeit.de/wissen/geschichte/ [04.02.2015] **S. 106:** Kunert, Günter: Die kleinen grünen Männer. Aus: Tagträume in Berlin und andernorts. Hanser, München 1972, S. 42 f. **S. 111:** Titz, Christoph: Warnung von Astrophysiker Hawking: Spiegel online, 24.05.2010. http://www.spiegel.de/wissenschaft/weltall/ [04.02.2015]

Bildquellenverzeichnis

Cover: Image brokers/Photoshot, **S. 8 links:** stock.adobe.com/Volker Witt, **rechts:** stock.adobe.com/Picture-Factory, **S. 11:** mauritius images/travelib Indonesia/Alamy, **S. 16 links:** stock.adobe.com/Guido Thomasi, **rechts:** stock.adobe.com/grafikplusfoto, **S. 18 oben links, unten links:** stock.adobe.com/Robert Kneschke, **oben rechts:** stock.adobe.com/Janina Dierks, **unten Mitte:** stock.adobe.com/Racle Fotodesign, **unten rechts:** stock.adobe.com/K.-P. Adler, **S. 19 oben:** dpa, unten: mauritius images/Alamy/Tony West, **S. 28:** Grafik aus: Der Fleischatlas 2014. Heinrich-Böll-Stiftung, Bund für Umwelt- und Naturschutz Deutschland und Le Monde diplomatique. Creative-Commons-Lizenz (CC BY-SA 3.0 DE) http://creativecommons.org/licenses/by-sa/3.0/de/legalcod, **S. 29 oben, Mitte links, unten:** stock.adobe.com/Jeanette Dietl, **Mitte rechts:** stock.adobe.com/simoneminth, **S. 32:** stock.adobe.com/Syda Productions, **S. 54:** stock.adobe.com/stockphoto-graf, **S. 62:** Shutterstock/Asia Images Group, **S. 64:** imago stock&people, **S. 69:** stock.adobe.com/DoraZett, **S. 71:** stock.adobe.com/industrieblick, **S. 76 links:** Clip Dealer/Darius Turek, rechts: stock.adobe.com/l-pics, **S. 77:** stock.adobe.com/rdnzl, **S. 80:** akg-images, **S. 82:** stock.adobe.com/Syda Productions, **S. 86:** stock.adobe.com/Gerhard Seybert, **S. 89 oben:** stock.adobe.com/Sven, **unten:** stock.adobe.com/Claudia Paulussen, **S. 92:** stock.adobe.com/Photographee.eu, **S. 95:** stock.adobe.com/Daniel Ernst, **S. 98 oben:** Colourbox, **unten:** picture-alliance/Sueddeutsche Zeitung Photo, **S. 99:** imago/Ralph Peters, **S. 100 oben:** stock.adobe.com/Lucky Dragon, **unten:** stock.adobe.com/Dominique Vernier, **S. 101:** stock.adobe.com/hifashion, **S. 103:** mauritius images/Alamy/Stuart Abraham, **S. 105:** Grafik: http://www.ufo-datenbank.de/gep/gep/wp-content/uploads/2009/03/forschung_statistik2009a.jpg [04.02.2015], **S. 107 links:** stock.adobe.com/Daniel Ernst, **Mitte:** stock.adobe.com/Jeanette Dietl, **rechts:** stock.adobe.com/pictonaut, **S. 111:** mauritius images/Alamy/NG Images.

Impressum

Redaktion: Stefan Windte

Illustrationen:
Uta Bettzieche, Leipzig: S. 15, 20, 21–22, 56–58, 60, 63, 71, 75
Nils Fliegner, Hamburg: S. 23, 95–97
Bianca Schaalburg, Berlin: S. 5, 7, 79, 81, 84, 85, 87, 93
Sulu Trüstedt, Berlin: S. 14, 38, 45–47, 102, 106

Layoutkonzept: werkstatt für gebrauchsgrafik, Berlin
Technische Umsetzung: lernsatz.de

www.cornelsen.de

1. Auflage, 1. Druck 2019

Alle Drucke dieser Auflage sind inhaltlich unverändert und können im Unterricht nebeneinander verwendet werden.

Druck: Parzeller print & media GmbH & Co. KG, Fulda

ISBN 978-3-06-067449-7

PEFC
PEFC/04-31-1308

PEFC zertifiziert
Dieses Produkt stammt aus nachhaltig bewirtschafteten Wäldern und kontrollierten Quellen.

www.pefc.de

Gymnasium Baden-Württemberg

Deutschbuch

Arbeitsheft 5

Lösungen

Cornelsen

Informationen recherchieren und präsentieren

Seite 4–8

1 Mögliches Vorwissen: Bei einem Vorstellungsgespräch muss man auf angemessene Kleidung achten, sich über das Unternehmen informieren und wichtige Unterlagen bereithalten.

2 a Mögliche Markierungen: fachliche Qualifikationen (Z. 7), soziale Kompetenzen (Z. 7), wie [...] auftritt (Z. 8), zu den Anforderungen passt (Z. 8), äußere Erscheinungsbild (Z. 9), Präsentation der eigenen Person (Z. 13)
b Links unter „Weblinks" (Z. 17) – Herkunft der Informationen unter „Quellennachweise" (Z. 19) – Literaturhinweise unter „Weiterführende Literatur" (Z. 15)

3 a Die Schlagwörter stehen ganz oben in der URL-Zeile: „vorstellungsgespraech+vorbereiten".
b Suchzeitraum: „Letztes Jahr", Button zur Suche von Bildern: „Bilder"
c Zeilen in grüner Schrift = L, Zeilen in blauer Schrift = A, schwarze Textzeilen unten = T

4 Beide Quellen wirken zuverlässig: Die DAK ist eine große Krankenkasse, die mit den Informationen zum Berufseinstieg um neue, junge Kunden werben will und es sich aus Imagegründen nicht leisten kann, ungenaue oder ungeeignete Informationen bereitzustellen. Hinter „beroobi" steht das Institut der deutschen Wirtschaft in Köln, ein großer Interessenverband, zu dessen Aufgaben die Nachwuchsförderung gehört. Initiiert und entwickelt wurde „beroobi" von Schulen ans Netz e. V., gefördert wurde das Projekt aus Mitteln des Bundesministeriums für Bildung und Forschung, der Europäischen Union sowie des Europäischen Sozialfonds für Deutschland.

5 Sinnvolle Oberbegriffe: **Text 1:** Fragen an mich/zur eigenen Person, Fragen zur Firma, Unterlagen – **Text 2:** Kleidung – **Text 3:** Fragen zur eigenen Person, Fragen zur Firma – **Text 4:** Fragen zur eigenen Person, Fragen zur Firma

6 **Oberbegriffe** und Informationen (stichwortartig): **Unterlagen:** Einladungsschreiben – Bewerbungsunterlagen (Anschreiben, Lebenslauf, Zeugnisse, Praktikumsbescheinigung) – ausgefüllter Personalfragebogen (falls zugeschickt) – Liste mit eigenen Fragen – eventuell Arbeitsproben – Block und Stift / **Kleidung:** zur Branche passend – Bank o. Ä. = Anzug/Kostüm – gewerblich-technische Berufe = seriös, kein Freizeitlook – Erwachsene um Rat bitten – lieber etwas zu förmlich als zu locker / **Fragen zur Firma:** Gründe für Berufswahl – Praktikum oder Ferienjob – Vorstellungen von diesem Beruf – Nachteile des Wunschberufs – Eignung für diesen Beruf – Gründe für Wahl der Firma, Wissen darüber → vorher genau über das Unternehmen informieren: Zeitschriften, Broschüren oder die Website des Unternehmens / **Fragen zur eigenen Person:** Lieblingsfächer – Begründungen für gute und schlechte Noten – Bemerkungen auf dem Zeugnis – Verhältnis zu Lehrern und Mitschülern – Zeitungen, Zeitschriften oder Bücher – Stärken und Schwächen – offene Fragen → vorher planen, was man erzählt, und Gespräch üben

7 ●●● Hier können z. B. weitere vertiefende Informationen zur richtigen Kleidung (Schuhe, Accessoires, Frisur) oder zu möglichen weiteren Fragen im Vorstellungsgespräch (z. B. zu Wissensstand/Persönlichkeit oder auch rechtlich unzulässigen Fragen des Arbeitgebers) recherchiert werden. Zudem können ganz neue Aspekte erarbeitet werden, z. B. Tipps für das Formulieren von Fragen an die Firma oder Gesprächsregeln.

8|9|10 a Mögliche Gliederung (Schreibplan):
Einleitung: eigene Erfahrung mit dem bevorstehenden Vorstellungsgespräch (Ängste, Sorgen) – **Hauptteil:** 1. Fragen zur eigenen Person, 2. Fragen zur Firma, 3. Kleidung, 4. Unterlagen – **Schluss:** Hinweis auf Sorgen, die mit dem Vorstellungsgespräch verbunden sind; Ausblick, dass mit guter Vorbereitung kaum etwas schiefgehen kann.

8 b Mögliche Begründung: Ich möchte mit den Fragen zur eigenen Person beginnen, weil ich die Zuhörer damit gut aktivieren kann, und dann die Fragen zur Firma nennen. Es folgen die Informationen zur geeigneten Kleidung. Am Schluss verweise ich auf die Unterlagen, die mitzubringen sind, weil dieses Thema nicht so schwierig ist.

11 ●●● Die Moderationskarten können auf der Grundlage der Tabelle erstellt werden, die bei Aufgabe 6 angelegt wurde.

12 a Gelungen ist Folie C, weil sie übersichtlich gestaltet und der Inhalt gut zu erfassen ist.
b Sinnvolle Verbesserungsvorschläge:
Verbesserungsvorschlag für Folie A: Text reduzieren, nach Oberbegriffen „Berufswahl" und „Fragen zur Firma" aufteilen, Stichpunkte untereinander anordnen und in größerer Schrift anlegen (so nicht lesbar).
Verbesserungsvorschlag für Folie B: weniger verspielte Schriftart und zurückhaltendere farbliche Gestaltung (so kaum lesbar).

13 Funktion: Folie A informiert strukturiert zu den Gliederungspunkten „Fragen zur eigenen Person" und „Fragen zur Firma". – Folie B informiert strukturiert zum Gliederungspunkt „Unterlagen". – Folie C bietet Beispiele für geeignete Kleidung im Vorstellungsgespräch, sie könnte aber auch zur Auflockerung eingeschoben werden.

14 ●●● Zur Auflockerung und als Ermutigung kannst du z. B. Zitate einflechten:
„Das Große ist nicht, dies oder das zu sein, sondern man selbst zu sein." Søren Kierkegaard (1813–1855), dänischer Philosoph – „Wir überzeugen durch unsere Persönlichkeit." Walt Whitman (1819–1892), US-amerikanischer Lyriker. Beide Zitate unterstreichen die Empfehlung, im Vorstellungsgespräch „man selbst" zu bleiben und nichts vorzugeben, was man nicht ist. Das fällt einem erfahrenen Arbeitgeber sofort (ungut) auf.

15 Wenn du niemanden findest, der Zeit für einen Übungsvortrag hat, kannst du diesen auch vor einem Spiegel einüben.

Einen Informationstext schreiben

Seite 9–14

1 a + b Markierungen: **Anlass:** Informationstag zum Thema „Wie geht es nach der Schule weiter?“; Thema: „Internationaler Jugendfreiwilligendienst“ (IJFD); **vorgegebene inhaltliche Aspekte:** IJFD, Bedingungen, Chancen und Probleme, für welche Schülerinnen und Schüler; **Adressaten:** Mitschülerinnen und Mitschüler; Textsorte: zusammenhängender Informationstext

c Richtig ist die Aussage B, falsch sind A, C und D.

2 **Material 1:** Bericht über eine Volontärin, zu Chancen und Problemen sowie über für das Programm geeignete Schüler/-innen; **Material 2:** IJFD, Teilnahmebedingungen sowie für das Programm geeignete Schüler/-innen; **Material 3:** Teilnahmebedingungen (Zeitraum/Dauer); **Material 4:** Teilnahmebedingungen (Kosten)

3 a Mögliche unbekannte Wörter: Highschool (M1, Z. 15) – weiterführende Schule, Primary School (M1, Z. 20 f.) – Grundschule, Feuerküche (M1, Z. 29) – Kochen über einem offenen Feuer, gemeinwohlorientierte Einrichtung (M2, Z. 12 f.) – nicht gewinnorientiert, sondern orientiert am gesellschaftlichen Nutzen, nachhaltige Entwicklung (M2, Z. 19) – umwelt- und ressourcenschonendes Wirtschaften zum Schutz der Nachwelt

b + c Mögliche Markierungen (Aspekte in Klammern): **Material 1:** Lara Langenberg, 18 Jahre alt, Grundschule für Mädchen in Kenia, Volontärin (Lara Langenberg) – aufregende Momente, interessante [...] Menschen (Chancen) – Probleme, Gegenteil von dem, was ich während des Freiwilligendienstes machen wollte, andere Lebensumstände, wie kein Strom, kein fließendes Wasser, Dusche unter freiem Himmel, Kochen in der Feuerküche (Probleme, Chancen) – viel gelernt, neue Denkweisen, weiterentwickelt (Chancen) / **Material 2:** Auslandsjahr oder auch nur einige Monate im Ausland, Schulausbildung abgeschlossen (IJFD, Teilnahmebedingungen) – Jugendliche im Alter von 16 bis 26 Jahren, unerheblich, welche Schulausbildung, abgeschlossene Berufsausbildung, ohne Schulabschluss (Teilnahmebedingungen) – gemeinwohlorientierte Einrichtungen (IJFD)

4 Mögliche Begründung:
Material 1 enthält detaillierte Aussagen über Lara Langenbergs persönliche Erlebnisse in Kenia. Sie gibt in ihrem Blog Einblicke in ihre individuellen Erwartungen und Gefühle und schildert persönliche Alltagserfahrungen.
Diese Art von Aussagen sollte in einem Informationstext nicht verwendet werden, weil sie weder sachlich noch von allgemeinem Interesse sind.

5 a Mögliche Erklärung: Es sind jeweils nur die mittleren Balken relevant, weil nur diese sich auf den IJFD beziehen. Die jeweils beiden anderen Balken informieren über die Bedingungen anderer Freiwilligendienste.

b Für den IJFD sollte man sich **meist 9 Monate vorher** bewerben. Die Dauer beträgt **6** bis **18,** im Durchschnitt **12** Monate. Die Kosten für den IFJD werden finanziert durch **einen Spenderkreis, den die Teilnehmer selbst aufbauen.** Vorausgesetzt, dass **genug Spenden zusammenkommen,** muss nichts dazugezahlt werden. Sollte dies nicht gelingen, können die Kosten zwischen **60** und **600** Euro liegen. Das Taschengeld pro Monat liegt zwischen **70** und **200** Euro, im Durchschnitt bei **100** Euro. Die Reisekosten **werden von Trägerorganisationen übernommen.**

6 a + b Mögliche Gliederung:

Einleitung IJFD	Auslandsjahr (sechs bis 18 Monate) gemeinwohlorientierte Einrichtungen (sozialer Bereich, Sport, Kultur, Denkmalpflege, Ökologie, Bildungswesen, Frieden und Versöhnung und Demokratieförderung)
Hauptteil Teilnahme- bedingungen Lara Langenberg (Beispiel) Chancen Probleme	**Alter:** Jugendliche im Alter von 16 bis 26 Jahren **Kosten:** Spenden zwischen 60 und 600 Euro, Reisekosten werden übernommen **Einkommen:** Taschengeld 70 bis 200 Euro, im Schnitt 100 Euro **Bedingungen:** Schulausbildung unerheblich, 9 Monate vorher bewerben 18 Jahre alt, Volontariat an Grundschule für Mädchen in Kenia, aufregende Momente, warmherzige Menschen, lustige und verständnisvolle Gastfamilie viel gelernt, neue Denkweisen, persönlich weiterentwickelt organisatorische Probleme, andere Lebensumstände wie kein Strom, kein fließendes Wasser, Dusche unter freiem Himmel, Kochen in der Feuerküche
Schluss Schlussfolgerung: Empfehlung	**Teilnahme sinnvoll für:** junge Menschen, die die Zeit zwischen Schule und Berufsausbildung füllen möchten, indem sie sich im Ausland sozial engagieren; die bereit sind, sich auf andere Lebensverhältnisse und Menschen einzustellen

7 a – d Möglicher Informationstext:

(Überschrift) Engagement im Ausland mit dem Internationalen Jugendfreiwilligendienst
(Einleitung) Viele Schülerinnen und Schüler wünschen sich, nach ihrer Schulzeit nicht sofort mit Studium oder Ausbildung zu beginnen, sondern erst einmal ins Ausland zu gehen. Mit dem Internationalen Jugendfreiwilligendienst (IJFD) erhalten sie die Möglichkeit, einen solchen Aufenthalt mit der Arbeit in gemeinwohlorientierten Einrichtungen zu verbinden. Es handelt sich dabei um eine Organisation, die im Ausland entsprechende Stellen im sozialen Bereich und in den Bereichen Sport, Kultur, Denkmalpflege, Ökologie, Bildungswesen, Frieden und Versöhnung sowie Demokratieförderung vermittelt.
(Hauptteil) Am IJFD können alle Jugendlichen im Alter von 16 bis 26 Jahren teilnehmen, ihre Schulausbildung ist dafür unerheblich. Für den IJFD sollte man sich neun Monate vorher bewerben. Die Kosten werden durch einen Spenderkreis finanziert, den die Teilnehmer selbst aufbauen. In der Regel muss dann nichts dazugezahlt werden. Sollte dies nicht gelingen, können die Kosten zwischen 60 und 600 Euro liegen. Das Taschengeld pro Monat liegt zwischen 70 und 200 Euro, im Durchschnitt bei 100 Euro. Die Reisekosten werden von Trägerorganisationen übernommen.
Die 18-jährige Lara Langenberg absolvierte im Rahmen des IJFD ein Volontariat in Kenia, zunächst an einer Highschool für Mädchen, später an einer Grundschule. Ihr Beispiel zeigt, dass der IJFD die Chance bietet, eine aufregende Zeit zu verbringen und interessante Menschen kennen zu lernen. Lara macht in ihrem Blog aber auch deutlich, dass man sich flexibel auf die Situation einstellen muss, da manches sich völlig anders entwickelt habe, als sie es zunächst erwartete. Gelingt dies, kann man beim IJFD viel über neue Denkweisen und fremde Kulturen lernen und sich persönlich weiterentwickeln. Allerdings sind auch Probleme zu bewältigen. Man muss sich auf völlig andere Lebensumstände einlassen, hat z. B. oft keinen Strom oder fließendes Wasser. An eine Dusche unter freiem Himmel oder an das Kochen über dem offenen Feuer muss sich manch einer erst einmal gewöhnen. Außerdem können organisatorische Probleme auftreten, z. B. dass man andere Arbeiten ausführen muss, als dies vorher vereinbart wurde.
(Schluss) Die Teilnahme am IJFD ist besonders geeignet für junge Menschen, die die Zeit zwischen Schule und Berufsausbildung sinnvoll füllen möchten, indem sie sich im Ausland sozial engagieren. Sie sollten außerdem bereit sein, sich auf andere Lebensverhältnisse und fremde Menschen einzustellen.

8 ●●● Enthält der Text alle Informationen zu **den in der Aufgabenstellung genannten Aspekten?** – Wurden unwichtige Informationen oder persönliche Aussagen aus den Materialien **weggelassen?** – Ist der Text für Mitschülerinnen und Mitschüler **verständlich?** – Ist der Text klar gegliedert in **Einleitung, Hauptteil und Schluss?** – Orientiert die Gliederung sich an der **Struktur der Aufgabenstellung?** – Ist der Text **knapp, sachlich** und mit **eigenen Worten** formuliert? – Wurde vorwiegend das **Präsens** verwendet und Äußerungen anderer in **der indirekten Rede** wiedergegeben? – Sind Zusammenhänge **sprachlich deutlich gemacht?**

Eine Bewerbung verfassen

Seite 15–18

1 Sinnvolle Markierungen:
a Fahrdienstleiter/-in, Eisenbahner im Betriebsdienst der Fachrichtung Fahrweg, 1. September 20XX, WBG, Württemberg-Bahn GesellschaftmbH, Bereich Personal, Phillipp Gaißmeyer, Postfach 12 32 05, 70569 Stuttgart, www.wbg.info
b die Schule erfolgreich abgeschlossen, hohes Verantwortungsbewusstsein, Zuverlässigkeit, Organisationstalent, Besonnenheit, belastbar, teamfähig

2 Zutreffend sind die Aussagen A, D und E. Nicht zutreffend sind B und C.

3 a + b **Carina** – Verantwortungsbewusstsein: Schulsanitätsdienst, regelmäßige Kontakte zur Großmutter, Mannschaftskasse, Trainerin einer Jugendmannschaft; Belastbarkeit: Schiedsrichtertätigkeit, Sanitätsdienst; Teamfähigkeit: Betreuung der F-Jugend, Planung Zeltlager / **Matthias** – Verantwortungsbewusstsein: Schulaquarium, Zeitungsausträger; Belastbarkeit: Zeitungsausträger, Auslandsaufenthalt; Teamfähigkeit: spielt in einer Band

4 a Richtig ist Antwort B Hauptteil.
b Die Ausbildung zur Sitzbezugmustertesterin ist eine sinnvolle Fortführung meiner mehrjährigen Mitarbeit im Strickclub der Schule. Dort habe ich gelernt, die Qualität des Materials sowie die Wirkung von Mustern sicher zu beurteilen. Außerdem zeigen meine hervorragenden Leistungen im Fach Kunst sehr gute Kenntnisse in Fragen der Gestaltung. Meine vielfältigen Erfahrungen mit Polsterbezügen als Kinogängerin hoffe ich in die Ausbildung einbringen zu können.

5 ●●● Mögliche Erklärung für **Carina** (frei formuliert):

Durch den Schiedsrichterlehrgang und durch meine Mitarbeit im Schulsanitätsdienst habe ich gelernt, auch in angespannten Situationen einen klaren Kopf zu bewahren. Als Trainerin einer Jugendmannschaft in einem Sportverein habe ich Zuverlässigkeit und Verantwortungsbewusstsein zeigen müssen, zudem habe ich dort als Teil eines Teams mit mehreren Trainern gearbeitet. Ich würde mich freuen, meine Fähigkeit zur Übernahme von Verantwortung durch die Ausbildung zur Fahrdienstleiterin festigen und erweitern zu können. Ich plane und unternehme gern etwas gemeinsam mit anderen Menschen, zum Beispiel habe ich im vergangenen Herbst ein großes Lager mehrerer Jugendmannschaften meines Vereins mit geleitet. Sicher würde ich mich auch in das Team der WürttembergBahn gut einfügen und etwas zur Teamarbeit beitragen können.

Mögliche Erklärung für **Matthias** (frei formuliert):

Dass ich sehr gut logisch denken und planvoll handeln kann, hat mir seit der sechsten Klasse zu großen Erfolgen insbesondere in der Schach-AG der Schule verholfen. Selbst in angespannten Situationen behalte ich einen kühlen Kopf und überlege erst einmal. Meine sehr guten Noten besonders in Informatik und Musik zeigen ebenfalls, dass mir auch anspruchsvolle Aufgaben keine Probleme bereiten. Meine Zuverlässigkeit habe ich durch mehrere Tätigkeiten bewiesen: Zum Beispiel unterhalte ich schon seit Langem ein Salzwasseraquarium, was sehr große Umsicht und Sorgfalt erfordert. Auch trage ich seit 20XX an jedem Wochenende Zeitungen aus, ohne je gefehlt zu haben. Teamfähigkeit muss ich besonders in meiner Band zeigen, mit der ich als Schlagzeuger auch regelmäßig Auftritte habe. Organisationstalent und Belastbarkeit habe ich bewiesen, als ich einen dreimonatigen Auslandsaufenthalt in Namibia selbstständig geplant und durchgeführt habe.

6 **Oben rechts:** Datum ergänzen, **Adressfeld:** WürttembergBahn GesellschaftmbH *(Großbuchstaben beachten!)*, Herrn Phillipp Gaißmeyer, **Betreffzeile:** Bewerbung um einen Ausbildungsplatz als Fahrdienstleiterin

7 Mögliche Auskunft: Zurzeit bin ich Schüler/Schülerin der Klasse 9 des Gymnasiums .... Im Juli 20XX werde ich voraussichtlich die Schule mit einer guten Fachoberschulreife abschließen.

8 a + b Mögliche Begründung in Schriftsprache:

Das Interesse an der Tätigkeit als Fahrdienstleiter ist während meines Praktikums geweckt worden. [Das Verschicken von Hundefutter war öde,] *Die Arbeit bei einem Tierfutterhandel hat mich nicht angesprochen, weil sie wenig abwechslungsreich war,* aber durch Einblicke in den Vertrieb wurde ich auf das Berufsfeld der Transportlogistik aufmerksam. Bei der Schach-AG und im Informatikunterricht finde ich es [voll] *sehr* gut, komplizierte Systeme zu verstehen und zu gestalten. Züge im Stellwerk zu dirigieren, [wäre bestimmt genau mein Ding.] *entspricht meinen Vorstellungen einer beruflichen Herausforderung.*

9 a + b Geeignet ist die Schlussformulierung B. Begründung: Schluss B ist geeignet, weil er ~~umgangssprachlich~~ / sprachlich angemessen formuliert ist und einen höflichen / ~~persönlichen~~ Ton wahrt.

10 Diese Fehler solltest du in Carinas Lebenslauf markiert haben: Rechtschreibfehler „Adresse"; Vornamen ausschreiben; Name zu weit nach rechts gerückt; Telefon, E-Mail und Geburtsort fehlen; Geburtsdatum unvollständig; Gesamtaufbau ändern: Daten nach vorn in die linke Spalte; unterschiedliche Schreibweisen bei den Daten zur Schulbildung (einmal Ziffer, einmal Monat ausgeschrieben – beides ist möglich, es muss aber einheitlich durchgehalten werden); Wechsel der Schriftart bei Zwischenüberschrift „Praktische Erfahrungen"; falsche Einrückung: Angaben jetzt in anderer zeitlicher Abfolge; Hinweis zu den Aufgaben im Praktikum fehlt; Zwischenüberschrift „Besondere Kenntnisse und Interessen" fehlt; Gliederung der Angaben nach Sprachen-/PC-/Sonstigen Kenntnissen fehlt; Position, Schriftart und Rechtschreibung bei „Persönliche Interessen" falsch; Hobbys „Sherlock-Filme" und „Shoppen" streichen (sinnvoll sind nur Hobbys, für die man besondere Kenntnisse braucht); Unterschrift fehlt

11 Orientiere dich in Form und Inhalt genau an dem Muster des Lebenslaufs in der linken Spalte.

12 ●●● ungeeignet: Fotos A + C; A = statt Porträt Ganzkörperaufnahme, C = unangemessene Kleidung

Einen Praktikumsbericht verfassen

Seite 19

1 Foto A + 1, 4 – Foto B + 5, 6, 7, 8

2 Mögliche Stichworte zu den Rahmenbedingungen: **Arbeitsumgebung:** Foto A: im Freien, wetterabhängig; Foto B: im Büro, Innenraum – **Kleidung:** Foto A: wetterfeste Kleidung, Warnweste; Foto B: Büro, ordentliche Kleidung; **Anforderungen:** Foto A: technisches Verständnis für Geräte, gute Augen, Koordinationsfähigkeit, Widerstandsfähigkeit; Foto B: PC-Kenntnisse, räumliches Vorstellungsvermögen, Konzentrationsfähigkeit

Seite 20–21

1 a

9:30 Uhr:	Bus verspätet, ich muss total rennen, um pünktlich zu sein
9:45 Uhr:	gerade Computer hochgefahren
	→ soll nach draußen mit meinem Betreuer (Vermessungsingenieur)
	ins Auto geladen: Tachymeter, GPS-Gerät, Protokollblock, Absperrband, Warnwesten
10:00 Uhr:	Los geht's. Der fährt so schnell!
10:30 Uhr:	vor Ort, Weste an, Geräte vorbereiten, Gelände uneben, mühsam zu justieren
	Betreuer redet viel, dabei hat er alles schon gestern erklärt
	heute zum ersten Mal allein am Tachymeter, kalte Finger!
	süßer Hund verheddert sich in Tachymeter-Beinen, Schmidt kennt Frauchen
11:00 Uhr:	Baustellenautos stören wiederholt, wir sperren ab mit Band

b Möglicher Einleitungssatz: Tagesbericht für Dienstag, den ... 20XX
Zu Beginn des Tages begleitete ich Herrn Schmidt bei einer Vermessung im Außengelände.

2 Frau Falke = B – Herbert = C – Frau Groß = A

3 A Um 14:30 Uhr gab ich die heute Morgen gemessenen Daten in den Computer ein, damit das Programm die Daten der alten Karte mit den aktuellen Ergebnissen vergleichen konnte.
B Mein Praktikumsbetreuer überprüfte die Eingaben, weil ich als Praktikantin keine Verantwortung tragen sollte.
C Der Übertrag der Daten in das Programm gelang mir, nachdem ich eine Mitarbeiterin um Hilfe gebeten hatte. *Oder:* Nachdem ich eine Mitarbeiterin um Hilfe gebeten hatte, gelang mir [...].
D Um 15:00 Uhr bat mich der Leiter des Ingenieurbüros, zwischendurch einem Kunden einen Vorschlag für eine 3D-Karte zu unterbreiten, obwohl der Kunde eine normale Karte beauftragen will.

4 a + b ~~Gefühle/persönliche Wertungen,~~ umgangssprachliche Wendungen:
Jeden Dienstag um 16:30 Uhr gibt's hier eine Teamsitzung im Besprechungsraum. ~~Ich konnte nicht glauben, was da an Kaffee weggehauen wird.~~ Heute war der Projektleiter auf Kundengespräch, deshalb hat mein Betreuer versucht, das Gerede ~~halbwegs~~ sinnvoll zu strukturieren. Es ging drum, ob es ein bestimmtes neues Computerprogramm für das Team bringt. Zwei Mitarbeiter fahren total darauf ab, ~~zwei andere hatten, glaube ich, keine Ahnung, worum es überhaupt geht,~~ und eine konnte nichts an dem neuen Programm finden. Entschieden wurde nichts, weil der Projektleiter fehlte. ~~Ich habe mich, ehrlich gesagt, gefragt, warum sie sich dann überhaupt getroffen haben.~~ Danach wurde noch über den normalen Kram der Woche gesprochen, wer was machen muss und so ...

●●● c Wie jeden Dienstag **fand** um 16:30 Uhr eine Teamsitzung im Besprechungsraum **statt.** Heute war der Projektleiter **außer Haus zu einem** Kundengespräch, deshalb **versuchte** mein Betreuer, die **Gesprächsrunde** sinnvoll zu strukturieren. Zuerst **wurde erörtert,** ob ein bestimmtes neues Computerprogramm für das Team **von Nutzen ist. Die Mitarbeiter vertraten dazu gegensätzliche Meinungen. Eine Entscheidung** wurde nicht getroffen, weil der Projektleiter fehlte. Danach wurden bis Dienstschluss um 17:00 Uhr noch **die in der Woche anstehenden Arbeiten** besprochen und **die Zuständigkeiten verteilt.**

5 Möglicher Praktikumsbericht **(Verknüpfungen,** die die zeitliche Reihenfolge deutlich machen, Fachbegriffe mit Erklärungen):
Hinweis: Denke auch an die Erklärung der im Text zu Aufgabe 1 umkreisten Fachbegriffe:
- Tachymeter: Instrument zur geodätischen (Geodäsie = Vermessung der Erde) Schnellmessung, misst Vertikalwinkel, Horizontalwinkel und Entfernungen
- GPS-Gerät: **G**lobal **P**ositioning **S**ystem, Gerät zur satellitengestützten Navigation bzw. Standortbestimmung

Die Fachbegriffe müssen im Tagesbericht mit eigenen Worten knapp und verständlich erklärt werden.

Tagesbericht für Dienstag, den ... 20XX
Zu Beginn des Tages begleitete ich den Leiter des Ingenieurbüros bei einer Vermessung im Außengelände. Ich verlud um 9:45 Uhr die Messinstrumente (das Tachymeter für die Schnellmessung der Geländebeschaffenheit und das GPS-Gerät für die Festlegung der Koordinaten auf der Karte), den Protokollblock, Absperrband und unsere Warnwesten ins Auto. Um 10:00 Uhr waren wir **dann/anschließend** vor Ort, zogen die Westen an und bereiteten die Geräte vor. **Da** das Gelände sehr uneben war, gestaltete es sich schwierig, das Tachymeter sauber zu justieren. Ich arbeitete **an diesem Morgen** zum ersten Mal allein am Tachymeter. **Weil** immer wieder Baustellenfahrzeuge unsere Vermessungen störten, mussten wir das Gelände nach den ersten Versuchen mit dem Band absperren. **Gegen 12:30 Uhr** waren wir zurück im Büro und ich machte **erst einmal** eine Stunde Mittagspause.
Um 13:30 Uhr wurden die letzten Vorbereitungen für den Termin mit einer Kundin getroffen. Sie hatte eine interaktive Karte für das Tourismusbüro in Auftrag gegeben. Mein Praktikumsbetreuer testete, ob das Programm korrekt startete, **während** ich die Infobroschüre in DIN A3 ausplottete, ein Fachbegriff für „drucken". **Kurz vor dem Termin,** der mit dem Erscheinen der Auftraggeberin pünktlich beginnen konnte, kam die Büroleiterin vorbei, um letzte Informationen zur Erarbeitung einzuholen, damit sie die Rechnung rechtzeitig bereitstellen konnte. Bis **14:20** Uhr war unsere Präsentation abgeschlossen, die Kundin äußerte sich sehr zufrieden.
Ab 14:30 Uhr lag wieder Verwaltungsarbeit bereit: Ich gab die morgens gemessenen Daten in den Computer ein, damit das Programm die Daten der alten Karte mit den aktuellen Ergebnissen vergleichen konnte. Mein Praktikumsbetreuer überprüfte die Eingaben **danach,** weil ich als Praktikantin keine Verantwortung tragen sollte. **Im Anschluss daran, um 15:00 Uhr,** bat mich der Leiter des Ingenieurbüros, zwischendurch einem Kunden einen Vorschlag für eine 3D-Karte zu unterbreiten, obwohl der Kunde eine normale Karte beauftragt hatte. Der Übertrag der Daten in das Programm gelang mir, **nachdem** ich eine Mitarbeiterin um Hilfe gebeten hatte.
Wie jeden Dienstag fand um 16:30 Uhr eine Teamsitzung im Besprechungsraum statt. **Heute** war der Projektleiter außer Haus zu einem Kundengespräch, deshalb versuchte mein Betreuer, die Gesprächsrunde sinnvoll zu strukturieren. **Zuerst** wurde erörtert, ob ein bestimmtes neues Computerprogramm für das Team von Nutzen ist. Die Mitarbeiter vertraten dazu gegensätzliche Meinungen. Eine Entscheidung wurde nicht getroffen, weil der Projektleiter fehlte. **Danach** wurden noch die in der Woche anstehenden Arbeiten besprochen und die Zuständigkeiten verteilt. **Um 17:00 Uhr** war offizieller Dienstschluss: Ich durfte nach Hause gehen, aber die Mitarbeiter des Büros blieben noch, um einiges andere zu besprechen.

Seite 22

1 Ungeeignet sind die Fragen C, F und H.

2 1 + B, D, G – 2 + A – 3 + E, J – 4 + I

3 Sinnvolle Informationen:
Linus: Hallo, Mediha, wie war dein Praktikum?
Mediha: Hi, insgesamt voll gut. Mein Betreuer war super nett und auch die anderen Mitarbeiter waren echt lässig. Ich hatte immer was zu tun und konnte alles fragen, was mir unklar war.
Linus: [...] Aber dann haben mich vor allem die verschiedenen Datenverarbeitungsprogramme mega fasziniert.
Mediha: Ja, mich auch. Obwohl ich auch gemerkt habe, dass ich in Mathe ziemliche Lücken habe. Und insgesamt war mir vor meinem Praktikum nicht klar, wie viel Technikwissen man als Geomatikerin so braucht. Ich hatte nur überlegt, dass man da viel draußen ist. Stimmt ja auch! Gelernt habe ich, wie man mit Kunden spricht. Das hat mir Spaß gemacht.
Linus: [...], dass der Job was für mich wäre.
Mediha: Da bin ich mir noch nicht so sicher. Ich mach vielleicht noch ein Praktikum ganz woanders.

Mögliche Reflexion/zusammenfassende Auswertung des Praktikums:

(Wichtige persönliche Erfahrungen) Während meines Praktikums erfuhr ich etwas über mich selbst: Richtig gern sprach ich mit den Kunden. Von den Kollegen und Kolleginnen lernte ich, wie man das am besten macht. Fasziniert haben mich die sehr leistungsfähigen Datenverarbeitungsprogramme, mit denen man als Geomatiker arbeitet.
(Persönliche Auswertung) Ich hatte mir vorher nicht klargemacht, dass man in diesem Beruf so viel Technikwissen benötigt. Meine Lücken im Fach Mathematik waren da nicht sehr hilfreich. Ausgesucht hatte ich mir diesen Beruf, weil man da so viel draußen an der frischen Luft unterwegs ist. Das bestätigte sich auch, allerdings muss man im Außengelände sehr viele technische Messungen und Analysen durchführen, das interessierte mich in Wahrheit wenig. Und die Datenverarbeitung finde ich beeindruckend, arbeiten will ich damit aber nicht.
(Kritik/Verbesserungsvorschläge) Das Betriebsklima im Ingenieurbüro „Schmidt Geomatik GmbH" war sehr gut. Ich fühlte mich dort sehr wohl. Es gab auch einen Betreuer, der sich ständig um mich kümmerte und mir alles erklärte. Das war sehr hilfreich.
(Auswirkungen auf Ausbildungsziel) Insgesamt habe ich nicht den Eindruck gewonnen, dass der Beruf der Geomatikerin etwas für mich wäre. Vielleicht suche ich mir doch lieber einen Beruf aus, in dem man mehr mit anderen Menschen kommunizieren kann und in dem weniger Technik gefragt ist. Ich überlege, in den nächsten Ferien ein Praktikum in einem ganz anderen Berufsfeld zu machen, um dort weitere Erfahrungen zu sammeln.

Argumentieren

Seite 24–26

Eine Pro-und-Kontra-Erörterung verfassen

2 a Mögliche Unterstreichungen (Meinung, Argument, Stützung (Beispiel, Beleg, Erläuterung, Zitat)):
MaX_1: --- (nur Darstellung des Problems bzw. der Streitfrage)
Milli: Ich finde Fastfood gut, weil es uns Schülern, aber auch Berufstätigen, die Möglichkeit gibt, in einer kurzen Mittagspause zu essen. In der schnelllebigen Welt haben viele doch kaum noch Zeit fürs Essen. Dann doch lieber Fastfood als nichts. Außerdem gilt: Geht schnell und kostet wenig!
Fast-NoGo: Ich halte Fastfood für gefährlich, weil es meist ungesund und oft von schlechter Qualität ist. Es ist einfach nicht dasselbe wie frische Lebensmittel, die mit Sorgfalt zubereitet wurden. Ich habe z. B. die Erfahrung gemacht, dass ich mich nach dem Essen von Fastfood einfach nicht mehr gut fühle und schnell wieder Hunger bekomme. Wissenschaftliche Studien der Universität Ulm bestätigen dies: Fastfood kann gerade bei Heranwachsenden Allergien auslösen und liefert kaum wertvolle Nährstoffe.
Maria: Ich bin froh, dass es Fastfood gibt. Die unterschiedliche Auswahl bei den verschiedenen Ketten ermöglicht mir abwechslungsreiche Mittagessen. Ich genieße es aber trotzdem in Maßen, dann ist es nicht wirklich ungesund. Der bekannte Ernährungswissenschaftler Udo Pollmer hat in mehreren Zeitungsinterviews hervorgehoben, dass Fastfood-Esser nicht dicker oder kränker seien als andere.
Heinzelmann: Ich lehne Fastfood ab, denn es zerstört die Esskultur: Messer und Gabel, eine ordentliche Serviette, eine Tischdecke, Zeit und Gespräche gehören doch auch zu einem schönen Essen dazu. Bei uns setzt man sich gemeinsam mit der Familie oder im Freundeskreis an den Esstisch. Wir reden über den Tag, über aktuelle Ereignisse und haben einfach mal Zeit füreinander. Zudem setzt man sich für Fastfood ja kaum mal hin. Man isst teilweise im Stehen, schnell und allein. Außerdem produziert man Unmengen an Müll.
MaX_1: @ Heinzelmann: Ich sehe das ganz anders. Wir verabreden uns gern in Fastfood-Restaurants. Da trifft man oft die halbe Klasse. In ungezwungener Atmosphäre können wir dort quatschen, solange wir wollen. Außerdem sind dort auch viele Familien mit Kindern. Natürlich muss man das Zeug, das da angeboten wird, nicht andauernd essen. Wie überall gilt auch hier: In Maßen genießen.

b **pro** = MaX_1, Milli, Maria – **kontra** = Fast-NoGo, Heinzelmann

3 Mögliche Argumente für eine Stoffsammlung pro Fastfood (gefordert sind nur je drei Argumente). Eine Argumentation kontra Fastfood würde zu einer gespiegelten Anordnung der Argumente führen:

Mein Standpunkt: Ich bin *für* den Konsum von Fastfood.	
Pro-Argumente: Man soll Fastfood essen, ...	**Kontra-Argumente:** Man soll kein Fastfood essen, ...
– *weil* es schnell geht und man trotz Zeitmangel etwas essen kann. – *weil* es preisgünstig ist. – *weil* es überall verfügbar ist. – *weil* es in Maßen nicht ungesund ist. – *weil* Fastfood-Restaurants beliebte Treffpunkte sind.	– *weil* es ungesund ist. – *weil* es nicht satt macht. – *weil* es die Esskultur zerstört. – *weil* es viel Müll produziert. – *weil* es häufig von schlechter Qualität ist.

4 a Mögliche Textbelege und Formulierungen:

A Z. 16–17: Ich habe z. B. die Erfahrung gemacht, dass ich mich nach dem Essen von Fastfood einfach nicht mehr gut fühle und schnell wieder Hunger bekomme.

B Z. 12: In unserer schnelllebigen Welt haben viele doch kaum noch Zeit fürs Essen.

C Z. 23–24: Der bekannte Ernährungswissenschaftler Udo Pollmer hat in mehreren Zeitungsinterviews hervorgehoben, dass Fastfood-Esser nicht dicker sind als andere Menschen.

D Z. 18–19: Wissenschaftliche Studien der Universität Ulm bestätigen dies: Fastfood kann gerade bei Heranwachsenden Allergien auslösen und liefert kaum wertvolle Nährstoffe.

b Mögliche Argumentationen mit Beispielen (+ Verknüpfungen):

A Ich halte Fastfood für schädlich *(These)*, weil es ungesund ist und nicht satt macht. *(Argument)* Nicht zuletzt meine persönliche Erfahrung bestätigt dies, denn ich habe mich schon oft nach dem Essen von Fastfood einfach nicht mehr gut gefühlt und schnell wieder Hunger bekommen. *(Beispiel)*

B Meiner Meinung nach ist Fastfood ein tolles Angebot *(These)*, denn es geht schnell und man kann trotz Zeitmangel etwas essen. *(Argument)* Unterstützend lässt sich heranziehen, dass viele in unserer schnelllebigen Welt doch kaum noch Zeit fürs Essen haben. *(Beleg)*

C Fastfood ist ein gutes Angebot *(These)*, da es preisgünstig, überall verfügbar und in Maßen nicht ungesund ist. *(Argument)* Erst neulich las ich in der Zeitung ein Interview mit dem bekannten Ernährungswissenschaftler Udo Pollmer. Er betont, dass Fastfood-Esser nicht dicker oder kränker sind als andere. *(Beleg)*

D Man sollte kein Fastfood essen *(These)*, weil es häufig von schlechter Qualität ist. *(Argument)* Wissenschaftliche Studien der Universität Ulm bestätigen dies: Fastfood kann gerade bei Heranwachsenden Allergien auslösen und liefert kaum wertvolle Nährstoffe. *(sinngemäßes Zitat einer Expertenmeinung)*

5 a + b Die Einleitung von Boris / ~~Lena~~ ist nicht gelungen. Sie geht zwar auf den ~~Sinn~~ / Anlass des Kommentars ein, weckt aber gar kein Interesse daran, über die Vor- und Nachteile / ~~den Nährstoffgehalt~~ des Konsums von Fastfood nachzudenken. Außerdem leitet sie keine / ~~eine~~ Stellungnahme ein, weil sie lediglich eine ~~begründete~~ / unbegründete Behauptung aufstellt.

c Mögliche Überleitung zum Hauptteil (Tipp: Greife die Streitfrage auf.):
Es lohnt sich, darüber nachzudenken, was für und was gegen den Konsum von Fastfood spricht.

6 **Beachte:** Welche Argumente pro und welche kontra sind, hängt davon ab, welchen Standpunkt du vertreten möchtest. Achte auch darauf, dass die Argumente in einem sinnvollen Zusammenhang stehen.
Mögliche Gliederung für den Hauptteil mit fortlaufendem Aufbau:

1. zum Standpunkt: Man soll Fastfood essen, ...
   Argument pro: ... *weil* es schnell geht und man trotz Zeitmangel etwas essen kann.
   Argument kontra: ..., *weil* es nicht satt macht.
   Argument pro: ..., *weil* Fastfood-Restaurants beliebte Treffpunkte mit ungezwungener Atmosphäre sind.
   Argument kontra: ... *weil* es die Esskultur zerstört (unnötigen Müll produziert).
2. zum Standpunkt: Man soll kein Fastfood essen, ...
   Argument pro: ..., *weil* es häufig von schlechter Qualität ist.
   Argument kontra: ..., *weil* es preisgünstig ist.
   Argument pro: ..., *weil* es ungesund ist.
   Argument kontra: ..., *weil* es in Maßen nicht ungesund ist.

7 Mögliche Verbesserung (Verknüpfungen):
Liebhaber wissen einen schnellen Happen zwischendurch zu schätzen, denn es sind oft Menschen, die wenig Zeit haben. Als Beleg lässt sich anführen, dass die vielen Fastfood-Ketten und Schnellimbisse immer sehr gut besucht sind, weil man rasch eine Mahlzeit bekommt. Das haben wir alle schon erlebt. Diesem unbestrittenen Vorteil lassen sich deutliche Nachteile gegenüberstellen: Gegner warnen vor dem Genuss von Fastfood. Sie weisen darauf hin, dass es oft keine gute Qualität habe. Untersuchungen beispielsweise der Universität Ulm zeigen zweifelsfrei, dass Fastfood nur einen geringen Gehalt an wertvollen Nährstoffen aufweist.

8 Mögliches Fazit:
pro (Man soll Fastfood essen.): Obwohl man zugeben muss, dass Fastfood nicht wirklich gesund ist und oft auch nicht satt macht, finde ich es dennoch sinnvoll, Fastfood anzubieten, denn es ist besser, auf die Schnelle Fastfood zu essen als gar nichts. – **kontra** (Man soll kein Fastfood essen.): Obwohl viele Menschen es gut finden, schnell etwas zwischendurch essen zu können, bin ich dennoch der Meinung, dass die gesundheitlichen Auswirkungen nicht unterschätzt werden sollten. Wer sich immer nur schlecht ernährt, wird irgendwann krank werden.

9 Möglicher Schluss:
Wie dargelegt, gibt es gute Gründe für, aber auch gegen Fastfood. Ein sinnvoller Kompromiss könnte sein, dass man ohne schlechtes Gewissen Fastfood isst, wenn man wirklich einmal wenig Zeit hat, ansonsten aber versucht, sich gesund und umweltbewusst zu ernähren.

10 Mögliche Stellungnahme pro Fastfood (fortlaufende Pro-und-Kontra-Gliederung):

(Einleitung) Die Beobachtung, die MaX_1 im Internetforum beschreibt, kann ich bestätigen. Burger, Döner oder Pommes gibt es auch hier bei uns an fast jeder Straßenecke. Nicht selten ist dieses Angebot sehr willkommen. Aber man liest oder hört auch oft, dass Fastfood nicht gesund sei. Das schafft tatsächlich Verunsicherung. Es lohnt sich, darüber nachzudenken, was für und was gegen den Konsum von Fastfood spricht.
(Hauptteil) Ich persönlich bin ein großer Fan von Fastfood. **Für** den Konsum **spricht ganz besonders, dass** man Fastfood wirklich schnell und überall bekommen und essen kann. In unserer heutigen Zeit bleibt gerade für das aufwändige Kochen keine Zeit – besser isst man dann schnell etwas auf der Hand, als gar nichts zu essen. **Ein wichtiges Gegenargument** mit Blick auf den angeblichen Zeitvorteil des Fastfoods könnte die Erfahrung sein, dass Fastfood oftmals nicht lange satt macht. Das hat bestimmt jeder schon einmal selbst erlebt: Man muss dann doch wieder Zeit investieren und noch etwas essen. Der bekannte Ernährungswissenschaftler Udo Pollmer hat jedoch in mehreren Zeitungsinterviews hervorgehoben, dass Fastfood-Esser nicht dicker sind als andere Menschen. **Befürworter** von Fastfood **führen das Argument an, dass** man in Fastfood-Restaurants in ungezwungener Atmosphäre essen und sich verabreden kann. Meine Freunde und ich, wir verabreden uns sehr gern dort, man trifft aber auch viele Familien in diesen Restaurants an. **Gegner** des Fastfood-Konsums **weisen darauf hin, dass** diese Art zu essen die Esskultur gefährde. Der Umgang z. B. mit Messer und Gabel, aber schlimmer: die gemeinsame Zeit am Familientisch, gingen verloren. Im Stehen und in Eile zu essen, sei der Gesundheit, aber auch dem sozialen Leben abträglich, betonen sie. **Obwohl man zugeben muss,** dass Fastfood nicht wirklich gesund ist und oft auch nicht satt macht, **bin ich dennoch der Meinung, dass** es besser ist, auf die Schnelle Fastfood zu essen als gar nichts.
(Schluss) Wie dargelegt, gibt es gute Gründe für, aber auch gegen Fastfood. Ein sinnvoller Kompromiss könnte sein, dass man ohne schlechtes Gewissen Fastfood isst, wenn man wirklich einmal wenig Zeit hat, ansonsten aber versucht, sich gesund und umweltbewusst zu ernähren.

11 ●●● Mögliche Stellungnahme kontra Fastfood (Gliederung in Blöcken):

(Einleitung, siehe Aufgabe 10)
(Hauptteil) **Befürworter heben hervor, dass** Fastfood im Alltag eine schnelle und kostengünstige Ernährung sicherstellt. Ein Beweis dafür sind ohne Zweifel die vielen Schnellimbisse an allen Ecken. **Vor allem Jugendliche betonen, dass** die Fastfood-Ketten sehr beliebte Treffpunkte für Jugendliche seien, **denn** fast jeder habe dort schon Freunde getroffen. **Obwohl aber** eine schnelle Mahlzeit zwischendurch **durchaus Vorteile hat, sind meiner Meinung nach die Nachteile entscheidender:** Wer wenig Zeit hat oder nicht kochen kann, wird gern schnell etwas auf die Hand essen. **Zu bedenken ist jedoch, dass** Fastfood der Gesundheit schadet, **weil** Schnellgerichte **beispielsweise** kaum hochwertige Nährstoffe enthalten. Wissenschaftliche **Studien** der Universität Ulm **bestätigen dies:** Fastfood kann gerade bei Heranwachsenden Allergien auslösen. **Außerdem darf man nicht übersehen, dass** Fastfood sehr viel unnötigen Müll erzeugt, **wie zum Beispiel** ein Blick auf die Mülleimer vor jedem Schnellrestaurant zeigt. Nach Abwägen der Argumente für und gegen Fastfood komme ich zu dem Schluss, dass man der eigenen Gesundheit zuliebe, aber viel wichtiger noch im Interesse der Umwelt, auf Fastfood verzichten sollte.
(Schluss) Sicherlich kann man einwenden, dass Fastfood im Alltag ein sehr praktisches Angebot darstellt. Eine gute Aufklärung, vor allem in den Schulen, könnte bewirken, dass die Menschen stärker auf die Qualität ihrer Ernährung achten und zunehmend auf Fastfood verzichten.

Seite 27–31

Erörtern im Anschluss an einen Sachtext

1 (in Deutschland) stetig steigender Konsum von Fleisch, problematische Folgen für die Umwelt

2 Vermutlich kennst du Vegetarier (oder Veganer), vielleicht isst du selbst kein Fleisch? In den meisten Schulkantinen gibt es vegetarische Angebote, in manchen fleischfreie Tage.

3 a Thesen, Argumente, Stützungen (Beispiele, Belege, Expertenmeinungen):

[...] Über die Konsequenzen, die unser Ernährungsverhalten für Klimaschutz und Hungerbekämpfung hat, müssen wir nicht in jeder Sekunde nachdenken. Aber sie müssen gezogen werden, wenn auch nicht unbedingt durch einen Verzicht aufs Grillen. Dazu bleiben ja auch noch ein paar andere Wochentage. Außerdem sind die Brutzel-Produkte oft mangelhaft, wie ein Test der Stiftung Warentest nachgewiesen hat. Und die Bilder geschundener Schweine oder Hühner, die man häufig in den Medien findet, passen auch nicht recht zum Grillvergnügen. Was ist zu tun?	1. These: Ernährungsverhalten muss Konsequenzen haben

Weniger, aber dafür qualitativ besseres Fleisch und bessere Wurst aus artgerechter oder ökologischer Haltung zu kaufen, ist ein erster Schritt. Artgerechte Tierhaltung steht nicht nur für gute Lebensbedingungen für die Tiere, sie verzichtet u.a. auch auf Antibiotika und minimiert so Rückstände. Eine 2013 im Auftrag der Bundestagsfraktion Bündnis 90/Die Grünen in Auftrag gegebene Studie belegt, dass bereits viele Bakterien infolge des erhöhten Medikamentenkonsums durch Fleischverzehr multiresistent sind. [...]	2. These: Konsequenz 1 = artgerechte Tierhaltung
Die zweite Frage ist, ob es immer und jeden Tag Fleisch sein muss. Wir Deutschen essen viel zu viel Fleisch, nämlich viermal so viel, wie Ernährungswissenschaftler empfehlen. Das schadet nicht nur unserer eigenen Gesundheit, sondern auch dem Klima und der biologischen Vielfalt. Laut Weltklimarat und Welternährungsorganisation stammen 18 Prozent der globalen Treibhausgase aus der Tierhaltung. Die Erzeugung von einem Kilo Fleisch setzt bis zu 45-mal mehr Kohlendioxid frei als die Erzeugung der gleichen Menge Gemüse. Importierte Futtermittel wie (gentechnisch verändertes) Soja, Grundlage der Massentierhaltung in Europa, gefährden die grüne Lunge der Erde – das Amazonasgebiet. Fast ein Fünftel der Regenwälder dort ist in den letzten 40 Jahren gefällt worden, vorwiegend für den Futtermittelanbau. Experten befürchten Verluste von weiteren 20 Prozent in den nächsten 20 Jahren. Die Folgen sind, dass weitere riesige Mengen CO_2 freigesetzt werden und eine einmalige Artenvielfalt unwiederbringlich verloren geht.	3. These: Konsequenz 2 = weniger Fleisch essen
Unser überhöhter Fleischkonsum gefährdet aber auch die weltweite Ernährungssicherheit, viel mehr als z.B. Biotreibstoff. Auf rund einem Drittel der Weltagrarfläche werden heute Futtermittel angebaut. Bis zu neun Kilogramm Getreide sind nötig, um ein Kilogramm Fleisch zu produzieren. Diese Flächen werden dringend zur Versorgung der Bevölkerung vor Ort benötigt. Der agrarindustrielle Futtermittelanbau führt zu Landvertreibungen und Menschenrechtsverletzungen. Immer mehr Masse zu erzeugen, mit Gentechnik oder Pestiziden, ist keine Lösung, sondern führt zu noch mehr Bodenzerstörung und Wasserverseuchung.	4. + 5. These: Konsequenz 3 = weniger Massentierhaltung
Also los: Alle Schul- und Firmenkantinen sollten ihn ebenfalls unterstützen. [...]	Appell

b Die Grafik ist ein Liniendiagramm. Sie belegt anschaulich den Anstieg der Fleischproduktion für wichtige Tierarten seit 1995 bis prognostiziert 2021.

c Die Autorin möchte erreichen, dass jede/r Einzelne durch sein Ernährungsverhalten etwas zum Schutz der Umwelt beiträgt, indem sie/er weniger Fleisch isst. Ein erster Schritt wäre die Einführung eines fleischfreien Tages pro Woche.

4 Die Autorin schreibt sehr sachlich. Sie verwendet viele Nomen, darunter auch Fachbegriffe (z.B. „artgerechte Tierhaltung", Z.11; „biologische Vielfalt", Z.22; „Futtermittelanbau", Z.30). Dies erzeugt den Eindruck seriöser Informationen. Sie verstärkt die Wirkung des Geschriebenen vielfach durch Aufzählungen (z.B: „Sommerabend, Freunde und Familie, etwas Schönes zum Trinken, der Grill in der Mitte", Z.1–2; „Klimaschutz und Hungerbekämpfung", Z.4; „besseres Fleisch und bessere Wurst", Z.11).

5 a + b Streitfrage: Soll jeder einen fleischlosen Tag in der Woche einhalten?
c pro = Marlene, Valentin – kontra = Luise, Paul

6 Der Aufbau deiner Erörterung muss auf deine persönliche Position abgestimmt werden.

7 Mögliche Argumente und Stützungen:

Gründe (+ Beispiele) dafür (pro)	Gründe (+ Beispiele) dagegen (kontra)
– hoher Fleischkonsum und Massentierhaltung gefährden die Umwelt, z.B. durch vermehrten Ausstoß klimaschädlicher Gase – zu viel Fleisch ist ungesund, Ernährungsexperten empfehlen z.B. 30 Kilogramm pro Jahr – in Deutschland isst jeder durchschnittlich das Doppelte – Massentierproduktion verstärkt Hunger, Studien zeigen z.B., dass auf einem Drittel der Agrarflächen Futtermittel für Tiere statt Nahrung für Menschen angebaut werden	– Verzicht auf Fleisch kann die Gesundheit gefährden, z.B. liefert Fleisch dem Körper Eiweiß und Vitamine – sachgerechte Weidehaltung von Tieren schützt die Umwelt, Studien belegen, dass grüne Weideflächen Treibhausgase speichern – Fleisch zu essen, ist eine persönliche Entscheidung, Beleg: Bevormundung verstößt gegen freiheitliche Rechte

8 [...] ruft Ulrike Höken dazu auf, mindestens in Schulmensen und Kantinen von öffentlichen Institutionen oder Unternehmen einen fleischfreien Tag einzuführen.

9 Mögliche Erörterung der Vor- und Nachteile (Position hier: vollkommener Widerspruch):
Ulrike Höfken hebt zu Beginn des Textes hervor, dass **der überhöhte Fleischkonsum die Umwelt gefährde, da die Tierhaltung für einen Großteil des Ausstoßes klimaschädlicher Gase verantwortlich sei.** Einwenden möchte ich jedoch, **dass eine sachgerechte Freilandhaltung von Tieren auf grünen Weideflächen eine große Menge der Treibhausgase speichert. Schafft man diese ab, wird das gefährliche Gas freigesetzt.** Wenn im Text **die Medikamentenbelastung des Fleischangebots** als Begründung für einen fleischfreien Tag angeführt wird, ist dies zwar nachvollziehbar, aber viel entscheidender ist doch, **dass der Mensch ein „Allesfresser" ist und das Eiweiß und die im Fleisch vorhandenen Nährstoffe braucht, um gesund zu bleiben.** Richtig ist die Aussage der Autorin, derzufolge **ein Veggie-Day den Fleischkonsum senke,** aber sie blendet aus, dass **die Menschen noch immer selbst entscheiden sollten, ob und wie viel Fleisch sie essen wollen.**

10 Mögliches Fazit (Position hier: vollkommener Widerspruch):
Ulrike Höfken appelliert in ihrem Text für einen fleischlosen Tag in allen Schul- und Firmenkantinen. Sie greift damit jedoch sehr tief in das persönliche Selbstbestimmungsrecht des Einzelnen ein. Ich bin der Meinung, dass es sinnvoll und richtig ist, die Verbraucherinnen und Verbraucher umfassend über die Vor- und Nachteile einer fleischhaltigen Ernährung aufzuklären, dass letztendlich aber jeder selbst entscheiden muss, wie er damit umgehen möchte.

11 Mögliche Erörterung (Position hier: völlige Zustimmung, **Überleitungen hervorgehoben):**

(Einleitung) Welche Folgen unser Fleischkonsum für den Rest der Welt hat, ist ein stetiges Diskussionsthema in den Medien und in der Politik. In dem Text „Weniger ist mehr: Mehr Fleisches-Lust – statt Billig-Wurst", der auf der Website des Debatten-Magazins „The European" (aufgerufen am 10. 11. 2014) veröffentlicht wurde, ruft Ulrike Höfken dazu auf, mindestens in Schulmensen und Kantinen von öffentlichen Institutionen oder Unternehmen einen fleischfreien Tag einzuführen.
(Hauptteil) **Ulrike Höfken vertritt die Position, dass** in Deutschland viel zu viel Fleisch gegessen wird. Die Politikerin fordert eine umweltbewusstere Haltung aller Bürgerinnen und Bürger. **Ihre Absicht ist es,** Zustimmung für die Einführung eines fleischfreien Tages zu gewinnen. Zumindest in Schulmensen und öffentlichen Kantinen sollte dieser ihrer Ansicht nach verpflichtend sein, um den Fleischkonsum dauerhaft zu senken. **Sie hebt zu Beginn des Textes** besonders hervor, dass es völlig in Ordnung ist, Fleisch zu essen, **beispielweise** beim sommerlichen Grillen. **Allerdings** hat sie vollkommen recht mit dem Hinweis, dass vor allem in den Industrieländern viel zu viel Fleisch gegessen wird. **Da stimme ich ihr vollkommen zu, denn** man muss sich doch nur einmal umschauen: morgens Wurstbrote, zwischendurch eine Minisalami auf die Hand, mittags ein Döner mit Fleisch und beim Abendessen dann schon wieder Wurst auf dem Brot. **Wir alle sollten** unser Ernährungsverhalten überdenken, **denn** die Massenproduktion von Fleisch führt zu vielen Problemen. **Für dieses Argument sprechen viele Aspekte:** Für den Anbau von Futtermittel werden Regenwälder abgeholzt, die Massentierhaltung gefährdet das Klima durch die damit verbundene hohe CO_2-Produktion und das Fleisch ist in hohem Maße mit Medikamenten belastet, weil so viele Tier auf engem Raum zusammenleben. **Vielfältige Untersuchungen belegen** jedes dieser Beispiele durch Zahlen. Fleischliebhaber **wenden gegen diese Argumente ein, dass** der Mensch nun einmal ein „Allesfresser" sei und dass der Körper Fleisch benötige, um zu funktionieren. **Das ist ja gar nicht falsch, aber** wir brauchen nur wenig Fleisch, um gesund zu leben. **Darum** könnten wir der Umwelt zuliebe unseren Fleischkonsum deutlich senken. Jeder Einzelne kann weniger Wurst und Fleisch essen, das muss er aber selbst entscheiden. **Wenn jedoch** Restaurants, Schulmensen oder Betriebskantinen zum einen immer vegetarische Angebote bereithalten und zum anderen an einem festen Wochentag gar kein Fleisch anbieten würden, dann wäre dies ein leicht umzusetzender Beitrag zur Verringerung des Fleischkonsums.
(Schluss/Fazit) Ulrike Höfken fordert einen fleischlosen Tag in allen Schul- und Firmenkantinen. **Ich halte dies für einen sehr guten Vorschlag, weil** die Verbraucherinnen und Verbraucher ohne großen Druck dazu angeregt werden, auch einmal leckere vegetarische Gerichte zu probieren. Dann finden vielleicht auch Fleischliebhaber Gefallen an fleischloser Kost, zumindest als Abwechslung, und der Fleischverbrauch kann zumindest ein wenig gesenkt werden.

12 ●●● **Einleitung:** ~~Argumentation~~ / Textvorlage – **Hauptteil:** zuerst / ~~abschließend,~~ und dann / ~~oder,~~ kritische / ~~zusammenfassende~~ – **Schluss:** ~~den Standpunkt des Autors~~ / deinen Standpunkt, Verknüpfungen / ~~Zitate,~~ ~~Textlänge~~ / Zeichensetzung

Einen Sachtext analysieren

Seite 32

1 b In dem Text „Die neuen Internationalisten" von Rudolf Novotny geht es um das Projekt „Weltwärts", bei dem Jugendliche zwischen 18 und 28 freiwillig und unentgeltlich private Organisationen unterstützen, die Entwicklungshilfe leisten.

Seite 34

2 Folgende Textstellen könnten unterstrichen und folgende Fremdwörter markiert werden:

Die neuen Internationalisten
Viele junge Deutsche helfen in der Dritten Welt: Dient es dem Guten – oder bloß der Karriere?
Von Rudolf Novotny

Als das Gespräch im Szene-Café schon zu Ende ist, hält Marett Klahn einen Augenblick inne, lächelt, und sagt: „Geld ist eben nicht alles. Für mich. Und eigentlich für alle." Marett Klahn ist Teil einer neuen Jugendbewegung. Einer, die ganz anders ist als ihre Vorgänger. Die nicht gegen die Regierenden auf die Barrikaden geht, sondern sich massenweise für ein Regierungsprogramm begeistert. Die 68er hatten Sit-ins, die 80er Friedensdemonstrationen, die 90er die Love-Parade. Die Jugendbewegung des neuen Jahrtausends in Deutschland hat „Weltwärts".
„Weltwärts" schickt Jugendliche zwischen 18 und 28 Jahren in die Welt, zu einem unbezahlten, aber zumindest kostenlosen entwicklungspolitischen Freiwilligendienst. Private Hilfsorganisationen stellen die Plätze in ihren Projekten, die Bundesregierung übernimmt die Kosten. Gestartet wurde das Programm 2008 vom Entwicklungshilfeministerium. Kurz darauf brach die Internetseite des Deutschen Entwicklungsdienstes (DED) wegen des Ansturms interessierter Jugendlicher zusammen. Drei Monate später hatten sich allein dort 700 von ihnen ins Blaue auf noch nicht existierende Praktikumsplätze beworben. Bereits nach einem knappen Jahr sind mehr als 10.000 Bewerbungen eingegangen.

Es sind Zahlen, die andeuten, dass „Weltwärts“ mehr ist als ein erfolgreiches Behördenkonzept. Dass es das Lebensgefühl einer neuen Jugendbewegung widerspiegelt: pragmatisch bis zum Opportunismus, unideologisch, global, aber auch mit dem vielleicht etwas naiven Glauben an eine bessere Welt. Einer Jugend, die sich einerseits weltweit engagiert, deren kreativer Elan aber offensichtlich nur bis zum Ausfüllen der Bewerbung für ein Regierungsprogramm reicht.
Doch was treibt so viele junge Deutsche dazu, ein Jahr lang in Problemgebiete der Welt zu gehen? Wer den Erfolg von „Weltwärts“ begreifen will, muss das Lebensgefühl dieser Jugend verstehen. Den Versuch, Karriere und Helfen zu vereinen.

Wie zum Beispiel Lucas Rosenthal. Rosenthal wohnt in Birkenwerder, im Norden Berlins, im Einfamilienhaus bei den Eltern mit Erker und kleinem Teich. Der 18-Jährige geht nach Rio de Janeiro, Straßenkinderprojekte koordinieren. Der Abiturient ist ein höflicher junger Mann, holt den Besuch am Bahnhof ab und fragt, ob duzen okay sei. Zu trinken gebe es leider nur Apfelsaftschorle. Er könne sich vorstellen, später in einer Nichtregierungsorganisation zu arbeiten, sagt Lucas, und dass er die Ellenbogengesellschaften ablehnt. Würde er sich politisch als links einordnen? Lucas überlegt, dann sagt er: „Nicht links, ich würde mich als liberal-sozialdemokratisch bezeichnen.“ Er habe „generell Probleme mit Extremen. Außerdem hat man in der Geschichte gesehen, dass es nicht funktioniert.“

Für Erwin Wilde von Wildemann, Leiter der Entsendegruppe „Weltwärts mit dem DED“, sind Leute wie Lucas „der Grund, warum diese Generation mich sehr stark an meine eigene erinnert“. Wildemann, seit 33 Jahren in der Entwicklungshilfe, hatte in den Jahren vor „Weltwärts“ Nachwuchsprobleme, als die Generationen „Was geht mich das an?“ und „Wie viel Geld gibt's?“ den Ton bestimmten. Und jetzt? Es sei wie damals, „der Gedanke, einfach mal loszuziehen und Solidarität zu üben“.

Als Abiturientin und Frau repräsentiert Marett Klahn etwa 70 Prozent der „Weltwärts“-Teilnehmer. Sie sitzt in einem Café im alternativen Hamburger Schanzenviertel und erzählt aus ihrem Leben. Von Anti-Nazi-Demos, Kraftwerksbesetzungen und unbezahlten Gasrechnungen ihrer Eltern, beide Freie in der Filmbranche. Es hört sich an wie der linksalternative Gegenentwurf zur gediegenen Bürgerlichkeit von Lucas Rosenthal, wie Schanzenviertel gegen Birkenwerder. Aber auch Klahn sagt: „Ich bin Mitte-links, linksliberal. Aber nicht im wirtschaftlichen Sinne, sondern kulturell und gesellschaftlich.“ Wieso nicht links? „Kein Extrem ist gut.“ Marett Klahn nippt an ihrer Cola light.

Wahrscheinlich ist der wirkliche Unterschied zwischen Marett und Lucas nicht der zwischen bürgerlich und alternativ, sondern eher der zwischen Cola light und Apfelsaftschorle. Ein Unterschied nur in der äußeren Form. Der Unterschied in einer Generation, die sich „in der Mitte zusammenkuschelt“, wie es Klaus Hurrelmann, Sozialwissenschaftler und Mitautor der Shell-Jugendstudie, formuliert. Einer Generation, die, so sagt Ulrich Heise, bei der Deutschen Gesellschaft für Technische Zusammenarbeit (GTZ) für Nachwuchsförderung zuständig, „keinen ideologischen Überbau mehr hat“. In den Achtzigern geboren, nach dem 11. September 2001 politisiert, hat sie keine Erinnerung an Kommunismus und Sozialismus. Sie war auch zu jung für die Jubelfeier der Marktliberalen in den Neunzigern. Die „Weltwärts“-Jugend ist gerade alt genug, um zu sehen, wie Finanzspekulanten die Weltwirtschaft als Selbstbedienungsladen benutzen. Nur die Unsicherheit der Globalisierung scheint sicher. „Diese Jugend hat keine Garantien mehr“, sagt Hurrelmann, „das prägt die Mentalität.“ Immer später träten die Jugendlichen in die Erwachsenenphase ein. Unentschiedenheit sei die vorherrschende Haltung, ein „Tasten, Fühlen und wenig Bindungsbereitschaft“.
Diese Suchbewegung unterscheidet die „Weltwärts“-Jugend von vorherigen Generationen. Die 68er wollten, so viel war klar, eine andere Gesellschaft. Die 90er wollten Spaß. Die neue Jugend hält sich am Pragmatismus fest. Er hat die Ideologie ersetzt, findet sich in der Sprache, den Zielen der Bewegung.
„Es ist wichtig, mir bewusst zu machen, dass ich nicht die ganze Welt verändere, aber trotzdem etwas im kleinen Rahmen bewege“, sagt Marett, die in einem Kinderdorf in Südindien arbeiten wird. Sie nennt das „Ansprüche nicht aufgeben, aber realistisch bleiben“. Andere drücken es drastischer aus. Daniel Erk, Student aus Berlin, selbst kein „Weltwärts“-Teilnehmer, hat für die GTZ in Malawi ein Projekt betreut. „Früher war Entwicklungshilfe ein Abenteuer“, sagt Erk, „heute vereint sie drei reizvolle Aspekte: Sinnstiftung, Weltgewandtheit und die Sicherheit einer bürgerlichen Karriere.“

Unpolitisch und inkonsequent sei das, kritisieren Altvordere, für die Engagement und Rebellion eins waren. Forscher Hurrelmann warnt: „Dieser starke Pragmatismus kann auch zu Prinzipienlosigkeit führen.“ Zwar sei das soziale Engagement so hoch wie fast nie zuvor, dabei sei aber auch immer der Gedanke: „Wenn ich mich sozial engagiere, dann will ich auch etwas davon haben.“
Hans-Peter Baur ficht das nicht an. Er mag die Jugendlichen, ist begeistert von dem Programm. Kein Wunder: Baur ist Referatsleiter im Entwicklungshilfeministerium, sein Referat hat „Weltwärts“ aufgebaut. Vor allem in Deutschland soll das Programm helfen, so Baur, der Entwicklungshilfepolitik eine breitere Unterstützung zu sichern. Über die Teilnehmer sagt er: „Das sind richtig gute Leute. Du denkst, die könnten auch in einer Bank arbeiten – aber sie wollen Armutsbekämpfung machen.“ Geld ist nicht alles – zumindest nicht am Anfang der Karriere.

Seite 35

3

A Sit-in: Sitzblockade als Demonstrationsform
B Opportunismus: Anpassung von Meinungen und Verhalten aus eigennützigem Interesse
C Ideologie: Weltanschauung, von der jemand überzeugt ist, ohne die Grundannahmen zur Diskussion zu stellen
D liberal: freiheitlich, gegen starke staatliche Regulierung
E Finanzspekulant: jemand, der in der Wirtschaft oder an der Börse Gewinne erzielt, indem er Wertsteigerungen und -verluste abschätzt
F Globalisierung: das Zunehmen internationaler Verflechtungen in Wirtschaft, Politik, Kultur, Kommunikation

4 Richtig sind:
B Eine Teilnahme am Programm „Weltwärts“ kann bei der Karriere helfen.
E Teilnehmer bei „Weltwärts“ unterstützen die Entwicklungshilfe.

5 a **Was** ist Weltwärts? – ein Regierungsprojekt, bei dem Jugendliche Entwicklungshilfe unterstützen
Wer nimmt hauptsächlich an diesem Programm teil? – 70 % der Teilnehmer sind Frauen mit Abitur
Wann wurde Weltwärts gegründet? – im Jahr 2008
Wo kann man Entwicklungshilfe leisten? – in Entwicklungs- und Schwellenländern, z. B. Indien, Brasilien
b „Weltwärts“ ist der Name eines Projekts, bei dem Jugendliche zwischen 18 und 28 Jahren private Hilfsorganisationen in Entwicklungs- und Schwellenländern als Praktikanten unterstützen. Bezahlt wird das Projekt von der Bundesregierung, die die Kosten für die Praktikantenstellen übernimmt. Die Jugendlichen arbeiten ein Jahr ohne finanziellen Gewinn. Das 2008 gegründete Projekt ist so erfolgreich, dass bereits im ersten Jahr nach der Gründung 10.000 Bewerbungen eingegangen sind. 70 Prozent der Bewerber sind weiblich und haben Abitur. Sie engagieren sich in Ländern wie Indien oder Brasilien. Viele Teilnehmer wollen nicht nur Hilfe leisten, sondern versprechen sich von dem Auslandseinsatz auch Vorteile für ihre weitere berufliche Entwicklung.

Seite 36

1 Richtig sind die Aussagen B und D.

2 Beispiele:
Bericht: Z. 67–80: Zusammenfassung der Position einer Beteiligten anhand von Zitaten; Z. 81–142: sachliche Charakterisierung der Lebenshaltung heutiger Jugendlicher, gestützt durch Zitate (Experten und Beteiligte)
Schilderungen: Z. 2 f.: Verhalten von Marett Klahn; Z. 41 ff.: Haus, in dem Lucas Rosenthal wohnt; Z. 47 f., 82 ff.: Getränkewahl
subjektive Eindrücke, Kommentare: teils kritische, etwas abwertende Sicht der „Jugendbewegung“ (Z. 28 f.): „pragmatisch bis zum Opportunismus“ (Z. 29 f.), „[...] mit dem vielleicht etwas naiven Glauben an eine bessere Welt“ (Z. 30 f.), „Jugend [...], deren kreativer Elan aber offensichtlich nur bis zum Ausfüllen der Bewerbung für ein Regierungsprogramm reicht“ (Z. 32–35)

3 a Jugendliche wollen aus Novotnys Sicht Verantwortung für Probleme in der Welt übernehmen und sich an deren Lösung beteiligen. Dabei neigen sie dazu, ihre Möglichkeiten zu überschätzen. Das Engagement für die Interessen von Benachteiligten in der Welt geschieht mit relativ wenig Eigeninitiative. Man beteiligt sich an Regierungsprogrammen. Das geschieht auch aus Eigeninteresse, das diese Generation ohnehin selten aus dem Auge verliert.
b Im Absatz Z. 41–56 präsentiert der Verfasser ein konkretes Beispiel für die politische Haltung Jugendlicher, das er als typisch ansieht: Ein 18-Jähriger aus bürgerlichem Elternhaus zeigt soziales Engagement, allerdings nicht in extremer Weise. Seine politische Haltung ist gemäßigt.
Ein weiteres Beispiel wird im Absatz Z. 67–80 ausgeführt. Auch hier zeigt eine junge Frau mit ihrer „Weltwärts“-Teilnahme soziale Hilfsbereitschaft und betont gleichzeitig ihre Nähe zur politischen Mitte. Anders als ihre Eltern protestiert sie nicht grundsätzlich gegen die bestehenden Verhältnisse oder die Regierungspolitik.
Zusätzlich zieht der Autor Expertenmeinungen heran: Der Sozialwissenschaftler Klaus Hurrelmann und Ulrich Heise von der GTZ entwerfen das Bild einer Jugend, die keine festen Weltbilder hat, die in einem Klima der Ungewissheit anpassungsfähig und -bereit ist und politische Extreme meidet (vgl. Z. 81–111). Ein weiterer GTZ-Mitarbeiter betont das Bestreben, soziales Engagement und Eigennutz zu verbinden: Man wolle mit der „Weltwärts“-Teilnahme gleichzeitig etwas sozial Sinnvolles tun und Qualifikationen erwerben, die der eigenen Karriere nützen (vgl. Z. 112–123).

Seite 37

4 Antwort C trifft zu. Der Autor zitiert zwei gegensätzliche Positionen: einerseits die kritische Einschätzung, dass der Eigennutz und die Anpassung bei Jugendlichen einen sehr hohen Stellenwert hätten (Hurrelmann), auch wenn sie anderen helfen wollen – andererseits die Bewertung, dass das soziale Engagement vorwiegend einfach auf Hilfsbereitschaft beruhe (Baur). Dass der Autor sich keiner der Positionen klar anschließt, wird im letzten Satz des Textes deutlich.

5 Die Sprache des Textes ist größtenteils leicht verständlich, der Satzbau ist relativ einfach und vorwiegend parataktisch. Durch die Nähe zu mündlicher Sprache und durch die vielen Zitate mündlicher Aussagen wirkt der Text lebendig. Anspruchsvoller wird der Text an Stellen, an denen die Lebenshaltung heutiger Jugendlicher im Allgemeinen charakterisiert wird. Der Text ähnelt hier einer sozialwissenschaftlichen Studie, was auch durch den Fremdwortgebrauch angezeigt wird, z. B.: „pragmatisch bis zum Opportunismus, unideologisch, global“ (Z. 29 f.).

1 Beispiel für einen möglichen Leserbrief:

Mit Interesse habe ich Ihre Reportage „Die neuen Internationalisten“ zu dem Projekt „Weltwärts“ gelesen. Durch den interessanten Bericht über Teilnehmer/Teilnehmerinnen an dieser Initiative habe ich selbst Lust bekommen, mich näher über die Möglichkeiten eines solchen Auslandsaufenthalts zu informieren. Was mich noch interessiert hätte, ist, wie die Arbeit in den privaten Hilfsorganisationen konkret aussieht, welche Tätigkeiten in den Entwicklungsländern also übernommen werden können und müssen. Hier hätte die Reportage noch mehr Informationen liefern können.

Auch haben mich die teilweise etwas negativen Bewertungen von Herrn Novotny gestört, z. B. wenn er die hilfsbereiten Jugendlichen als „pragmatisch bis zum Opportunismus“ bezeichnet. Wird hier von uns Jugendlichen verlangt, dass wir politisch extreme Positionen beziehen und uns ganz für soziale Zwecke opfern, ohne auch eigene Interessen im Auge zu behalten?

Einerseits wird bescheinigt, dass unser „Glaube an eine bessere Welt" vielleicht etwas naiv sei, andererseits scheint man von uns zu erwarten, dass wir unser ganzes Leben und Handeln diesem Glauben unterordnen. Das passt für mich nicht zusammen.

Insgesamt fand ich den Text aber sehr interessant, weil er über ein ansprechendes Projekt informiert, von dem ich zuvor noch nichts gehört hatte. Ich würde mir in Ihrer Zeitung häufiger Reportagen dieser Art wünschen.

Robert Fischer, Ludwigsburg

Eine Kurzgeschichte analysieren und interpretieren

Seite 39–41

3 ●●●
a Anführungszeichen: siehe Lösungsvorschlag zu Aufgabe 6 a.
b Ohne Anführungszeichen wirkt der Text dichter, man taucht als Leser/-in in die Gedanken der Erzählerin/des Erzählers ein. Erst beim zweiten Lesen gelingt es, die Figuren und deren Äußerungen zu trennen und einzuordnen.
c Erzählform: Ich-Erzähler/-in; Erzählverhalten: personal
d sprachlich keine Hinweise auf das Geschlecht des Ich-Erzählers/der Ich-Erzählerin, einziger inhaltlicher Hinweis: Abwertung von Männern („Männer kapieren überhaupt nichts." Z. 18) weist auf Identifikation mit den Frauen hin.

4
a Die Aussagen C und D geben das Thema gemeinsam genau wieder.
b Der Titel ist einem Satz am Textanfang entnommen (vgl. Z. 2 f.). Er fasst den zentralen Schluss zusammen, den die Ich-Erzählerin aus der Ehe ihrer Eltern zieht: Vertrauen ist unmöglich. Der Leser wird umgangssprachlich direkt angesprochen.

5
Vorgeschichte (Rückblende): Trennung der Eltern, neue Ehe von Johanna (Mutter) mit Lee (US-Amerikaner, Stiefvater), währenddessen Affäre mit Carlos (von Lee zunächst unbemerkt, inzwischen vorbei), Johanna besucht eine Freundin, sie kehrt verspätet und aufgewühlt von dem Besuch zurück, Lee wirft ihr Untreue vor. – **Gegenwart (aktuelle Handlung):** Zeitpunkt bleibt unbestimmt, schwerer Streit/Beziehungskrise zwischen Johanna und Lee, viele persönliche Kommentare und Standpunkte der Ich-Erzählerin. – **Zukunft (Vorausdeutung)**: dauerhafte Störung der Beziehung zwischen Johanna und Lee; Plan der Ich-Erzählerin, ihre Familie bald zu verlassen.

6
a Aussagen über Johanna, wörtliche Rede von Johanna, *Aussagen über Lee,* **wörtliche Rede von Lee,** Anführungszeichen sind gesetzt (s. Aufgabe 3 a), Aussagen der Ich-Erzählerin über sich selbst (s. Aufgabe 8 a)

Was ich bei Johanna und Lee, *Lee ist mein amerikanischer Stiefvater,* außerdem beobachte: Du kriegst nichts geglaubt, nicht in der Ehe, nichts, was nicht total plausibel klingt. Ich habe, anders als Lee und als vorher mein Vater, einen Blick dafür, speziell für Johanna, und ich weiß, wann sie schummelt, wann aber auch ganz und gar nicht. Und ganz und gar nicht den geringsten Anlass, dran zu zweifeln, gabs, als sie Lee zum ich weiß nicht wievielten Mal erklärte: „Ich hab mit Carlos einen saublöden Abend verbracht. Ich schwörs dir." Sie setzte die Wörter voneinander ab, wie eine Lehrerin, die in der ersten Klasse ein Diktat gibt.

Ich wußte, sie hatte sich diesen Carlos endgültig abgeschminkt. So was merke ich ihr einfach an, für mich wars sonnenklar, aber *Lee blieb stur,* wie es Jahre zuvor mein Vater geblieben wäre, *stur und bitterböse.* Männer kapieren überhaupt nichts. Männer und Frauen, dazwischen liegen Welten, ich meine, wenn es hart auf hart kommt. Oder so: Diese Welten liegen immer zwischen ihnen, aber in Friedenszeiten fällts keinem auf.

Lee konnte nur immer wieder fragen: **„Und warum bist du so ewig mit ihm in diesem Bistro hängengeblieben, wenns so saublöd war?"**

Sie sehen nur Fakten, Uhrzeiten, sie sind Vermesser, die Männer. Unser Familienleben regt mich wirklich nicht zu der Absicht an, jemals zu heiraten. Nicht, wenn ich an meinen Vater denke, und durch Lee hat sich daran weniger als wenig geändert.

Und alles andere als hellsichtig benahm Lee sich, als Johanna noch wirklich an Carlos interessiert war. Ich sah auch das sofort, sie machte sich was aus ihm – hat mir übrigens nicht gefallen, sie führte sich albern auf –, aber *Lee war arglos,* wie ein Mistkäfer, der in der Mitte vom Waldweg krabbelt und nicht am Rand, wo die Radfahrer und die Fußgänger ihn mit geringerer Wahrscheinlichkeit niederwalzen.

Jetzt, bei Johannas gräßlicher Rückkehr – sie hatte eine Freundin besucht, aber hauptsächlich, um bei der Gelegenheit Carlos zu treffen –, jetzt sprachen sämtliche Indizien gegen sie. Männer lieben Indizien. Da war zum Beispiel Johannas Fahrlässigkeit. Sie hatte in einem Taxi ihre Plastiktasche liegengelassen, mit nichts Wichtigem drin, aber immerhin. So was passiert ihr sonst nicht. „Johanna ist in manchen Dingen eher überkorrekt, mein Lieber", hätte ich beinah zu Lee gesagt, aber das hätte die Sache erst recht verdächtig gemacht. Und dann: Seit wann verschläft eine Frau, die so selten mal lang und gut schläft wie Johanna? Sie hat anrufen und eine spätere Ankunft mit dem Bus ankündigen müssen. *Als Lee sie immer wieder darauf festnagelte und Johanna wegen ihres guten langen Schlafs beargwöhnte –* **„ist er gut im Bett, der Schuft",** und so weiter –, schrie Johanna plötzlich: „Mein Gott, ich war so nervös und auf der ganzen Fahrt im Bus so, ich weiß auch nicht, so entfremdet, ich hab nichts mehr verstanden, ich hatte Angst, und die Gegend war, als wäre ich nie dort gewesen, ich hab immer noch Angst, daß ich geisteskrank werde.

Oder daß ichs schon bin, geisteskrank."

Lee lachte, es hörte sich furchtbar feindselig an. Aber er war so todunglücklich wie sie, das muß ich zu seiner Ehrenrettung sagen. Daß er ihr niemals glauben würde, in all den kommenden Jahren, nie und nimmer, das ist für ihn so schlimm wie für sie. Das kapierte ich plötzlich. Ich haßte sie beide, und beide liebte ich. Aber lang werde ich hier nicht mehr bleiben.

b Mögliche Stichworte (über beide Figuren erfährt man kaum etwas, das über den aktuellen Streit hinausgeht, charakterliche Zuschreibungen ergeben sich aus der Sicht der Ich-Erzählerin): **Johanna:** Mutter der Ich-Erzählerin („Johanna und Lee, Lee ist mein amerikanischer Stiefvater, [...]" (Z. 1 f.); wechselnde Beziehungen/Ehen; Kommunikationsprobleme/Streit mit Lee; führt sich albern auf, wenn sie verliebt ist; manchmal eher überkorrekt; hat Schlafprobleme; beschreibt sich selbst als nervös, entfremdet, verängstigt, hat Sorge, sie könne geisteskrank werden – **Lee:** Amerikaner; erkennt nicht, wann Johanna schwindelt; eifersüchtig, argwöhnisch; vertieft Krise; ist stur und böse; leidet unter der Situation.

7 **Umgangssprachliche Formulierungen:** z. B. „saublöden Abend" (Z. 10), „abgeschminkt" (Z. 14 f.); „sonnenklar" (Z. 16); „kapieren" (Z. 18); „kapierte" (Z. 68) – **auffällige Vergleiche:** v. a. „[...] wie eine Lehrerin, die in der ersten Klasse ein Diktat gibt" (Z. 12 f.); „Lee war arglos wie ein Mistkäfer, der [...]" (Z. 35–38) – **allgemeingültige Aussagen:** „Du kriegst nichts geglaubt" (Z. 2 f.); „Männer und Frauen, dazwischen liegen Welten [...]" (Z. 18 f.); „Sie sehen nur Fakten, [...], die Männer" (Z. 26 f.); „Männer lieben Indizien" (Z. 42 f.) – **für mündlichen Sprachgebrauch typischer Satzbau:** zeigt sich v. a. in Einschüben und Nachträgen, z. B. in den ersten drei Sätzen (vgl. Z. 1–11).

8 a Aussagen der Ich-Erzählerin über sich selbst sind bei Aufgabe 6 a markiert.

b + c A zwischen 17 und 20 Jahren; wahrscheinlich, dass sie noch zu Hause lebt, aber plant, sich selbstständig zu machen – B *mehrere Möglichkeiten:* selbstsicher, ohne Illusionen, voreingenommen; selbstsicher in ihren Aussagen, insbesondere über Johanna, z. B.: „Ich weiß, wann sie schummelt" (Z. 6); „Ich wußte, [...]" (Z. 14); „So was merke ich ihr einfach an" (Z. 15); ohne Illusionen in ihren Ansichten über Ehe und Familie, z. B.: „Du kriegst nichts geglaubt [...]" (Z. 2 f.), „Unser Familienleben regt mich wirklich nicht zu der Absicht an, jemals zu heiraten" (Z. 27 f.), über Männer, z. B.: „Männer kapieren überhaupt nichts" (Z. 18), „[...] sie sind Vermesser, die Männer" (Z. 26 f.); voreingenommen in Bezug auf ihre verallgemeinerten Erfahrungen, sie glaubt, die Zukunft voraussehen zu können, es fehlt noch an der Reife, die eigenen Erfahrungen zu relativieren und Alternativen zu überdenken – C distanziert, vertraut, zugeneigt; distanziert wegen der nüchternen Art, in der sie ihre Vermutungen über Johannas Innenleben darstellt; vertraut, enge Verbundenheit, Einfühlungsvermögen; zugeneigt, zeigt sich in Parteinahme für die Mutter, emotionale Äußerung: „Ich haßte sie beide, und beide liebte ich" (Z. 68 f.) – D an einem Wendepunkt, letzter Satz: Sie will sich aus der Familie lösen und ihr eigenes Leben führen (vgl. Z. 69 f.).

9 ●●● Z. 1–5, Z. 27 f.: Trennung der Eltern, Ehe wenig attraktiv – Z. 4 f.: Vater hat Johanna nie verstanden, ihr nicht geglaubt – Z. 16 f.: unter der Sturheit des Vaters hat Ich-Erzählerin gelitten – Z. 18–22: unüberwindbare Abgründe in der Beziehung zwischen Männern und Frauen infolge von Verschiedenheit der Geschlechter – Z. 26–30: mangelndes Einfühlungsvermögen der Männer, infolgedessen unbegründetes Misstrauen (vgl. Z. 65–67) → insgesamt negative Sicht auf Männer, Ehe und Familie; Ursache: Erfahrungen mit leiblichem Vater und mit Lee.

Seite 42–43

1 Mögliche Einleitung s. unten bei Aufgabe 6.

2 Mögliche Fortführung der Satzanfänge: **Die Ich-Erzählerin erzählt von** einer Beziehungskrise zwischen ihrem Stiefvater Lee und Johanna. **Vermutlich ist die Ich-Erzählerin die Tochter von Johanna, denn** sie bezeichnet deren Ehemann als ihren Stiefvater. Auch spricht sie von „Unser[em] Familienleben" (Z. 27 f.). **Über Johanna und ihre Beziehungen erfährt man, dass** sie vom Vater der Ich-Erzählerin getrennt lebt und jetzt mit dem US-Amerikaner Lee verheiratet ist. Zwischenzeitlich hatte Johanna eine Affäre mit Carlos, den sie bei einer Freundin treffen wollte. Diese Affäre ist vorbei, führt aber verspätet zu einem Streit mit Lee. **Während sich in der Vergangenheit also einiges ereignet hat, besteht die äußere Handlung zum Zeitpunkt des Erzählens** in einem Bericht der Ich-Erzählerin über diesen Streit, seine Vorgeschichte und ihre eigene Haltung dazu. **Die Ich-Erzählerin erwartet für die Zukunft** einen dauerhaften Vertrauensverlust zwischen ihren Eltern, der diese unglücklich werden lässt. **Sie kommt zu dem Schluss,** dass sie die Familie verlassen will.

3 a Mögliche Begründung: Gelungen ist die Überleitung A, weil sie die Aussagen zur Hauptfigur durch eine Textstelle belegt, die Bedeutung der Figur für die Kurzgeschichte treffend zusammenfasst, Fachbegriffe verwendet und abwechslungsreich formuliert ist. (Überleitung B beschreibt eher, als dass sie die Ergebnisse einer eigenständigen Analyse wiedergibt. Sprachlich fallen Wiederholungen und falsche Fachbegriffe auf: „Person" statt „Figur".)

b Mögliche Fortsetzung der Charakterisierung s. unten bei Aufgabe 6, 3. und 4. Absatz.

4 geringer Umfang (ca. 1 DIN-A4-Seite) – alltägliches Geschehen (Streit zwischen Eltern, Heranwachsende – unmittelbarer Einstieg (mitten im Redefluss der Ich-Erzählerin, worauf das „außerdem" [Z. 2] im ersten Satz hinweist) – zielstrebiger Handlungsverlauf (vorwiegend in der Vorgeschichte/Rückblende: Johannas Reise, Affäre und der Streit bei der Rückkehr; läuft direkt auf den Konflikt in der Gegenwartsebene zu) – offener Schluss (Absichtserklärung ohne Hinweise auf Umsetzung, zugleich Wendepunkt der Handlung), Alltagssprache, Satzbau wie im mündlichen Sprachgebrauch
(s. Aufgabe 7, S. 41)

5 Zwei mögliche Ausarbeitungen der angebotenen Anregungen: Typisch ist die dargestellte Situation nur, wenn (in Familien) nicht ehrlich miteinander gesprochen wird. Wo die Kommunikation funktioniert, werden sich derart aussichtslose Perspektiven nicht auftun. – Das Männer-/Frauen-/Familienbild der Ich-Erzählerin ist stark von Schwarz-Weiß-Malerei bestimmt. „Schubladendenken" erschwert nur den Umgang miteinander. Besser ist es immer, auf den Einzelnen einzugehen.

6 Mögliche Interpretation der Kurzgeschichte:

(Einleitung) Die Kurzgeschichte „Du kriegst nichts geglaubt" von Gabriele Wohmann aus dem Jahr 2006 zeigt, wie familiäre Erfahrungen das Menschenbild eines jungen Menschen prägen. Im Mittelpunkt der Geschichte steht eine junge Ich-Erzählerin, die sich aus ihrer Familie löst.

(Hauptteil, Inhalt/Aufbau der Geschichte) Die Ich-Erzählerin erzählt von einer Beziehungskrise zwischen ihrem Stiefvater Lee und Johanna. Vermutlich ist die Ich-Erzählerin die Tochter von Johanna, denn sie bezeichnet deren Ehemann als ihren Stiefvater. Auch spricht sie von „Unser[em] Familienleben" (Z. 27 f.). Über Johanna und ihre Beziehungen erfährt man, dass sie vom Vater der Ich-Erzählerin getrennt lebt und jetzt mit dem US-Amerikaner Lee verheiratet ist. Zwischenzeitlich hatte Johanna eine Affäre mit Carlos, den sie bei einer Freundin treffen wollte. Diese Affäre ist vorbei, führt aber verspätet zu einem Streit mit Lee. Während sich in der Vergangenheit also einiges ereignet hat, besteht die äußere Handlung zum Zeitpunkt des Erzählens in einem Bericht der Ich-Erzählerin über diesen Streit, seine Vorgeschichte und ihre eigene Haltung dazu. Die Ich-Erzählerin erwartet für die Zukunft einen Vertrauensverlust zwischen ihren Eltern, der diese unglücklich werden lässt. Sie kommt zu dem Schluss, dass sie die Familie verlassen will.

(Figuren und ihre Beziehungen zueinander; Verdeutlichung, um welche Figur es geht) Das Alter der Ich-Erzählerin liegt vermutlich zwischen 17 und 20 Jahren, denn in diesem Alter plant man typischerweise, sich selbstständig zu machen. Das Verhältnis der Ich-Erzählerin zu ihrer Mutter wirkt einerseits distanziert, denn sie nennt sie beim Vornamen und beschreibt ihr Innenleben vergleichsweise teilnahmslos. Andererseits zeigt sich in ihrem großen Einfühlungsvermögen in die Gefühle der Mutter und im Verständnis dafür eine große Verbundenheit. Zudem nimmt die Ich-Erzählerin Partei für Johanna und steht ihr offenbar weniger abgeklärt gegenüber, als es die Kurzgeschichte zunächst darstellt. Auch ihren Stiefvater mag sie, obwohl sie ihn kritisiert, das macht der vorletzte Satz deutlich: „Ich haßte sie beide, und beide liebte ich" (Z. 68 f.). Die Ich-Erzählerin wirkt selbstsicher, denn sie ist in ihren Aussagen sehr bestimmt und sicher, insbesondere in ihren Aussagen über Johanna: „Ich weiß, wann sie schummelt" (Z. 6); „Ich wußte, ..." (Z. 14); „So was merke ich ihr einfach an" (Z. 15). Über Ehe und Familie macht sie sich keine Illusionen, wenn sie z. B. sagt: „Du kriegst nichts geglaubt [...]" (Z. 2), „Unser Familienleben regt mich wirklich nicht zu der Absicht an, jemals zu heiraten" (Z. 27 f.). Schon der leibliche Vater hatte Johanna zuvor nie verstanden, ihr nicht geglaubt (Z. 4 f.) und sie mit seiner Sturheit gequält (vgl. Z. 16 f.). Von Männern hält die Ich-Erzählerin insgesamt wenig, sie „kapieren überhaupt nichts" (Z. 18) und sie „sind Vermesser, die Männer" (Z. 26 f.). Indem sie ihre Erfahrungen verallgemeinert und glaubt, die Zukunft voraussehen zu können, zeigt sie fehlende Reife, die eigenen Erfahrungen zu relativieren und Alternativen zu überdenken. Der Schluss der Kurzgeschichte deutet darauf hin, dass die junge Frau an einem Wendepunkt steht, sie will sich aus der Familie lösen und ihr eigenes Leben führen (vgl. Z. 69 f.).

Über Johanna und Lee erfährt man nur sehr wenig. So bleiben ihre äußeren Lebensumstände völlig im Dunklen, weder gibt es Hinweise auf ihren Beruf noch auf ihr Alter, ihr Aussehen oder Ähnliches. Die wenigen Fakten, die aus den Äußerungen der Ich-Erzählern abzuleiten sind, und die wenigen direkten Aussagen über die beiden ergeben ein undeutliches Bild: So erscheint Johanna als eine Frau, die mit sich selbst und in ihren Beziehungen zu Männern einige Probleme hat. Nach der Rückkehr von ihrer Reise spricht sie von Verunsicherung („nervös" Z. 56, „entfremdet" Z. 57 f.) und äußert sogar die Angst, geisteskrank zu werden (vgl. Z. 60 f.). Dazu passt, dass sie an Schlaflosigkeit leidet (vgl. Z. 50) und ihrem Anspruch auf Überkorrektheit nicht in allen Lebenslagen gerecht werden kann (vgl. Z. 46 f.). Ihre Beziehungen zu Männern scheinen schwierig und instabil zu sein. Welche Rolle ihre Tochter in ihrem Leben spielt, erfährt man nicht. Noch weniger erfährt man über Lee. Es fehlt ihm offenbar an Einfühlungsvermögen für Johanna (Z. 4; Z. 31) und er ist nicht in der Lage, den Konflikt positiv aufzulösen (Z. 65–67). Sein Verhalten beschreibt die Ich-Erzählerin sehr bildhaft zunächst als Arglosigkeit (Z. 35), dann Argwohn (Z. 52 f.), schließlich Sturheit (Z. 65 f.). Im Streit reagiert er nicht versöhnlich, sondern feindselig (Z. 63).

(Erzähler) Formal zeigt der Text die typischen Merkmale der Textart „Kurzgeschichte". Er ist sehr kurz und umreißt eine sehr alltägliche Situation, nämlich einen heftigen Streit zwischen Eltern, geschildert aus der Sicht der Tochter. Sie ist die Ich-Erzählerin, die aus personaler Sicht erzählt. Die Geschichte setzt unmittelbar ein, mitten im Redefluss der Ich-Erzählerin. Darauf weist das „außerdem" (Z. 2) im ersten Satz hin. Die Handlung, die zur Situation geführt hat, wird in der Rückblende entwickelt. Die aktuelle Handlung in der Gegenwart findet zu einem unbestimmten Zeitpunkt statt, eigentlich kann man weniger von Handlung sprechen, als dass die Ich-Erzählerin die Situation persönlich kommentiert und ihren Standpunkt darlegt. Die Kurzgeschichte schließt mit einer Vorausdeutung auf die dauerhafte Störung der Beziehung zwischen Johanna und Lee und dem Hinweis darauf, dass die Ich-Erzählerin ihre Familie bald verlassen will.

(sprachlich-stilistische Gestaltung) Da das Erzählverhalten personal ist, erzählt die Ich-Erzählerin aus ihrer Innensicht heraus und bewertet die Dinge ausschließlich persönlich. Sie verwendet ihre Alltagssprache und umgangssprachliche Formulierungen, wie z. B. „zum ich weiß nicht wievielten Male" (Z. 9), „saublöden Abend" (Z. 10), „abgeschminkt" (Z. 14 f.); „sonnenklar" (Z. 16); „kapierte" (Z. 68). Umgangssprache ist auch, dass sie die Verben mit ‚es' zusammenzieht, z. B. „gabs (Z. 8), „ich schwörs" (Z. 11), „für mich wars" (Z. 16). Für den mündlichen Sprachgebrauch typisch ist auch der Satzbau, der von Einschüben und Nachträgen bestimmt ist, z. B. in den ersten drei Sätzen (vgl. Z. 1–11). Es finden sich einige Passagen in direkter Rede (vgl. Z. 10 f., Z. 23–25, Z. 56–61), die ebenfalls umgangssprachliche Wendungen enthalten. Um bestimmte Sachverhalte besonders eindrücklich zu erklären, benutzt die Ich-Erzählerin auffällige Vergleiche, z. B. „[...] wie eine Lehrerin, die in der ersten Klasse ein Diktat gibt" (Z. 12 f.) oder „Lee war arglos wie ein Mistkäfer, der [...]" (Z. 35–38). Ihre Einschätzung der Situation fasst sie in sehr allgemeingültige Aussagen, z. B. „Du kriegst nichts geglaubt" (Z. 2 f.), „Männer und Frauen, dazwischen liegen Welten [...]" (Z. 18–19), „Sie sehen nur Fakten, [...], die Männer" (Z. 26 f.) oder „Männer lieben Indizien" (Z. 42 f.).

(evtl. Besonderes) Eine Besonderheit fällt auf: Die direkte Rede ist ohne Anführungszeichen in den Text eingefügt. Infolgedessen muss der Leser manche Abschnitte zweimal lesen, um den Sinn zu erschließen. Man fühlt sich vollkommen in die Gedanken und Gefühle der Ich-Erzählerin eingebunden.

(Schluss) Die Darstellung der seelischen Situation der Ich-Erzählerin und ihrer Denkhaltungen ist sehr dicht. Das Bild, das die Ich-Erzählerin vom Verhältnis zwischen Männern und Frauen im Allgemeinen und von Familien zeichnet, ist jedoch stark schwarz-weiß gemalt. Gerade weil die Darstellung so emotional ist und man ganz in ihren Gedanken befangen ist, braucht man eine Weile, bis man die Situation auch von außen betrachten kann. Vorurteile und „Schubladendenken" erschweren nur den Umgang miteinander. Die Probleme scheinen weniger mit Geschlechterrollen und mehr mit fehlender Kommunikation zu tun zu haben: Würden alle Figuren in dieser Geschichte offen und ehrlich miteinander sprechen, dann gäbe es die beschriebenen Konflikte vermutlich nicht.

7 ●●● Habe ich in der Einleitung den Namen des Autor/der Autorin, den Titel, die Textsorte und das Thema bzw. die Kernaussage des Textes genannt? – Habe ich im Hauptteil die Ergebnisse meiner Analyse in Bezug auf den Inhalt und den Aufbau der Geschichte, die Figuren/ihre Beziehungen zueinander, den Erzähler/die Erzähltechnik und die sprachliche Gestaltung nachvollziehbar dargelegt? – Habe ich am Schluss Stellung zum Text genommen oder eine persönliche Bewertung abgegeben?

Ein Gedicht analysieren

Seite 44–46

1 a + b In der Randspalte kannst du z. B. Inhaltliches notieren, aber auch erste Ideen zur sprachlichen Gestaltung, Wirkung o. Ä.

2 a Naturerleben an einem herbstlichen Abend

b Die erste Strophe schildert **eine ruhige Flusslandschaft mit Segelboot.** Im roten Licht des Sonnenuntergangs sind **die Umrisse des Bootsführers erkennbar.** In der zweiten Strophe richtet sich **der Blick auf den Herbstwald mit rot gefärbtem Laub,** Waldesrauschen ist zu hören. Schließlich wird in der dritten Strophe **das Anbrechen der dunklen Nacht in der Ferne** thematisiert.

c Die passende Erläuterung ist B.

3 ~~Es gibt ein lyrisches Ich, das dem Leser entgegentritt.~~ / Das lyrische Ich tritt nicht direkt in Erscheinung, denn nirgendwo werden die Pronomen *ich, mein, mir oder wir, uns* verwendet. [...] ein Beobachter / ~~Mitfühlender,~~ [...] ~~berichtend~~ / preisend [...]

4 a Strophen: 3 – Verse: 4 – Reimform: Kreuzreim (a b a b/c d c d/e f e f)

b Metrum: (fünfhebiger) Jambus

c Gesamteindruck: harmonisch – geordnet

5 Sprachliche Bilder und mögliche Deutungen:

Textbeleg (mit Vers)	Sprachliches Bild (Art)	Wirkung (Deutung)
– „Der Strom schwimmt weiß [...]" (V. 2)	– Personifikation (Naturelemente/vermenschlicht)	– [...] (Farb-)Assoziation: Wasseroberfläche steht in scharfem Kontrast zum Abendrot, Stimmungsbild
– „Ein Segel kommt. Es hebt sich [...]" (V. 3)	– Personifikation	– Ruhe/Gelassenheit, da weiche Bewegung; rechtzeitige Heimkehr vor der Dunkelheit
– „[...] steigt des Herbstes Wald mit roten Häuptern" (V. 5/6)	– Personifikation	– rot gefärbtes Laub des Herbstwaldes erinnert an rote Haarschöpfe
– „wie Rauschen der Kitharen" (V. 8)	– Vergleich	– Rauschen des Herbstwalds erinnert an Musik, zarte Klänge (wirkt ergreifend), Farbe und Laute verbinden sich
– „Das Dunkel ist [...] ausgegossen" (V. 9)	– Personifikation	– betont die Allgegenwart des nächtlichen Dunkels, aber auch dessen Vergänglichkeit durch den Vergleich mit vergossenem Wein, der weggewischt werden wird
– „Wie blauer Wein" (V. 10)	– Vergleich	
– Und ferne steht, vom Mantel schwarz umflossen (V. 11)	– Personifikation	– Nacht wird bald ihren Bühnenauftritt haben
– Die hohe Nacht auf schattigem Kothurne" (V. 12)	– Metapher	– hohe Nacht „thront", erhaben über die Natur, breitet Schutzmantel aus; Eindruck: harmonisch

6 b Richtig ist A, mögliche Wortbeispiele: Purpurrot (V. 1); Strom, ungeheurer (V. 2); Boot (V. 3); groß (V. 4) ...

7 a + b Markierte Farben (mögliche Wirkung im Gedichtzusammenhang): Purpur**rot** (V 1; Sonnenuntergang, Kontrast zur Abenddämmerung)/rot (V. 6; feuriges, loderndes Leuchten, herbstlicher Laubwald) – **weiß** (V. 2; absolute Helligkeit/Licht, scharfer Kontrast zur Dunkelheit, spiegelglatt glänzend, Farbe der Reinheit, hohe Strahlkraft) – blauer (V. 10; Ruhe, blauroter Schimmer schweren Rotweins) – **schwarz** (V. 11; Vergänglichkeit, Dunkelheit, Kontrast zu Weiß/Helligkeit)/**dunkler** (V. 7/V. 9; ähnlich wie bei der Farbe Schwarz: Vergänglichkeit, Tod, Bedrohung)

c Mögliche Beschreibung der Wirkung: Der Farbwechsel bewirkt, dass der Leser/ die Leserin sich die Abendstimmung anschaulich vorstellen kann. Wie in einer Rundumbewegung entsteht ein ausdrucksvolles, farbenprächtiges Panoramabild.

Seite 47

1 a A Titel falsch: „Der Abend", Entstehungsjahr fehlt – B Anführungszeichen beim Titel/Zitat fehlen, Name des Autors falsch geschrieben – C Titel falsch: „Der Abend", Autor fehlt

b Mögliche Einleitungssätze: A Das Thema des Gedichts „Der Abend" von Georg Heym aus dem Jahr 1910 ist der Übergang vom Tag zur Nacht. – B Das Gedicht mit dem Titel „Der Abend" von Georg Heym aus dem Jahr 1910 beschreibt die Abenddämmerung an einem Herbsttag. – C In dem Gedicht „Der Abend", 1910 von Georg Heym verfasst, wird dargestellt, wie sich an einem Herbsttag Licht und Landschaft beim Wechsel vom Tag zur Nacht verändern.

2 a A („Und aus den Schluchten [...]", V. 7) – B („Der Strom [...]", V. 2) – C („Der Abend", „Versunken ist der Tag [...]", V. 1) – D („Versunken ist der Tag in Purpurrot", V. 1) – E („Ein Segel kommt. Es hebt sich aus dem Boot/Am Steuer groß [...]", V. 3 f.)

b Mögliche Inhaltszusammenfassung mit Textbelegen für die 2. und 3. Strophe (vgl. Aufgabe 2 b): In der zweiten Strophe richtet sich der Blick auf den Herbstwald mit rot gefärbtem Laub („[...] des Herbstes Wald/Mit roten Häuptern [...]", V. 5 f.), Waldesrauschen ist zu hören („Der Waldung Ton, wie Rauschen der Kitharen", V. 8). Schließlich wird in der dritten Strophe das Anbrechen der dunklen Nacht in der Ferne thematisiert („Und ferne steht [...]/Die hohe Nacht [...]", V. 11 f.).

3 Mögliche Schlusssätze: Zusammenfassend kann man sagen, dass das Gedicht einen schönen, ruhigen Abend im Herbst beschreibt. – Mir gefällt das Gedicht sehr gut, weil es durch die intensive Farbbeschreibung ein lebendiges und dennoch ruhiges Bild eines Herbstabends wiedergibt, in dem die Nacht nicht bedrohlich, sondern beschützend wirkt.

4 Mögliche Gedichtinterpretation (Untersuchungsaspekte im Hauptteil):

(Einleitung) Das Gedicht mit dem Titel „Der Abend" von Georg Heym aus dem Jahr 1910 beschreibt die Abenddämmerung an einem Herbsttag.
(Hauptteil) Das Gedicht von Georg Heym gibt eine Situation wieder: Der Sprecher befindet sich an einem Herbsttag („des Herbstes Wald", V. 5). in einer hügeligen, bewaldeten Landschaft („Und aus den Schluchten dunkler Tiefe [...]", V. 7) am Ufer eines großen Flusses („Der Strom [...]", V. 2) und betrachtet die Abendstimmung („Der Abend", „Versunken ist der Tag [...]", V. 1). In der ersten Strophe schaut er über den Strom hinweg in Richtung der untergehenden Sonne („Versunken ist der Tag in Purpurrot", V. 1). Ein Segelboot nähert sich („Ein Segel kommt. Es hebt sich aus dem Boot/Am Steuer groß [...]", V. 3 f.). In der zweiten Strophe richtet sich der Blick auf den Herbstwald mit rot gefärbtem Laub („[...] des Herbstes Wald/Mit roten Häuptern [...]", V. 5 f.), Waldesrauschen ist zu hören („Der Waldung Ton, wie Rauschen der Kitharen", V. 8). Schließlich wird in der dritten Strophe das Anbrechen der dunklen Nacht in der Ferne thematisiert („Und ferne [...]/Die hohe Nacht [...]", V. 11 f.).
Das lyrische Ich tritt nicht direkt in Erscheinung, denn nirgendwo werden die Pronomen „ich", „mein", „mir" oder „wir", „uns" verwendet. Der Sprecher ist ein Beobachter, der seine Wahrnehmungen genau schildert. Die Haltung des lyrischen Ichs ist preisend, aber auch ein wenig melancholisch.
Das Gedicht hat einen klar gegliederten formalen Aufbau: Der regelmäßige Strophenbau, drei Strophen zu je vier Verszeilen, die regelmäßige Reimform, in jeder Strophe liegt ein Kreuzreim vor (abab), und das gleichmäßige Metrum des fünfhebigen Jambus lassen das gesamte Gedicht harmonisch und geordnet wirken. Passend zu diesem harmonischen Gesamteindruck des Gedichts finden sich zahlreiche vokalreiche, klangvolle Wörter, z. B. „Purpurrot" (V. 1); „Strom", „ungeheurer" (V. 2); „Boot" (V. 3) oder „groß" (V. 4). Die Enjambements in den Versen 3–4, 5–6, und 7–8 heben die sanft fließende Veränderung hervor, die bei klarem Himmel kennzeichnend für die Abendstimmung ist. Unterstützt wird dieser Eindruck durch den Farbwechsel im Verlauf des Gedichts. Angefangen in der ersten Strophe vom „Purpurrot" (V. 1) des Sonnenuntergangs über dem Strom, der „weiß in ungeheurer Glätte" (V. 2) sanft dahinfließt, bis hin zum „Dunkel", das „im Osten ausgegossen/Wie blauer Wein" (V. 9 f.) aufscheint, während Schwärze der Nacht noch in der Ferne liegt (vgl. V. 12 f.). Räumlichkeit entsteht durch den Blick auf das Wasser („Ein Segel kommt [...]", V. 3 f.), die Wahrnehmung des Herbstwaldes" („Auf allen Inseln steigt des Herbstes Wald [...]", V. 5) und die beginnende Dunkelheit („Das Dunkel ist im Osten ausgegossen", V. 9).
Sprachliche Bilder spielen bei Georg Heym eine besondere Rolle. Zahlreiche Naturelemente werden personifiziert. So ist der zu Ende gehende Tag zu Beginn beispielsweise in ein kräftiges, hoheitsvoll wirkendes Abendrot eingehüllt (vgl. V. 1 f.), während die Nacht sich, ihm entgegengesetzt, langsam erhebt. Die Vergleiche „wie Rauschen der Kitharen" (V. 8) und „Wie blauer Wein" (V. 10) veranschaulichen sowohl Farbe als auch Ton und rufen eine Wahrnehmung der abendlichen Herbstlandschaft hervor, die alle Sinne anspricht. Die Metapher „die hohe Nacht" (V. 12) verleiht dem Gedicht abschließend einen fast hoheitsvollen Ton. Die Finsternis wartet auf ihren großen Auftritt, um dann eine Art Schutzmantel über alles auszubreiten („vom Mantel schwarz umflossen", V. 11), was dem Ende des Tages etwas Versöhnliches verleiht.
(Schluss) Das Gedicht gefällt mir, weil durch den Farbwechsel im Laufe der Strophen eine ruhige Bewegung entsteht, die die Dämmerung und nahende Nacht als nicht bedrohlich, sondern als beschützend beschreibt.

5 ●●● Mögliche Fragen für die Checkliste zur Textüberarbeitung: Habe ich in der Einleitung auf alle notwendigen Angaben geachtet (die Art des Textes, den Titel, den Namen des Autors/der Autorin, das Entstehungsjahr und das Thema des Gedichts)? – Habe ich im Hauptteil die wichtigsten Untersuchungsergebnisse in einer sinnvollen Reihenfolge dargestellt (kurze Inhaltszusammenfassung, formaler Aufbau, sprachliche Gestaltungsmittel inkl. Wirkung)? – Habe ich immer wieder einen Bezug zum Inhalt hergestellt und meine Beobachtung mit passenden Gestaltungsmitteln verbunden? – Habe ich am Schluss die Gesamtaussage des Gedichts zusammengefasst? Oder habe ich beschrieben, wie das Gedicht auf mich wirkt/wie es mir gefällt?

Eine Dramenszene analysieren und interpretieren

Seite 50–51

2 Mögliche Zusammenfassung: Die Szene handelt vom Besuch des Bürgermeisters von Güllen bei Alfred Ill. Er möchte ihn zum Selbstmord bewegen, weil die Stadt Güllen dann eine größere Geldspende von der Milliardärin Claire Zachanassian bekommen wird. Sie hat dafür Ills Tod gefordert, aber niemand möchte schuldig werden.

3 Die Antwort auf A, B, C und E lautet „Der Bürgermeister", die Antwort auf D, F und G „Alfred Ill".

4 a Mögliche Erklärung: Anfangs sagt der Bürgermeister „ich", dann wechselt er zu „wir" und schließlich zu „man". Er versteckt sich erst in der Gruppe (wir) und dann hinter unpersönlichen Floskeln (man), um der Verantwortung auszuweichen.
b Mögliche Beschreibungen der verborgenen Absicht des Bürgermeisters: A Der Bürgermeister verdreht Täter- und Opferrolle. – B Er droht Ill mit Mord, falls dieser nicht schweigt (... vor der Presse die Wahrheit sagen will). – C Er schiebt Ill die Verantwortung zu: Aus Mord soll Selbstmord werden.
c Mögliche Zusammenfassung: Der Bürgermeister will, stellvertretend für alle Güllener, dass Ill stirbt, ohne dass jemand die moralische Schuld dafür tragen muss. Seine verborgene Absicht ist, Ill in den Selbstmord zu treiben.

5 a + b Mögliche Gedanken oder Gefühle Ills: A „Unglaublich, er will, dass ich die Presse belüge. Und behauptet auch noch, es ginge ihm um mich." – B „Wie verlogen! Um meine Familie geht es ihm gar nicht. Aber auch nicht um mich." – C „Das heißt ja wohl, dass er mich dann eben ohne Beschluss töten will."

6 A Ill beschreibt zunächst seine Gefühle, als er den neuen Wohlstand der Güllener bemerkt hat: Er hat immer größere Angst um sein Leben. → B Er stellt anschließend klar, dass er nun seine Angst besiegt hat und sich dem Urteil stellen will, das Güllen über ihn sprechen wird. → C Abschließend macht er deutlich, dass er aber keinen Selbstmord begehen wird, sondern dass die Güllener schon selbst die Hinrichtung ausführen müssen.

7 Antwort B ist richtig.

Seite 52–53

1 a Richtig ist Antwort C.
b Die Szene aus dem **3.** Akt des Dramas **„Der Besuch der alten Dame"** von **Friedrich Dürrenmatt,** uraufgeführt im Januar 1956 in Zürich, beinhaltet ein Gespräch zwischen dem Bürgermeister von Güllen und Alfred Ill. Der Bürgermeister möchte Ill zum Selbstmord bewegen. Thema der Szene ist die gegen Ill gerichtete Umkehrung von Täter- und Opferrolle.

2 Mögliche Formulierungen: A Er fordert den Bürgermeister schließlich auf, seine verborgenen Absichten offen auszusprechen, indem er herausfordernd fragt, was er damit sagen wolle (vgl. Z. 76). – B Gegen Ende des Gesprächs nimmt Ill die Verdrehung der Tatsachen nicht länger hin, sondern konfrontiert den Bürgermeister mit dem neuen Luxus der Güllener (vgl. Z. 91). – C Die letzte Aussage Ills „Feuer, Herr Bürgermeister" (Z. 114) kann durch die Regieanweisungen doppeldeutig aufgefasst werden, denn vor dieser Aussage spricht der Bürgermeister über das Gewehr: „Bürgermeister nimmt das Gewehr wieder zu sich" (Z. 109 f.). Nach der Aussage geht es aber einfach um das Anzünden einer Zigarette: „Er zündet ihm die Zigarette an" (Z. 114).

3 Mögliche Erklärung:
●●●

Am Beginn der Szene erscheint der Bürgermeister bewaffnet in Ills Laden. Der Zuschauer fragt sich, ob er Alfred Ill erschießen will. Seine Äußerung „Ich bringe ein Gewehr" (Z. 6) erweckt dann den Eindruck, dass er Ill helfen möchte, indem er Ill die Waffe zur Verfügung stellt. So versteht auch Ill den Bürgermeister und lehnt seine scheinbare Unterstützung ab (vgl. Z. 9). Trotzdem gibt der Bürgermeister das Gewehr aus der Hand und möchte es offensichtlich bei Ill lassen. Später bietet der Bürgermeister Ill das Gewehr noch einmal ausdrücklich an. Allerdings ahnt der Zuschauer zu diesem Zeitpunkt schon, dass Ill das Gewehr gegen sich selbst richten soll. Weil Ill auf das angebotene Gewehr nicht reagiert, spricht der Bürgermeister seine Idee schließlich aus: „Es wäre doch nun eigentlich Ihre Pflicht, mit Ihrem Leben Schluss zu machen" (Z. 84–86). Am Ende seines Besuchs nimmt der Bürgermeister das Gewehr wieder in die Hand. Ill hat ihm erklärt, dass er sich nicht erschießen wird. Ob jetzt der Bürgermeister das Feuer eröffnen wolle, fragt Ill diesen in seiner letzten Äußerung indirekt.

4 a A = nein (Weder darf man morden noch jemanden zum Selbstmord nötigen.) – B = ja (Er will ja nicht sterben, also will er auch nicht die Verantwortung für den eigenen Tod übernehmen.) – C = ja (Wenn dieser sich zur Wehr setzt oder Hilfe von außerhalb der Stadt sucht.) – D = nein (Sie bringt ihn ja nicht selbst um und sie hat die Güllener nicht gezwungen, sondern diese haben sich kaufen lassen, was moralisch verwerflich ist.)
b Möglicher Schluss: In der Szene wird deutlich, wie schwach und unehrlich der Bürgermeister ist. Der Zuschauer bringt keine Sympathie und kein Verständnis für ihn auf. Ill dagegen wirkt sehr aufrecht. Ich frage mich aber, ob es in dieser Situation nicht hilfreicher wäre, wenn Ill sein Schicksal nicht hinnehmen, sondern sich dagegen zur Wehr setzen würde. So macht er es den Güllenern zu leicht, ihn für ihren neuen Reichtum zu opfern.

5 Mögliche vollständige Interpretation:

(Einleitung) Die Szene aus dem 3. Akt des Dramas „Der Besuch der alten Dame“ von Friedrich Dürrenmatt, uraufgeführt im Januar 1956 in Zürich, beinhaltet ein Gespräch zwischen dem Bürgermeister von Güllen und Alfred Ill. Der Bürgermeister möchte Ill zum Selbstmord bewegen. Thema der Szene ist die gegen Ill gerichtete Umkehrung von Täter- und Opferrolle: Claire Zachanassian und die Güllener wollen Ills Tod, ohne dass sie dafür die Verantwortung übernehmen müssen.
(Hauptteil) Die Szene findet kurz vor der großen Gemeindeversammlung statt, in der die Bürger von Güllen darüber entscheiden wollen, ob sie das Angebot der Milliardärin Claire Zachanassian annehmen möchten. Diese will der Stadt eine große Summe Geldes zur Verfügung stellen, sofern die Güllener Claires Jugendliebe Alfred Ill ermorden. Er hatte die junge Frau sitzen lassen und verleugnet, als diese schwanger war. Claire verließ Güllen damals und heiratete reich. Als alte Dame ist sie zurückgekehrt, um das Unrecht, das Ill ihr damals antat, zu rächen. Der Bürgermeister sucht Alfred Ill nun auf, weil die Güllener das Geld gern annehmen, aber keine Schuld auf sich nehmen wollen. Er will erreichen, dass Ill sich selbst tötet. Darum veranlasst er das Gespräch, das in dieser Szene gezeigt wird.
Der Bürgermeister sucht Alfred Ill in dessen Geschäft auf und bringt ihm ein Gewehr mit. Er hat den weitaus größeren Redeanteil in der Szene, Alfred Ill zeigt sich in dem Gespräch zunächst sehr wortkarg und antwortet mit Einwortsätzen wie „Möglich“ (Z. 20), „Freilich“ (Z. 22). Der Bürgermeister verfolgt eine verborgene Absicht. Sprachlich drückt sich ein gewisses Unbehagen gegenüber der Situation durch die Verwendung von Pronomen aus: Anfangs sagt der Bürgermeister „ich“, dann wechselt er zu „wir“ und schließlich zu „man“. Er versteckt sich erst in der Gruppe (wir) und dann hinter unpersönlichen Floskeln (man), um der persönlichen Verantwortung auszuweichen. Dennoch wendet er im Gespräch eine Reihe von Strategien an, um Ill zu beeinflussen. Zunächst beschönigt er die Mordprämie als wohltätige Stiftung, dann verdreht er Täter- und Opferrolle. Als Ill immer noch nicht auf sein Anliegen eingeht, vertuscht der Bürgermeister sein unmoralisches Ziel, indem er an Ills Pflichtgefühl gegenüber der Gemeinde appelliert. Gegen Ende des Gesprächs nimmt Alfred Ill die Verdrehung der Tatsachen nicht länger hin, sondern er fordert den Bürgermeister auf, seine verborgenen Absichten offen auszusprechen (vgl. Z. 76). Er konfrontiert ihn mit seinen eigenen Überlegungen (Z. 93–108). Ill beschreibt zunächst seine Gefühle, als er den neuen Wohlstand der Güllener bemerkt hat: Er hat immer größere Angst um sein Leben. Im Anschluss stellt Ill klar, dass er nun seine Angst besiegt hat und sich dem Urteil stellen will, das Güllen über ihn sprechen wird. Abschließend macht er deutlich, dass er aber keinen Selbstmord begehen wird, sondern dass die Güllener schon selbst die Hinrichtung ausführen müssen. Es ist die Figur Ill, die sich in diesem Gespräch behauptet.
Die Entwicklung des Gesprächs zwischen den Figuren spiegelt sich im Umgang mit einem wichtigen Gegenstand in dieser Szene. Der Bürgermeister erscheint bewaffnet in Ills Laden. Der Zuschauer fragt sich sofort, ob er Alfred Ill erschießen will. Seine Äußerung „Ich bringe ein Gewehr“ (Z. 6) erweckt dann den Eindruck, dass er Ill helfen möchte, indem er ihm die Waffe zur Verteidigung überlässt. So versteht auch Ill diese Geste und lehnt ab (vgl. Z. 9). Trotzdem gibt der Bürgermeister das Gewehr aus der Hand, er will es ganz offensichtlich bei Ill lassen und bietet es ihm wenig später erneut an. Man ahnt als Zuschauer nun, dass Ill das Gewehr gegen sich selbst richten soll. Weil dieser aber weiterhin nicht auf die verborgene Absicht reagiert, spricht der Bürgermeister seine Idee schließlich aus: „Es wäre doch nun eigentlich Ihre Pflicht, mit Ihrem Leben Schluss zu machen“ (Z. 84–86). Am Ende seines Besuchs nimmt der Bürgermeister das Gewehr wieder in die Hand. Ill hat ihm erklärt, warum er sich keinesfalls erschießen wird. Die letzte Aussage Ills „Feuer, Herr Bürgermeister“ (Z. 114) kann durch die Regieanweisungen doppeldeutig aufgefasst werden „Bürgermeister nimmt das Gewehr wieder zu sich“ (Z. 109 f.), denn vor dieser Aussage spricht der Bürgermeister über das Gewehr. Nach der Aussage geht es aber einfach um das Anzünden einer Zigarette: „Er zündet ihm die Zigarette an“ (Z. 114 f.). Offen bleibt die Frage, wer schießen wird.
(Schluss) Alfred Ill macht in dem in dieser Szene gezeigten Gespräch sehr deutlich, dass die Güllener nicht die Opfer dieser Situation sind, sondern die Täter. Ich bin der Ansicht, dass Claire Zachanassian eine Mitschuld hat, weil sie den Güllenern ein unmoralisches Angebot unterbreitet hat. Diese jedoch können sich frei entscheiden, wie sie darauf reagieren wollen. Ill hat also Recht: Die Hauptschuld tragen die Güllener, falls sie ihn tatsächlich töten. Es wäre außerdem die Pflicht des Bürgermeisters, einen Bürger vor einer Frau wie Claire zu schützen, statt auf ihr Angebot einzugehen.

6 ●●● Mögliche Fragen für die Checkliste: Ist die Einleitung vollständig (Autor/-in, Titel, falls bekannt Datum der Uraufführung, Thema der Szene)? – Habe ich im Hauptteil den Inhalt der Szene knapp wiedergegeben und ihn ggf. in den Handlungszusammenhang eingeordnet? – Habe ich die Analyseergebnisse zu den Figuren (Verhalten, Beziehung, Redeanteile, Sprache, sprachliche Mittel) dargelegt und gedeutet? – Habe ich meine Aussagen durch Zitate belegt und richtig zitiert? – Habe ich zum Schluss ein Fazit gezogen, die Szene beurteilt oder das Verhalten einer Figur bewertet?

Was kann ich schon? – Grammatik

Seite 54–55

1 a für – bei – während – in – durch – Mit 7 Punkte
b Nomen im **Genitiv:** (während) des Essens, der Nahrung – ... **Dativ:** (mit) dem Essbesteck, (bei) Tisch, (bestimmten) Konventionen, (seinen) Tischnachbarn, (mit vollem) Munde – ... **Akkusativ:** (für) den Umgang, Tischregeln, (keinen) Einblick, (in) die [...] Zermalmung, (durch) den Kauapparat 12 Punkte

2 a 1 Plusquamperfekt – 2 Präteritum – 3 Präsens – 4 Präsens – 5 Perfekt – 6 Futur 6 Punkte
b A Nachdem ich die SMS abgeschickt hatte, überkamen mich Zweifel. 2 Punkte
B Aber während ich die Antwort las, lösten sich diese Zweifel sogleich auf.

3 A = Konjunktiv I – B = Indikativ – C = Konjunktiv I – D = Konjunktiv II 4 Punkte

4 A (Passiv): Das störende Handyklingeln wurde (vom Redner) ignoriert. 2 Punkte
B (Aktiv): Der Saaldiener bat die junge Frau, das Handy auszuschalten.

5 a – c A [...] habe ich entnommen, dass Sie einen Ausbildungsplatz für Modedesign anbieten. (Objektsatz) – B Da ich selbst sehr modebewusst bin und gern zeichne und male, bewerbe ich mich [...]. (Kausalsatz) – C Die Art von Kleidung, die Sie in Ihren Modeläden anbieten, entspricht genau meinem Stil. (Relativsatz) 10 Punkte

6 a – c A **Obwohl** diese Kleidung ungewöhnlich war, kombinierte [...] – B [...] betonen , **indem** er sich für etwas Auffallendes entschied. – C [...]dieses Outfit gewählt , **weil** er sich darin besonders wohlfühlte. – D **Nachdem** Charles Parseval die Werbeagentur betreten hatte, erstarrte er: [...] 12 Punkte

7 Infinitivgruppe: A, D – Partizipialgruppe: B, C 4 Punkte

Nomen und Pronomen: Der Kasus nach Präpositionen

Seite 56

1 a + b A nach = Dativ – B auf = Akkusativ – C mit = Dativ – D Trotz = Genitiv – E Für = Akkusativ – F ohne = Akkusativ

2 A Bitte stellen Sie sich an das Ende der Schlange. – **Wohin** stellen Sie sich? → Kasus: Akkusativ; B Entschuldigung, treten Sie bitte meinem Dackel nicht auf die Pfoten! – Wohin sollen Sie nicht treten? → Kasus: Akkusativ; C Könnten Sie sich mit dem Kleingeld beeilen – hinter Ihnen warten noch viele! – Wo warten noch viele? → Kasus: Dativ; D Neben dem Restpostenständer gibt es noch eine Kasse! – **Wo** gibt es noch eine Kasse? → Kasus: Dativ

Rund ums Verb

Seite 57

1 a A beschreibt, gewesen ist, habe, geändert hat – B ging, kleidete – C durfte, ließ – D verbot, geschminkt hatte – E gebogen waren, gab
b Vorzeitigkeit: A, D – Gleichzeitigkeit: B, C – Nachzeitigkeit: E

2 ~~zwang~~/zwingt – ~~ausging~~/ausgehe – ~~waren~~/sind – war/~~ist~~ – ging/~~geht~~ – ~~hatte~~/habe – ~~mochte~~/mag

3 ●●● a Situation ist Vergangenheit, demnach stehen die **Hs im Präteritum:** A Nachdem die Großeltern sich vorgestellt hatten, [...] – B Bevor [...], stellte Großvater sich Großmutters Eltern vor. – C Als [...], fielen ihm seine ungeputzten Schuhe auf.
b A + a – B + c – C + b

Seite 58–59

1 a + b Verbformen (~~nicht vom Indikativ Präteritum zu unterscheiden~~ → Ersatzform) und mögliche Antworten: A Wie (~~reagiertest~~ du) **würdest** du **reagieren,** wenn dir jemand an den Haaren **ziehen würde/zöge?** Ich **bäte ihn/würde ihn bitten,** das zu unterlassen. – B Was **tätest** du, wenn deine Eltern dich auf einmal (~~siezten~~) **siezen würden?** Ich **bekäme** einen Lachanfall. – C Was (~~antwortetest~~ du) **würdest** du **antworten,** wenn ein älterer Herr dir im Bus seinen Platz **anböte?** Ich **würde** erfreut **annehmen.**

2 Mögliche höfliche Formulierungen: A Könnten Sie bitte das Fenster schließen? – B Würdest du bitte schweigen? – C Dürfte ich bitte hier durch? – D Dürfte ich bitte das Salz haben? – E Könntest du mir bitte einmal helfen? – F Würdest du bitte gehen? – G Könnten Sie mich bitte nicht stören? – H Mögen Sie das bitte wegnehmen?

3 a B Würde das Essen nicht widerlich schmecken, ließe ich es nicht stehen./Wenn das Essen nicht widerlich schmecken würde, ließe [...] – C Hätte ich ein Taschentuch, wischte ich meine Nase nicht am Ärmel ab./Wenn ich ein Taschentuch hätte, wischte [...]. – D Wäre der Kaffee nicht so heiß, würde er ihn nicht so laut schlürfen./Wenn der Kaffee nicht so heiß wäre, würde [...]. – E Benähmen wir uns falsch, würden wir es an den Reaktionen merken./Falls wir uns falsch benähmen, würden [...]. – F Sprächest du nicht mit vollem Mund, könnte man dich besser verstehen./Wenn du nicht mit vollem Mund sprächest, könnte [...].

b B Schmeckt das Essen widerlich, lasse ich es stehen./Wenn das Essen widerlich schmeckt, lasse [...] – C Wenn ich ein Taschentuch habe, muss ich meine Nase nicht am Ärmel abwischen. – D Ist der Kaffee heiß, schlürft er ihn lautstark./Wenn der Kaffee heiß ist, schlürft [...]. – E Benehmen wir uns falsch, merken wir es an den Reaktionen./Falls wir uns falsch benehmen, merken [...]. – F Wenn du mit vollem Mund sprichst, kann man dich schlecht verstehen.

4 ●●● A Wäre er etwas höflicher, würde ihn jeder mögen./Wenn er etwas höflicher wäre, würde [...] – B Würdest du die Regeln respektieren, hättest du nicht so viele Probleme./Wenn du die Regeln respektieren würdest, hättest [...] – C Wäre ich pünktlich angekommen, hätte ich den Job bekommen./Wenn ich pünktlich angekommen wäre, hätte [...]. – D Würde sie weniger reden, wäre sie erfolgreicher./Wenn sie weniger reden würde, wäre [...].

Seite 60–62

1 Mögliche Wiedergabe in der indirekten Rede *(einleitender Hauptsatz):* A *Der Deutsche Knigge-Rat merkt an,* in der Klasse gehe die Begrüßung oft im Chaos unter. Das sei schade, denn später im Beruf werde zwingend erwartet, andere mit Respekt und Achtung zu begrüßen. Dabei sei es gleichgültig, wie man zu ihnen stehe. – B *Der Deutsche Knigge-Rat hebt hervor,* das sorglose Verschlafen des Unterrichtsbeginns verärgere nicht nur Lehrer/-innen, sondern auch Mitschüler/-innen. Es sei sehr rücksichtslos. – C *Der Deutsche Knigge-Rat unterstreicht,* bei persönlichen Gesprächen sei das Handy die Nervensäge Nummer eins. Es bimmele und fiepe überall in den bizarrsten Klingeltönen herum und raube den anderen Gesprächsteilnehmern die Geduld. *Der Rat mahnt dringend,* man solle Handys in persönlichen Gesprächen zur Seite legen.

2 *Der Deutsche Knigge-Rat betont,* primitive Redeweisen würden vor allem auf den Redner selbst zurückfallen. Sie würden unsympathisch und abstoßend wirken. Beleidigungen würden den anderen verletzen. Infolgedessen entstünden die meisten Streitfälle bis hin zur Gewaltanwendung.

3 A würden [...] profitieren – B trügen [...] bei – C verbessere – D würden [...] ausdrücken, würden [...] dienen, seien – E stärke

4 ●●● Möglicher Kommentar:
Grundsätzlich fände ich es gut, wenn es einen verbindlichen Schüler-Knigge gäbe. Ich stimme dem Knigge-Rat zu, wenn er betont, gutes Betragen sei für alle Beteiligten von Vorteil. Allerdings finde ich, dass die Empfehlung, Handys in Schulen abzuschalten, nur eingeschränkt gelten sollte: Während des Unterrichts dürfen die Handys nicht stören. Aber würde man sie auch in den Pausen verbieten, fände ich das übertrieben.

5 a + b Ich sagte, ... A ich hätte geschwiegen. (Konjunktiv II) – B du werdest lachen. (Konj. I Futur) – C sie habe gesungen. (Konj. I Perfekt) – D ihr habet gestritten. (Konj. I Perfekt) – E er komme. (Konj. I Präsens) – F ich sei gefallen. (Konj. I Perfekt)

6 ●●● In Satz A muss der Konjunktiv II verwendet werden, weil der **Konjunktiv I im Perfekt nicht vom Indikativ Perfekt zu unterscheiden ist: ..., ich habe geschwiegen.** (→ hätte)

7 Die Leiterin des „Fit for life"-Seminars hob hervor, Höflichkeitsregeln habe es schon immer gegeben, es gebe sie in allen Kulturen und es werde sie auch in Zukunft geben, auch wenn sie sich verändern würden.

Seite 63

1 a + b A Die Deutschen schätzen die Niederlande als besonders entspanntes Urlaubsland.
Die Niederlande werden von den Deutschen als besonders entspanntes Urlaubsland geschätzt.
B Sie genießen häufig die kleinen, aber wichtigen Unterschiede in der Mentalität.
Die kleinen, aber wichtigen Unterschiede in der Mentalität werden (von ihnen) häufig genossen.
C Niederländer erledigen Einkäufe in der Stadt gern mit dem Fahrrad.
Einkäufe werden von Niederländern in der Stadt gern mit dem Fahrrad erledigt.
D Beim ersten Sonnenstrahl bevölkern sie die zahlreichen Straßencafés.
Die zahlreichen Straßencafés werden beim ersten Sonnenstrahl von ihnen bevölkert.

2 a Bei der Begrüßung wird von Franzosen in der Regel „Bonjour!" verwendet. Von Jugendlichen und Bekannten wird das umgangssprachliche „Salut!" benutzt. Eine Freundin wird mit „bises" (Küsschen) auf beide Wangen begrüßt. Ein Mann wird von einem anderen Mann eher per Handschlag begrüßt. Das Begrüßungsritual wird dann mit einem rituellen „Comment allez-vous?" oder „Comment vas-tu?" fortgesetzt. Weniger förmlich wird einfach „Ça va?" gefragt. Damit wird aber nicht wirklich das Befinden erkundet. Entsprechend wird nicht sogleich über die aktuellen Wehwehchen lamentiert. Geantwortet wird vielmehr immer mit „Ça va bien, merci."

b Mögliche Verbesserung unter Verwendung des Aktivs und der Passiv-Ersatzformen:
Bei der Begrüßung sagt man in Frankreich in der Regel „Bonjour!" Jugendliche und gute Bekannten benutzen das umgangssprachliche „Salut!" Jemand, den man näher kennt, lässt sich mit „bises" (Küsschen) auf beide Wangen begrüßen. Ein Mann ist von einem anderen Mann eher per Handschlag zu begrüßen. Das Begrüßungsritual lässt sich dann mit einem rituellen „Comment allez-vous?" oder „Comment vas-tu?" fortsetzen. Weniger förmlich fragt man einfach „Ça va?" Damit erkundet man aber nicht wirklich das Befinden des Angesprochenen. Entsprechend ist nicht sogleich über die aktuellen Wehwehchen zu lamentieren. Man antwortet vielmehr immer mit „Ça va bien, merci."

Texte überarbeiten: Verbformen prüfen

Seite 64

1 A [...] teilgenommen ~~hat~~, wusste [...] → teilgenommen hatte *(Vorzeitigkeit)* – B Meist ~~hat~~ [...] ~~gefragt,~~ das heißt [...], bevor [...] betritt. → sagt *(Nachzeitigkeit)* – C Sieht man [...], ~~begrüßte~~ man [...] → begrüßt *(Gleichzeitigkeit)* – D Ist man befreundet, ~~gab~~ es [...] → gibt *(Gleichzeitigkeit)*

2 A [...], sie wäre [...] → sie sei *(Konj. I)* – B *keine indirekte Rede, daher kein Konjunktiv* – C [...] [...] hätte sie mitbekommen, dass die Lehrer dort „Professoren" sein würden, [...] → habe, seien *(Konj. I eindeutig erkennbar, keine Ersatzformen nötig)* – D Außerdem trinke [...], [...] anrührte. → anrühre (Konj. I eindeutig erkennbar) – E Das italienische Frühstück machte [...] → mache *(Konj. I eindeutig erkennbar)* – F Charlie meint, sie wird nicht oft schreiben, denn [...] kümmerten sich sehr intensiv um sie. → werde *(Konj. I Futur)*, würden sich kümmern *(Konj. II zu verwechseln mit Ind. Präteritum, darum Ersatzform mit „würde")*

3 a In Italien wird [...] geachtet. [...] wird erwartet, dass [...] gezeigt wird. Aber [...] werden in der Regel [...] getragen. Allerdings werden [...] weniger streng gehandhabt. [...] wird [...] lockerer ausgelegt.

b Mögliche Verbesserung: In Italien achtet man sehr auf gute Kleidung. Insbesondere in Kirchen wird erwartet, dass man nicht allzu viel nackte Haut zeigt. Aber auch im Museum tragen Männer in der Regel keine kurzen Hosen und Frauen keine allzu kurzen Röcke. Allerdings werden diese Regeln zunehmend weniger streng gehandhabt. Insbesondere junge Leute legen die Kleiderordnung deutlich lockerer aus.

Seite 65

Teste dich! – Rund ums Verb

1 a Richtig sind die Aussagen A, B, C und E. Falsch ist Aussage D. — 5 Punkte
b 1 + A – 2 + C – 3 + E – 4 + B — 4 Punkte

2 Aktiv, *Passiv:* Vor hundert Jahren *wurden* Kinder viel strenger *erzogen*. Es gab viel striktere Regeln. Wer sie nicht befolgte, *wurde bestraft*. Die Eltern *wurden* von ihren Kindern *gesiezt*. Zur Begrüßung machten Mädchen einen Knicks und Jungen verbeugten sich tief. Dabei *wurde* die Kappe vom Kopf *gezogen*. Bei Tisch *wurde* nicht *geredet*. Es *wurde* erst *gegessen*, wenn der Vater „Guten Appetit!" gewünscht hatte. — 11 Punkte

3 besprochen worden waren – bat – könne – solle – erschrak – erinnerte — 6 Punkte

Insgesamt zu erreichende Punktzahl: — **26 Punkte**

Texte überarbeiten mit Hilfe von Proben

Seite 66–67

1 A Sehr gern möchte ich mein zweiwöchiges Berufspraktikum [...]. Mein zweiwöchiges Berufspraktikum möchte ich sehr gern [...]. – B Seit der Teilnahme am Planspiel „Börse" der Stadtbank [...]. Für den Handel mit Wertpapieren [...].

2 a + b *(Mögliche Verbesserungen):* Gern möchte ich mein Betriebspraktikum in der Stadtverwaltung machen, da ~~die Stadtverwaltung~~ *(diese)* für mich ein interessanter künftiger Arbeitgeber ist. Am liebsten würde ich mein Praktikum beim *(städtischen)* Kulturservice ~~der Stadtverwaltung~~ absolvieren, aber auch andere Bereiche ~~der Stadtverwaltung~~ wären für mich interessant. Ich verspreche mir von einem *(solchen)* Praktikum ~~in der Stadtverwaltung~~ gute Einblicke in die organisatorischen Abläufe einer großen Verwaltung und einen Überblick über die unterschiedlichen städtischen Aufgaben, die in ~~der Stadtverwaltung~~ *(einer Stadt unserer Größe)* koordiniert werden müssen.

3 Mögliche Verbesserung (mit eingefügten Informationen): Das zweiwöchige Schulpraktikum, das vom 14. bis 28. 05. 20xx vorgesehen ist, würde ich sehr gern in Ihrem Unternehmen absolvieren. Ich darf unterschiedliche berufstypische Tätigkeiten ausüben, allerdings ohne eigene Verantwortung. Im Betrieb muss eine Betreuung durch einen festen Ansprechpartner gegeben sein und gegen Ende des Praktikums wird mich eine Lehrerin der Schule besuchen.

4 a + b A U Ew ich *(U)* möchte sehr gern das zweiwöchige Berufspraktikum, *(Ew = Datum und Zeitraum)* das von unserer Schule durchgeführt wird, in Ihrem Architekturbüro absolvieren.
B Es Ew Ich *(U = Umstellprobe hier nicht möglich, um den Satzanfang abwechslungsreich zu gestalten, darum Es)* bin 16 Jahre alt und ich besuche die Schule *(Ew = Klasse, Name und Ort der Schule).* C U W Ich *(U)* interessiere mich für den Beruf der Architektin und möchte den Alltag ~~einer Architektin~~ *(W)* näher kennen lernen, um bei meiner Berufsentscheidung sicherer zu werden. D W W Meine Lieblingsfächer ~~in der Schule~~ sind ~~je nachdem~~ Mathematik, Kunst und Sport.
E W Besonders faszinieren mich ~~eher so~~ schwierige Aufgaben in der Geometrie. F W Es Im Betrieb meiner Mutter helfe ich seit einigen Jahren ~~immer mal wieder ein bisschen~~ *(W)* im IT-Bereich aus und bin deshalb ~~relativ~~ *(Es)* sicher im Umgang mit dem Computer.
c Mögliche Verbesserung: [...], das zweiwöchige Berufspraktikum, das an unserer Schule vom 10. bis 24.10.20xx durchgeführt wird, möchte ich sehr gern in Ihrem Architekturbüro absolvieren.
Mein Alter ist 16 Jahre und ich besuche die 9. Klasse der Viktoria-Schule in Aachen. Für den Beruf des Architekten interessiere ich mich sehr und würde gern den beruflichen Alltag näher kennen lernen, um bei meiner Berufsentscheidung sicherer zu werden. Meine Lieblingsfächer sind Sport, Kunst und Mathematik. Besonders faszinieren mich schwierige Aufgaben in der Geometrie. Im Betrieb meiner Mutter helfe ich seit einigen Jahren im IT-Bereich aus und bin deshalb geschickt im Umgang mit dem Computer. [...]

Wiederholung: Nebensätze unterscheiden

Seite 68–70

1 Kausalsatz: Warum ...? Aus welchem Grund ...? – Konditionalsatz: Unter welcher Bedingung ...? – Finalsatz: Wozu ...? Mit welcher Absicht ...? – Konsekutivsatz: Mit welcher Folge ...? – Konzessivsatz: Trotz welcher Umstände ...? – Temporalsatz: Wann ...? Seit/bis wann ...? Wie lange? – Modalsatz: Wie ...? Auf welche Weise ...? – Adversativsatz: Was passiert im Gegensatz zu ...?

2 Falls/Wenn/Sofern – sodass – Obwohl/Obgleich/Auch wenn – indem *(auch möglich:* wenn)

3 A [...], weil ich gern etwas Schönes aus Holz herstelle. – B [...], weil mein Vater mir immer sagt, dass [...] – C [...], weil mir mein Praktikum in der Zahnarztpraxis sehr gut gefallen hat.

4 a + b A Trotz welcher Gegengründe? obwohl/obgleich/auch wenn – B Warum? weil *(ist hier richtig)* – C Unter welcher Bedingung? falls/wenn/sofern

5 ●●● a + b Mögliche Satzgefüge, die Reihenfolge von Hs und Ns kann abweichen, Konjunktion:
A *Mit welcher Absicht?* Viele junge Menschen [...], damit sie nach der Ausbildung nicht arbeitslos sind. – B *Trotz welcher Umstände?* Obwohl/Obgleich Schülerinnen und Schüler ihre Noten kennen, können sie [...]. – C *Mit welcher Folge?* [...] mit den Schulfächern überein, sodass ein Blick auf das letzte Zeugnis [...]. (auch möglich: *Warum?* Weil/Da berufliche Kompetenzen [...] übereinstimmen, gibt ein Blick [...].) – D *Was passiert im Gegensatz zu ...?* Eine Schulnote bewertet eher das fachliche Wissen, während/wohingegen Arbeitgeber [...].

6 Mögliche Sätze, die Reihenfolge von Hs und Ns kann abweichen, *Konjunktion:*
A (Ns + Hs) *Obwohl* viele Schülerinnen und Schüler sich vor der Berufswahl genau informieren, sind nicht wenige von den tatsächlichen Anforderungen im Beruf überrascht. – (Hs + Hs) Viele Schülerinnen und Schüler informieren sich vor der Berufswahl genau, *trotzdem* sind nicht wenige von den tatsächlichen Anforderungen im Beruf überrascht. – B (Hs + Hs) Eine gute Ausbildung ist wichtig, *denn* man lernt alles für den Beruf Notwendige in Theorie und Praxis. – (Hs + Ns) Eine gute Ausbildung ist wichtig, *weil* man alles für den Beruf Notwendige in Theorie und Praxis lernt.

Seite 71

1 a + b A Wer (was) geht über das Übliche hinaus? S – B Wen (was) bieten wir Ihnen? O – C Wer (was) bekommt Karrierechancen? S – D Wen (was) zeigen Sie uns? O

2 Mögliche Umformulierungen: A Erfahrene Ausbilder berücksichtigen, dass die Bewerber nervös sind und auf ein freundliches Lächeln erleichtert reagieren. – B Selten erhalten Bewerber/-innen Informationen, warum sie nicht zu einem Vorstellungsgespräch eingeladen werden oder den Auswahltest nicht bestanden haben.

Seite 72

1 a + b *Infinitivgruppen,* Hauptsätze:
Anstatt [...] *zu verwenden*, verspricht es mehr Erfolg, *jedes Schreiben* [...]. *Eine Bewerbung zu verfassen*, *ohne* [...] *zu kennen*, ist meist vergebliche Mühe. *Um* [...] *herauszufiltern*, sortieren Personalverantwortliche unpersönliche Standardschreiben aus. Zum guten Stil gehört es, *den Namen* [...].

2 a A Auf Ihre Zustimmung zum Termin hoffend(,) schicken wir Ihnen vorab eine Anfahrtsbeschreibung zu. – B Den Ausbildungsvertrag senden Sie bitte(,) sorgfältig gelesen und unterschrieben(,) an die Personalabteilung.

b A Weil wir hoffen, dass Sie dem Termin zustimmen, schicken wir Ihnen vorab eine Anfahrtsbeschreibung zu. – B Senden Sie bitte den Ausbildungsvertrag, nachdem Sie ihn sorgfältig gelesen und unterschrieben haben, an die Personalabteilung.

Seite 73

1 A Meine Schullaufbahn, die ich durch Überspringen der Klasse 7 verkürzt habe, beende ich mit der Allgemeinen Hochschulreife. *(oder)* Meine Schullaufbahn, die ich mit der Allgemeinen Hochschulreife beenden werde, habe ich durch Überspringen der Klasse 7 verkürzt. – B In Französisch werde ich die DELF-Prüfung ablegen, die ich voraussichtlich mit dem Zertifikat B1 abschließen werde. – C Die Grundkenntnisse in der IT-Anwendung, die ich im Informatikkurs erworben habe, umfassen neben Programmen zur Textverarbeitung auch die Tabellenkalkulation. *(oder)* Die Grundkenntnisse in der IT-Anwendung, die neben Programmen zur Textverarbeitung auch die Tabellenkalkulation umfassen, habe ich im Informatikkurs erworben.

2 a + b [...] an Austauschprogrammen, die in der Mittelstufe stattfanden, [...]. [...] Offenheit und Flexibilität gewonnen, welche ich gern in eine Ausbildung einbringen würde. Über eine Ausbildungsphase, die mich in eine Ihrer internationalen Niederlassungen führt, würde ich mich freuen.

3 die / ~~wo~~ – ~~das~~ / wo – die / ~~wo~~

●●●

Seite 74

1 a [...] Es hat mich darin bestärkt, mich in Ihrem Haus für eine Ausbildung zur Bankkauffrau zu bewerben. [...] Mein Wunsch, für eine Bank tätig zu werden, wurde bereits vor Jahren geweckt.
b Mögliche Antwort: Es handelt sich um eingeleitete Infinitivgruppen („es" bzw. „Wunsch"), sodass ein Komma stehen muss.

2 a Den Ausschlag für mein Interesse gab ein zweiwöchiges Praktikum bei der Kreissparkasse. Das Praktikum ermöglichte mir erste Einblicke in den Schalterbetrieb und die internen Abläufe einer Bank.
b A [...] Es ermöglichte mir erste Einblicke in den Schalterbetrieb und die internen Abläufe einer Bank.
B Den Ausschlag für mein Interesse gab ein zweiwöchiges Praktikum bei der Kreissparkasse, das/welches mir erste Einblicke in den Schalterbetrieb und die internen Abläufe einer Bank ermöglichte.

3 a Fachlich [...], weil ich habe besonders in Mathematik sehr gute Noten. [...] Auf meine Mitarbeit [...], weil er zeigt meine Bereitschaft, Verantwortung zu übernehmen.
b Im Nebensatz steht die Personalform des Verbs am Schluss.

4 Mögliche Verbesserung: Der gute Ruf Ihres Geldinstituts motiviert mich, weil er besonders auch die Qualität der angestrebten Ausbildung betrifft. Gern würde ich den bisher schulisch gezeigten Ehrgeiz nun auch beruflich unter Beweis stellen.

●●●

Seite 75

Teste dich! – Satzgefüge

1 A + c – B + e – C + a – D + f – E + b – F + d — 6 Punkte

2 Nachdem Julius sein Bewerbungsschreiben eingeworfen hatte, fiel ihm auf, dass er vergessen hatte, seinen Text auf Rechtschreibfehler durchzusehen. Obwohl er in Rechtschreibung nicht sicher war, fiel das nicht weiter ins Gewicht, da sein Brief falsch adressiert war und deshalb wieder zurückkam. Ihm wurde erst endgültig klar, wie viel Glück er hatte, als ihm beim Öffnen des Briefes auffiel, dass das Zeugnis, das er beigelegt hatte, das seines Bruders war. Julius nutzte seine zweite Chance und brachte alles in Ordnung, bevor er die Bewerbung erneut in den Briefkasten warf. Tatsächlich bekam Julius den gewünschten Ausbildungsplatz als pharmazeutisch-technischer Assistent, der besondere Sorgfalt und gewissenhafte Dokumentation erfordert. — 12 Punkte

3 Subjektsatz: B – Adverbialsatz: C – Relativsatz: A, G, I – Objektsatz: F – Partizipialgruppe: E – Infinitivgruppe: D, H — 9 Punkte

Insgesamt zu erreichende Punktzahl: 27 Punkte

Was kann ich schon? – Rechtschreibung

Seite 76–77

1 a + b Beim Rechtschreiben hilft kein Raten. Vielmehr sollte zunächst ein genaues Lesen der Regeln erfolgen. Nach dem Studieren der Regeln gilt es, Gelerntes in Ruhe anzuwenden und Unklares im Wörterbuch nachzuschlagen. Wenn ihr Gleichaltrigen Regelhaftes erklärt, haben alle eine gute Übung. Das Anlegen einer Rechtschreibkartei bzw. das Klären der eigenen Fehlerschwerpunkte ist außerdem sinnvoll. — 14 Punkte

2 Nominalisierung: B, C, E, H – keine Nominalisierung: A, D, F, G. — 8 Punkte

3 a + b A das **A**lte Testament – B die **B**laue Grotte – C das **S**chwarze Meer – D der **B**erliner Lyriker – E das Drama der **W**eimarer Klassik – F der **E**rste Weltkrieg — 12 Punkte

4 A getrennt schreiben – B zusammenfassen – C auswendig lernen – D haften bleiben / haftenbleiben – E richtig schreiben — 5 Punkte

5 A blau machen – B blaumachen – C richtigliegen – D richtig liegen – E richtigstellen – F richtig stellen — 6 Punkte

6 A Bestes 4 (sein Bestes, das Beste) – B Lob 4 (ein Lob, nettes Lob) – C äußerlich 2 (äußerlich = außen) – D dass 3 (Konjunktion, denn *welches* passt nicht) – E einleuchtend 1 (einleuchtende) – F das 3 (Relativpronomen, denn *welches* passt) – G Spaß 4 (viel Spaß, der Spaß) – H reißt 1 (reißen) – I Public Relations 5 (Anglizismus: Öffentlichkeitsarbeit, Werbung) — 9 Punkte

Großschreibung: Nominalisierungen

Seite 78–79

1 a A [...] – Schreiben durch das Diktieren von Texten trainiert. B Im Allgemeinen galt: C Der Text wurde als Erstes zusammenhängend vorgelesen. D Danach wurde der einzelne Satz als Ganzes vorgelesen [...], – Fragen war nicht erlaubt. E Bei Nichtmitkommen ließ [...]! F Zum Schluss sollte deutliches und langsames Vorlesen des gesamten Textes Zeit zum Ergänzen und Überarbeiten geben.
b Mögliche Erweiterungen: Satz A: das (mehrfache) Schreiben – Satz D: (das/ein/langes) Fragen

2 d/Diktierens – (etwas) g/Gehörtes – m/Mitschreiben – e/Einfaches – v/Verrückte – (etwas) f/Fehlerhaftes – n/Nötigsten – n/Nachdenken – s/Schreiben – u/Ungewohnte – s/Stehen – i/Irritierend – k/Korrigieren – b/Blamabelste – m/Mitschreiben – s/Sitzen – a/Ab und z/Zu – ü/Üben – (etwas) g/Geschriebenes – k/Kennen – s/Schreiben, k/Kontrollieren und ü/Überarbeiten.

3 ●●● Mögliche Begründung: „ab und zu" = adverbiale Wendung, im Satzzusammenhang kein Nomenbegleiter, darum keine Nominalisierung. „üben"= Grundform des Verbs, ergänzend zum Modalverb „kann". „Geschriebenes" kann im Satz durch das (Indefinit-)Pronomen „etwas" ergänzt werden = Nominalisierung. Im letzten Satz vier nominalisierte Verben: „Kennen" mit Nomenbegleiter „genaues" (Adjektiv als Attribut), „Schreiben", „Kontrollieren" und „Überarbeiten" erkennbar am gemeinsamen Nomenbegleiter „beim" (Präposition + Artikel).

4 a + b Achtung! Sichtschneise für die Hafenmündung – (das) **A**bstellen von Fahrzeugen, (das) **L**agern und (das) **Z**elten sind **h**afenpolizeilich (Adjektiv) verboten.

5 a + b A Die Tiere sind nicht zum **S**treicheln oder **F**üttern da! (Nominalisierung von Verben, Nomenbegleiter „zum" [zu dem]) – B Vorsicht vor **b**issigen Hunden! (Adjektiv als Attribut, Kleinschreibung) – C Auf dem gesamten Schulgelände ist **R**auchen verboten. (Nominalisierung eines Verbs, Ergänzungsprobe Nomenbegleiter z. B. „das") – D Bitte benutzen Sie nur die **a**usgeschilderten Wege. (Partizip als Attribut, Kleinschreibung) – E Vor **A**bbiegen bei **R**ot STOPP an der Haltelinie. (Nominalisierung eines Verbs, Nomenbegleiter „Vor"; Nominalisierung eines (Farb-)Adjektivs, Ergänzungsprobe Nomenbegleiter z. B. „strahlendem"). – F Das **S**chwimmen im See erfolgt auf eigene Gefahr. (Nominalisierung eines Verbs, Nomenbegleiter „das") – G Ein **B**etreten des Privatgeländes ist untersagt. (Nominalisierung eines Verbs, Nomenbegleiter „Ein") – H Porzellan bitte nicht **a**nfassen. (Verb, Kleinschreibung)

6 ●●● Mögliche Schilder: Beim Trinken das Schlucken nicht vergessen! – Heute nichts Lustiges verpassen! – Feste gern durch Singen verschönern! – Die Fairness beim Ballspielen nicht vergessen! – Es lebe das Ausschlafen!

Seite 80

1 chinesische Papierproduktion seit erstem Jahrhundert nach Christus – Papier ab 800 von Arabern ins frühmittelalterliche Europa gebracht – europäische Papiermühlen bald nach der ersten Jahrtausendwende – Beispiel: spanische Mühlen zur Papierproduktion ab 1074 – Verbreitungsraum: das Heilige Römische Reich Deutscher Nation – 1450 Mainzer Buchdruckerei – Frankfurter Reichstag 1454: Verkauf von Gutenberg-Bibeln – Brief des kaiserlichen Kanzleisekretärs an spanischen Kardinal Juan de Cavajal über „gutenbergische Produkte" – religiöse Schriften gewöhnlich in lateinischer Sprache – lutherische Bibelausgabe 1534 – neu: die Heilige Schrift in deutscher Sprache – Grundlage der Übersetzung: mitteldeutsche sächsische Kanzleisprache

2 ●●● Straßburger Zeit – Mainzer Fragment – mittelalterlichen Dichtung – (das) Jüngste Gericht – Mainzer Ablassbriefe – (die) Schulgrammatik des Donatus – (ein) astrologisches Blatt – lateinische Gutenberg-Bibel

Seite 81

Teste dich! – Groß- oder Kleinschreibung?

1 Nominalisierungen schreibe ich **groß.** Ich erkenne sie an ihren **Begleitwörtern:** A ein Artikel – B ein Pronomen – C ein Adjektiv – D eine Präposition *(bei + Artikel).* — 6 Punkte

2 A Wenn ein Adjektiv [...], wird das Adjektiv in der Regel **kleingeschrieben,** z. B. im alten Jahr. – B In mehrteiligen Eigennamen [...], schreibt man alle Wörter **groß,** mit Ausnahme der **Artikel, Konjunktionen** und **Präpositionen,** z. B. die **V**ereinigten **S**taaten von **A**merika. – C Die von geografischen Namen abgeleiteten Wörter auf -er schreibt man immer **groß,** z. B. das **B**onner Münster. – D Die von Namen (z. B. geografischen) abgeleiteten Adjektive auf *-isch* werden **kleingeschrieben,** z. B. der **chi**nesische Mönch. 12 Punkte

Insgesamt zu erreichende Punktzahl: **18 Punkte**

Getrennt- und Zusammenschreibung

Seite 82–85

1 dagegen sein, Netzgemüse nennt, Wissen unterstellt, Internetsurfen, aufgewachsen sein, Freundefinden, dabei sein, Fragen stellen, Antwort hoffen, Hausaufgabenschreiben, Zähneputzen

2 ●●● a + b [...], die Augen würden beim Lesenleiden (Lesen leiden). Beim Bücherlesen wohlgemerkt! [...] Stellungnehmen (Stellung nehmen) und sich im Internet verteufeln (Internetverteufeln) überbieten, [...]. Neues kann erst einmal Angstmachen (Angst machen). [...] im Verbotsuchen (Verbot suchen), [...], wenn wir im Internetsurfen (Internet surfen).

3 Diese Wortgruppen sind nominalisiert: (einem) Kennenlernen, (das) Sprechenüben, (das) Verstehenkönnen

4 a + b konzentriert einarbeiten, leichtfallen, anschaulich gestalten, näherbringen, ruhig sprechen

5 Getrennt schreibt man A und D, zusammen B, C und E.

6 ●●● A zusammenbleiben (zusammen) – B zusammen entscheiden (getrennt)

7 a Nicht trennbare Verbindungen: hinterfragen, überlegen, übernehmen, unternehmen, überdenken, unterlassen
b Mögliche Sätze mit trennbaren Verbindungen in Zusammenschreibung: Während eines Vortrags sollte man nicht nachfragen *(Infinitiv)*. – Kluge Redner reagieren nicht nachtragend *(Partizip I)* auf Störungen. – Geht es beim Vortrag um Praktisches, wird dies am besten vorgemacht *(Partizip II)*. – Ein Meinungsbild erhält man, wenn das Publikum abstimmt *(Endstellung im Nebensatz)*.

8 ●●● A blaumachen – B rotsehen – C schwarzfahren – D freistellen – E leichtfallen – F krankschreiben – G festnageln – H gutmachen

9 ●●● a + b A glauben machen, sammeln können – B da sein – C festlegen, vollbringen – D hervorheben, weiterhelfen, weitergeben – E nachgehen, (eingeschränkt) einschränken, unterstützen, (aufnimmt) aufnehmen

Seite 86

Teste dich! – Getrennt- oder Zusammenschreibung?

1 A (zu) schätzen wissen – B leichtfallen – C Gut vortragen, hinhören – D haften bleiben – E wiedergeben 6 Punkte

2 a + b + c (a = 12 Punkte; b = 2 Punkte; c = 4 Punkte) 18 Punkte
Stellung nehmen – überdenken – unterstützen – leid sein – überflutet – Textlesen – Bilderanschauen – schwerfallen – schwertun – Eindruck hinterlassen – herumdrücken – feststellen

Insgesamt zu erreichende Punktzahl: **24 Punkte**

Strategien zur Vermeidung von Rechtschreibfehlern

Seite 87–88

1 heute → kein verwandtes Wort mit au – deutlich → kein verwandtes Wort mit au – Fäustling → Faust – häuten → Haut – Reue → kein verwandtes Wort mit au – säuberlich → sauber – Gemäuer → Mauer – gemäßigt → Maß

2 A Lähm | ung → lähmen, lahm – B Rück | nahme → nehmen – C Bohr | maschine → bohren – D Ohn | macht → ohne – E Sehn | sucht → sehnen – F Fuhr | park → fahren – G gefühl | los → fühlen – H Ohr | wurm → Ohren – I sahn | ig → Sahne

3 leih | weise → leihen – Droh | brief → drohen – Seh | test → sehen – Kuh | milch → Kühe – Geh | hilfe → gehen – reih | um → Reihe

4 **t/d:** Fremd | sprache → fremder – heid | nisch → Heiden – berat | schlagen → beraten – Unterscheid | barkeit → unterscheiden; **k/g:** Merk | wissen → merken – Steig | eisen → steigen – Lug und Trug → lügen und (be)trügen – kalk | haltig → (ver)kalken, haltiger, Pflug | schar → pflügen; **p/b:** Hup | konzert → hupen – Lob | lied → loben – Kleb | stoff → kleben – hieb- und stichfest → Hiebe – Pump | station → pumpen; **ß/s:** Heiß | getränk → heißer –

Brems | weg → bremsen – Spaß | gesellschaft → spaßig – eingespeis | t → einspeisen – Gleis | bett → Gleise

5 A den Komparativ/die Steigerung –
●●● B Infinitiv

6 Endausscheidung (am Ende) – endlich (am/mit Ende) – endlos (ohne Ende) – entstauben – endgültig (bis zum Ende, unwiderruflich) – Entwirrung – Endreim (Reim am Ende des Verses) –Endsilbe (Silbe am Ende) – entkalken – enttäuschend

Seite 89

7 18-j/~~J~~ährige – das l/~~L~~ernen – alle ~~a~~/Abschlüsse – (viel) ~~e~~/Englisch – (etwas) ~~d~~/Deutsch – (das) ~~v~~/Verstehen – n/~~N~~ett – k/~~K~~omisch – (das) ~~p~~/Pünktlichsein – (die) ~~r~~/Regeln – m/~~M~~anche – (viel) ~~a~~/Abwechslungsreiches – (etwas) ~~s~~/Schönes – d/~~D~~azu

8 a Schlakzeug – get – Läuten – Heimatlant – Naost – gefärlich – lernen und leben – Reisbrett – überraschent – heuslich – gipt – neues – radlos – vokabellernen
●●● b A Leuten, Nahost, gefährlich, häuslich, gibt – B Heimatland, Reißbrett, überraschend, ratlos – C Lernen, Leben, Neues, Vokabellernen

„das" oder „dass"?

Seite 90

1 **Im ersten Nebensatz** kann „das" durch „welches" ersetzt werden: Das Auslandsjahr, welches sich so viele junge Menschen wünschen, verläuft für viele etwas anders als erwartet. – **Im zweiten Nebensatz** wird die Frage „Was (darf man nicht vergessen)?" beantwortet. Es handelt sich um einen Objektsatz, der mit der Konjunktion „dass" eingeleitet wird.

2 A das – B dass – C dass – D dass – E das

3 a + b Relativpronomen und Bezugswort: Austauschschülerinnen [...] im Gastland, das [...], *richtig:* dass – All das Neue, das
●●● zu erleben [...] – Auch Heimweh ist ein Problem, dass von vielen [...], *richtig:* Auch Heimweh ist ein Problem, das [...] – [...] sich bewusst, dass ein Jahr [...]. Ein Telefonat, dass man [...], *richtig:* Ein Telefonat, das man [...] – Das sie es [...], *richtig:* Dass sie es [...]

Im Wörterbuch nachschlagen: Fremdwörter und Fachbegriffe

Seite 91–92

1 a + b A Hinweis zur Aussprache – B Herkunft des Fremdworts – C Genus/Artikel – D Genitiv im Singular *(Endung)* – E Nominativ im Plural *(Endung)* – F inhaltliche Bedeutung(en) des Fremdworts

2 a Blamage – Freak – Looping – Rhabarber – Leichtathletik – Psychologie – Portemonnaie/Portmonee
b Portemonnaie, Portmonee

3 A Graphik, Grafik – B Atmosphäre – C Orthografie, Othographie – D Photokopie, Fotokopie – E Metapher

4 a + b (Verbesserungen): Auch wenn man den euforischen (euphorischen) Berichten anderer Schülerinnen und Schüler von einer Phase voller Higlights (Highlights) und Parties (Partys) nicht immer uneingeschränkt glauben kann, bietet die Scala (Skala) der Erfahrungen im Ausland doch vielfältige Nuancen. So erleben die meisten Jugendlichen die Generosität der Gastfamilien und die gute Atmosfähre (Atmosphäre) äußerst positiv. Das schulische Systhem (System), z. B. amerikanischer Highschools, bietet diverse Möglichkeiten, auf individuellem Nivau (Niveau) zu lernen und ein gutes Feedback zu bekommen. Man lernt die Fremdsprache offensif (offensiv) beim Sprechen, aber um Vokabeln nicht falsch oder mit fehlerhafter Konotation (Konnotation) zu lernen, sollte man es bei Iritationen (Irritationen) präferieren, in einem Wörterbuch nachzuschlagen. Junge Menschen sammeln im Gastland Routiene (Routine) im Umgang mit einer fremden Kultur und coolen Hobbies (Hobbys). Jede Bewerbung profitiert, wenn die Biografie einen Auslandsaufenthalt aufweist.

5 a + b A Gedichtanalyse: Untersuchung eines Gedichts – B Antonym: Wort mit gegenteiliger Bedeutung – C Euphemismus:
●●● Beschönigung eines Sachverhalts – D Anapher: Wiederholung eines oder mehrerer Wörter an Satz- oder Versanfängen – E Hypotaxe: Satz, der als Haupt- und Nebensatz verknüpft ist – F rhetorische Frage: nur scheinbar gestellte Frage, auf die keine Antwort erwartet wird, da diese offensichtlich ist – G Sonett: Gedicht, bestehend aus 14 Versen, die sich auf zwei Strophen mit vier und zwei Strophen mit drei Versen verteilen – H Pointe: sinngebende, meist überraschende Kernstelle z. B. einer Erzählung oder eines Witzes

Texte überarbeiten

Seite 93

1 Abentäuer (A: – → Abenteuer) Auslandsjahr
Ein Jahr in einem anderen Lant (V: Länder → Land) bietet vielfeltige (A: Vielfalt → vielfältige) Erlepnisse (V: leben→ Erlebnisse) und Eindrücke. Grundsetzlich (A: Grundsatz → grundsätzliche) muss [...] für neues (N: [etwas] Neues) sein. Wer [...] und Geschenisse (A: geschehen → Geschehnisse) in der Fremde [...] es passiert vielen, das (W: ~~welches~~ → dass) sie dann ungehäuer (A: – → ungeheuer) endtäuscht (V: ~~Ende~~ → enttäuscht) reagieren. [...] auf die Reise geht, wird neues (N: [etwas] Neues) höchstens erstaunen (N: [großes] Erstaunen) und überraschung (N: [einige] Überraschung) hervorrufen, aber [...] Das gute (N: das Gute) ist, dass [...], ganz gleichgültik (V: gleichgültiger → gleichgültig), wohin in der Welt man sich begipt (V: begeben → begibt). Natürlich wird das kennenlernen (N: *das* Kennenlernen) nicht immer leichtfallen. Das größte Problem ist heufig (A: haufenweise → häufig) [...] sich nicht schäut (A: – → scheut), [...] mit Händen und Füßen zu verstendigen (A: Verstand → verständigen) [...] Wer etwas Stevermögen (A: stehen → Stehvermögen) hat, wird ein Jahr im Auslant (V: Ausländer → Ausland) sicher nicht beräuen (A: Reue → bereuen).

2 Wer [...], muss wissen, das (dass) damit [...] Probleme einhergehen können. Man muss [...], dass man [...] führen kann, dass (das) man schon [...] kennt. Die Herausforderung ist, [...], dass (das) stets aufs Neue passieren kann. [...] ein Problem auf, das sich [...]. Man kann darauf vertrauen, das (dass) die Menschen [...], kann hoffen, dass er vorwiegend gute Erfahrungen machen wird.

Seite 94

Teste dich! – Strategien zur Fehlervermeidung anwenden

1	(beim) Schreiben – (das) Befolgen – ratsam – scheuen – (bis ins) Einzelne – (das/zügiges) Überarbeiten – wichtig – schlussendlich	8 Punkte
2	A dass – B dass – C das (welches) – D dass – E 2 x dass	6 Punkte
3	a + b A Philosophie, Antithese – B Souvenir, Ingenieur – C Shampoo, Toilette	12 Punkte
	Insgesamt zu erreichende Punktzahl:	**26 Punkte**

Zeichensetzung

Seite 95–96

1 a + b A [X] Klassenfahrten nach Berlin, München, Hamburg oder Dresden haben häufig ein vielseitiges kulturelles Programm, aber dieses ist nicht selten auch anstrengend.
B [X] Meist werden Museen und Sehenswürdigkeiten besichtigt, vor Ort tragen Einzelne dann Referate vor.
C [X] Die Exkursionen sind informativ, denn man erfährt auf anschauliche Weise Neues.
D [ ] Allerdings wird dabei manchmal die Entspannung vergessen(,) oder man denkt nicht an eine Pause.
E [X] Bei schönem Wetter müssen Referate nicht in einem Raum vorgetragen werden, sondern sie können auch im Park oder an einem See gehalten werden.
c **Erklärung:** In Satz D kann das Komma entfallen, weil die Konjunktion **oder** verwendet wurde.

2 a Hauptsatz: Wir möchten, [...], unsere freie Zeit auch nutzen dürfen, [...].
b A ~~vorangestellten~~ / eingeschobenen / ~~nachgestellten~~ – B ~~vor~~ / ~~zwischen~~ / hinter

3 a – c Hauptsatz, Nebensatz, *Konjunktionen*, Relativpronomen: **Pavel:** Durch das Jugendschutzgesetz ist schon das Alkoholverbot geregelt, *damit* es von allen eingehalten wird, *wohingegen* in keinem Gesetz etwas gegen Shopping steht, *sodass* ich selbst über meine Freizeit und mein Taschengeld verfügen möchte.
Marie: Genau! Schließlich haben wir während der Schulwoche kaum Gelegenheit zum Shoppen, *da* der Nachmittagsunterricht und die Hausaufgaben unsere ganze Zeit beanspruchen und am Wochenende häufig Turniere oder Spiele mit dem Verein stattfinden, *die* auch Zeitfresser sind.
Ekatherina: *Weil* Shopping wetterunabhängig ist, eignet es sich sehr für eine Klassenfahrt, *die* auch Regentage haben kann. Obwohl ich selbst nicht so häufig shoppen gehe, möchte ich gern [...] ein Mitbringsel besorgen, *während* ich selbst nicht unbedingt etwas Gekauftes als Erinnerung an diese Fahrt brauche. Es gibt ja viele Fotos!

4 ●●● a + b **Felix:** Ein Shoppingverbot fände ich gut, denn[ ] Shoppen ist keine Entspannung, sondern[ ] bedeutet Stress. Ich weiß genau, wer schon während der Stadtführung nur guckt, wo es die coolsten Läden gibt. Es stört mich ziemlich, wenn dann irgendwann alle nur noch vom Shoppen reden. Manche sind dann so im Rausch dass[ ] sie die Zeit vergessen und sich beim Bummeln so verspäten, dass alle anderen warten müssen oder sie sogar die Gruppe verlieren. Außerdem entsteht hinterher immer Konkurrenz, wer das coolste neue Outfit hat. Aber nicht jeder verfügt über genug Geld zum Einkaufen, zumal schon die Klassenfahrt teuer ist.

Seite 97

1 Turnschuhe haben [...] einen Auftrieb erlebt, anstatt in der Mottenkiste zu verstauben. Statt die Modelle aus den 1980er- oder 1990er-Jahren zu verändern, legen Schuhlabels [...]. Der Akzent liegt auf Sportlichkeit, ohne den Fuß plump wirken zu lassen. Schlichte, flache Sneakers in Weiß zu tragen, ist nicht [...]. [...] sind Farbtupfer erkennbar, um ein bisschen aufzufallen. [...] diejenigen, denen es gelingt, am Verkaufstag die Schnellsten zu sein. Um am nächsten Morgen als Erste das begehrte Modell zu ergattern, übernachten [...]. Statt vom Markt zu verschwinden, ist er zu jeder Zeit ein Allrounder für alle.

2 Ich freue mich jeden Tag aufs Neue, in meine abgetragenen Lieblingsschuhe steigen zu können.

●●●

3 Sneakers, zumal zum dunklen Anzug getragen, sind für manche Modeexperten ein Fauxpas. Vom Stoff farblich auffallend abgesetzt, so nehmen sie dem Erscheinungsbild die Eleganz.

Seite 98

1 a + b Apposition, nachgestellte Erläuterung: In den Industrieländern landet unendlich Vieles, nicht wenig davon unnötig, im Müll. Die Stiftung „Repair Café" will daran etwas ändern, und zwar mit Unterstützung ehrenamtlicher Helfer. An vielen Orten weltweit haben sich Gleichgesinnte zusammengefunden, um selbstlos, nämlich ohne Gewinn erzielen zu wollen, Treffpunkte einzurichten. Diese heißen „Repair Café" und dort reparieren ehrenamtliche Mitwirkende, ausgestattet zum Beispiel mit Schraubendrehern oder anderem Werkzeug sowie soliden Fachkenntnissen, defekte Toaster oder Fahrräder, und zwar kostenlos. Manchmal fehlt nur ein kleines Ersatzteil, zum Beispiel eine Abdichtung oder ein Ventil, und bei der Reparatur lernen die Laien, es selbst zu machen. Die Nutzer des Angebots, also die Eigentümer der defekten Geräte, erklären sich schriftlich damit einverstanden, dass mit der Reparatur keine Haftung verbunden ist. Wer selbst ein „Repair Café" eröffnen will, kann sich auf der Website der Stiftung, nämlich *www.repaircafe.org*, über die Möglichkeiten informieren.

2 ●●● Mögliche erweiterte Sätze: A Man muss die sich immer schneller drehende Konsumspirale, kaputt – weg – neu, verlangsamen. – B Es gilt, den Willen zu Erhalt und Pflege von Alltagsgegenständen, z. B. von Fahrrädern oder Handys, zu erhöhen. – C Erwachsene müssen auf ihre Glaubwürdigkeit, z. B. in Fragen des Umweltbewusstseins, achten, denn sie werden genau beobachtet, vor allem von Jugendlichen, die ihre Eltern und Lehrkräfte beim Wort nehmen. – D Ideen für Nachhaltigkeit, und zwar auch durch Müllvermeidung, sind willkommen.

Seite 99

1 a Mögliche Antwort: Die eckigen Klammern bedeuten, **dass ein Teil des wörtlichen Zitats ausgelassen wurde.**

b „Ein Factory-Outlet-Center ist eine Sonderform des großflächigen Einzelhandels", sagte der Experte zu Beginn unseres Gesprächs. [...] namhafter Marken, die „Textilien [...] direkt ab Fabrik verkaufen, die man sonst in der Innenstadt im Einzelhandel kauft". [...] Die in Medien häufig gestellte Frage ‚Veröden die Innenstädte?" spiegelt die Befürchtung, [...], die festlegen, „was wo" gebaut werden darf. Diese folgen dem sogenannten „System der zentralen Orte", [...] im Jahr 1997 Folgendes beschlossen: „FOC sind [...] nur in Oberzentren/Großstädten an integrierten Standorten in stadtverträglicher Größenordnung zulässig." Darum werden Anträge zum Bau eines FOC abgelehnt, wenn diese „nicht im Bereich zur Versorgung eines zentralen Ortes" liegen. [...]

2 ●●● Mögliche Zusammenfassung/wörtliche Zitate: In Duisburg ist ein Factory-Outlet-Center mit einer Verkaufsfläche von 125 000 qm, zuzüglich Stellplätzen für 2 000 Pkw, geplant. Es soll „Designer-Outlet-Village" heißen (Z. 1). Gebaut werden solle es auf dem Gelände einer Wohnsiedlung, der „Zinkhüttensiedlung, einem traditionsreichen Arbeiterviertel der Ruhrgebietsstadt" (Z. 3 f.). Die Bewohner der Häuser wurden nicht über die Pläne informiert, ein Mieter beklagt: „Sitten wie im Mittelalter" (Z. 7).

Seite 100

1 a + b **Sara:** Mode ist für mich etwas Normales. Meine Kleidung soll alltagstauglich sein, vor allem bequem, deshalb trage ich in der Schule Sneakers. Highheels mag ich gar nicht, denn, (1) ich bin ein eher sportlicher Typ, den ich nicht verstecken möchte, sondern unterstreichen. In meinem Outfit will ich mich wohlfühlen, besonders an einem langen Schultag, an dem man ja überwiegend, (1) auf harten Stühlen herumhockt. Dazu gehören für mich Jeans, die aber nicht immer blau sein müssen. Mit einem Shirt oder Kapuzenpulli, (1) kombiniert, ist es kein auffälliger Style, eher ein zurückhaltender, aber auch Lässigkeit signalisierender. Sogar Victoria Beckham, häufig mit extremen Highheels fotografiert, rät im Online-Magazin **„**Net-a-Porter**"**(2) ihren Leserinnen: **„**Trauen Sie sich an flache Schuhe. Es wäre selbst mir unmöglich, in Highheels meinen Kindern hinterherzujagen oder damit ständig in meinem Londoner Studio herumzulaufen.**"**(2) – **Ron:** Mode, (1) ist für mich etwas ganz Individuelles, das meine Persönlichkeit zum Ausdruck bringt. Ich bin an der ganzen Schule, (1) für meinen eigenwilligen Kleidungsstil bekannt, den ich alle paar Wochen ändere, und zwar, (1) auf überraschende Weise. Ich lasse mir in dem Bereich, (1) von niemandem etwas vorschreiben, auch wenn, (1) „meine Eltern" (2) immer „sagen" (2): **„**Junge, wie du wieder aussiehst!**"**. Ich mag, (1) so einen künstlichen Look, da dürfen auch mal meine Tattoos, alles chinesische Schriftzeichen, deren Übersetzung ich genau kenne, (1) und die eine besondere Bedeutung für mich haben, zu sehen sein. Haarfarbe und -schnitt ändern sich entsprechend dem Look, ob cool, in Schwarz oder hippiemäßig, nämlich knallbunt. Da ich Brillenträger bin, achte ich auch da auf unterschiedlich Modelle, (1) und Gestellfarben. Wenn ich Lust dazu

habe, trage ich Ringe oder Armbänder, manchmal, (1) lehne ich Schmuck komplett ab, weil, (1) er mir dann zu überladen scheint.

2 Passende Hinweise für Sara sind B, C und F. Für Ron passen die Hinweise A, C, D, E und G.

Seite 101

Teste dich! – Zeichensetzung

1 A + 3 – B + 4 – C + 5 – D + 1 – E + 2 — 5 Punkte

2 a + b Eine weitere Inspirationsquelle, um Mode zu entwerfen, kann Hollywood sein. Läuft im Kino ein großer Blockbuster, zum Beispiel ein aufwändiges Kostümdrama mit einem hohen Staraufgebot, können sich Modeschöpfer davon beeinflussen lassen(,) und die Looks der Designer [...]. Heutzutage spielt das Internet, eine hervorragende Plattform für Modeblogs, eine nicht unerhebliche Rolle für neue Trends. — 8 Punkte

3 Der Designer Guido Maria Kretschmer schreibt in seinem Buch „Anziehungskraft“ (2013) ein Kapitel zu der Frage **„**Wie entstehen eigentlich Trends**?“** Da es auffällig sei, dass es oft ähnliche Looks (...) zu sehen gebe, frage man sich zu Recht **„**Ist das Zufall oder Absicht**?“**, so Kretschmer. Er selbst verneint [...] mit den Worten: **„**Diese großen Kreativ-Egos kämen vermutlich nie auf einen Nenner**!“** Kretschmer schreibt weiter: **„**Meine Inspiration für neue Kollektionen [...] Menschen im täglichen Leben.**“** — 4 Punkte

Insgesamt zu erreichende Punktzahl: — 17 Punkte

Lösungen: Übungen für einen Abschlusstest

Seite 102–111

1 Richtig ist Antwort B. — 1 Punkt

2 Richtig sind die Antworten B, C und E. Falsch sind die Antworten A, D und F. — 6 Punkte

3 Richtig ist Antwort D. — 1 Punkt

4 Richtig ist Antwort B. — 1 Punkt

5 Richtig ist Antwort A. — 1 Punkt

6 Richtig ist Antwort C. — 1 Punkt

7 Zu verbinden sind A + c – B + a – C + b. — 3 Punkte

8 Mögliche Antwort: Die „Goldfisch-Theorie“ bedeutet, das Außerirdische/Goldfische und Menschen in völlig verschiedenen Welten leben und sich nicht füreinander interessieren. — 4 Punkte

9 Richtig sind die Antworten C, D und E. Falsch sind die Antworten A und B. — 5 Punkte

10 „Zumeist aber entpuppten sich vermeintliche fliegende Untertassen als Wetterballons, Satelliten, Meteoriten oder eben geheime Spionage- und Flugzeugprojekte.“ (Z. 76–79) — 1 Punkt

11 Richtig ist Antwort B. — 1 Punkt

12 Richtig sind die Aussagen A, C und F. Falsch sind die Aussagen B, D und E. — 6 Punkte

13 Richtig ist Antwort B. — 1 Punkt

14 Mögliche Begründung: Elin deutet den letzten Satz richtig, denn ein Alien/grünes Männchen empfindet „der Lust Verwandtes“ (Z. 49), wenn Menschen sich gegenseitig Schmerz zufügen. — 3 Punkte

15 Richtig ist Antwort D. — 1 Punkt

16 Richtig ist die Antwort C. — 1 Punkt

17 den Menschen (D), ungewissen Zukunft (D), des sogenannten Kalten Krieges (G), des Konfliktes (D), dem Ostblock (D), der Invasion (D), fremder Mächte (G), überlegener Technologie (G), seelenlosen Wesen (D), der politischen Situation (G), des Motivs (G), der Übernahme (G) — (je 0,5 Punkt) 6 Punkte

18 Mögliche Umformungen: Es gibt auch Filme, in denen die Hoffnung auf eine Verständigung mit Aliens geäußert wird./ In manchen Filmen wird die Hoffnung auf eine Verständigung mit Aliens geäußert. — 1 Punkt

19 Der Film „Contact“ (USA 1997) ist eine Ausnahme innerhalb des Genres, denn in ihm kommt es zu einer positiven Begegnung mit Aliens. — (Satzreihe: 1 Punkt, Umformung: 1 Punkt) 2 Punkte

20 „Wenn wir die Einzigen im Universum sein sollten, wäre das eine ziemliche Platzverschwendung.“ — 2 Punkte

21 A Die Cutterin schnitt das Filmmaterial, nachdem die Crew die letzte Aufnahme gedreht hatte. 2 Punkte
B Nachdem der Film einen Oscar erhalten hatte, feierte die Film-Crew die Auszeichnung.

22 E während – C obwohl – D weil – B nachdem – A denn 5 Punkte
Mögliche Sätze: A Der Plot des Film-Klassikers „E. T. – Der Außerirdische" ist schnell erzählt, denn er ist sehr schlicht. – B Elliot findet ein merkwürdiges Wesen, nachdem es versehentlich auf der Erde zurückgelassen wurde. – C Obwohl der Außerirdische ihnen zuerst Angst einjagt, wollen Elliot und seine Geschwister ihm helfen. – D Die Kinder verstecken ihn, weil die Erwachsenen nichts davon erfahren dürfen. – E E. T. kann nur auf seinem Heimatplaneten überleben, während er auf der Erde bald sterben muss.

23 (je verbesserten Fehler 0,5 Punkte) 10 Punkte
G = Großschreibung, ZG = Zusammen-/Getrenntschreibung, N = Nomenbegleiter: **Fantasie wecken** (ZG: Nomen + Verb) – (zum) **Nachdenken** (G: nominalisiertes Verb, N: Präposition) – **niedergeschrieben** (ZG: Adverb + Verb) – **Problem arbeitet** (ZG: Nomen + Verb) – (das) **Entschlüsseln** (G: nominalisiertes Verb, N: Artikel) – **vorantreiben** (ZG: Adverb + Verb) – **Bescheid wissen** (ZG: Nomen + Verb) – **klarkommt** (ZG: Adjektiv + Verb) – (einigem) **Drunter und Drüber** (G: nominalisiertes Adverb, N: Pronomen) – (mehr) **Liebenswertes** (G: nominalisiertes Adjektiv, N: Pronomen) – **wahrnehmen** (ZG: Adjektiv + Verb) – (sein) **Vorhaben** (G: nominalisiertes Verb, N: Pronomen) – (ins) **Wanken** (G: nominalisiertes Verb, N: Präposition) – **leichtfallen** (ZG: Adjektiv + Verb) – **liebgewonnene** (ZG: Adjektiv + Partizip II) – **kaltzumachen** (ZG: Adjektiv + Verb) – (etwas) **Leichtes** (G: nominalisiertes Adjektiv, N: Pronomen) – (etwas) **Beflügelndes** (G:nominalisiertes Adjektiv, N: Pronomen) – (zum) **Schmunzeln** (G: nominalisiertes Verb, N: Präposition) – (ein) **Übriges** (G: nominalisiertes Adjektiv, N: Artikel)

24 A Großschreibung (Nominalisierung) – B Zusammen-/Getrenntschreibung 2 Punkte

25 Überprüfe deinen Text und notiere dir zu jedem gelungenen Bereich die angegebene Punktzahl.
Hast du ...
- in der **Einleitung** in das **Thema** eingeführt? 1 Punkt
- im **Hauptteil** Pro- und Kontra-Argumente sinnvoll gegliedert angeführt (Blöcke oder fortlaufend)? 1 Punkt
- (mögliche) **Überleitung/Kontra-Position,** Argument Stephen Hawking: außerirdische Intelligenz = Gefährdung für die Erde, (weil) Kolonialisierung drohe. 4 Punkte
- mögliche **eigene Kontra-Argumente** (mindestens zwei):
  1. (weil) sie durch eine überlegene Technologie komplett vernichtet werden könnte (Beispiele dafür kennen wir aus der Science-Fiction).
  2. (weil) die Menschen versklavt werden könnten. – (weil) die Menschen durch fremde Viren angesteckt werden könnten.
  4. (weil) die Erde durch fremde Viren verseucht werden könnte (schon ansteckende irdische Seuchen wie Aids, Ebola, Hühnergrippe etc. können sich unkontrolliert ausbreiten).
  5. (weil) die Kosten für das Forschungsprojekt anderweitig sinnvoller genutzt werden könnten (z. B. Bekämpfung von Krankheiten oder Armut).
- mögliche **eigene Pro-Argumente** (mindestens zwei):
  Kontakt zu intelligentem außerirdischen Leben 4 Punkte
  ist sinnvoll, ...
  1. (weil) die Menschen von einer überlegenen Technologie profitieren könnten (z. B. Krankheiten besiegen, Ressourcenprobleme lösen, Raumfahrt voranbringen).
  2. (weil) die Menschen durch Außerirdische neue Lebensformen und -welten kennen lernen könnten (möglicherweise sind diese friedfertiger als wir).
  3. (weil) die natürliche Neugier und der Forscherdrang des Menschen Herausforderungen sucht (für Forschung und Entdeckung gibt es viele Beispiele in der Menschheitsgeschichte).
- mindestens ein Argument mit einem **Beispiel** belegt (s. o.)? 1 Punkt
- deine Argumente sinnvoll verknüpft und mit **Verbindungswörtern** eingeleitet? 4 Punkte
- in einem **Fazit** deinen **eigenen Standpunkt** dargelegt? 1 Punkt
- die **Rechtschreibung** überprüft? Hier kannst du bis zu vier Punkte anrechnen: max. 4 Punkte
  0 Fehler = 4 P., bis zu 3 Fehler = 3 P., bis zu 6 Fehler = 2 P., 7 Fehler und mehr = 0 P.

Insgesamt zu erreichende Punktzahl: 87 Punkte

Bewertungsschlüssel

87–58 Punkte	57–27 Punkte	26–0 Punkte
Du liegst im guten bis sehr guten Bereich. Vielleicht siehst du dir trotzdem noch einmal die Stellen an, an denen du dich noch verbessern kannst.	**Einiges gelingt dir gut, manches musst du aber noch einmal üben.** Versuche anhand des Tests, Fehlerschwerpunkte zu entdecken, damit du gezielt wiederholen kannst.	**Du musst vieles wiederholen und noch einmal gründlich üben.** Überlege, wo besondere Fehlerschwerpunkte liegen und wie du vorgehen kannst, um dich zu verbessern.